溪长岁月长

李林栋散文选

李林栋◎著

中国言实出版社

图书在版编目(CIP)数据

走读岁月长 / 李林栋著. -- 北京:中国言实出版
社, 2025. 5. -- ISBN 978-7-5171-5106-7

Ⅰ. I267

中国国家版本馆 CIP 数据核字第 2025HU7003 号

走读岁月长

责任编辑:王蕙子
封面题字:云志功
责任校对:李 岩

出版发行:中国言实出版社

地 址:北京市朝阳区北苑路180号加利大厦5号楼105室

邮 编:100101

编辑部:北京市海淀区花园北路35号院9号楼302室

邮 编:100083

电 话:010-64924853(总编室)010-64924716(发行部)

网 址:www.zgyscbs.cn电子邮箱:zgyscbs@263.net

经 销:新华书店

印 刷:三河市华东印刷有限公司

版 次:2025年8月第1版 2025年8月第1次印刷

规 格:710毫米×1000毫米 1/32 12.375印张

字 数:290千字

定 价:58.00元

书 号:ISBN 978-7-5171-5106-7

遠山之之寂幽走讀

歲月長官之亦悲

歙妙筆笛華章

高漢波題戈友李林標

新古二五年初心題

林栋的散文像他的诗一样美（序一）

李硕儒

文以载道，诗文汇心。读林栋的诗，我曾说他是一位"善于把日子过成诗的人"，而读其即将出版的散文集《走读岁月长》，更觉其是一位不断寻找、发现、欣赏、吟唱、感恩生活之美的人。他感恩岁月，感恩生命，感恩着天造地设的自然万物，殊为难得。

情有千种，要么怨，要么嗔，要么快意恩仇，要么高歌感恩……作为作家与诗人，这种种情愫必然凝聚于各自笔端，形成于各自作品的风格，并以其独异的色彩生发传扬，感染着众多读者。时光荏苒，几十年后，林栋仍在寻找，寻找他生命的"根"，他还是寻到了自己的青葱岁月——那个教会他追求的西双版纳——"因为我曾经在那里努力攀登过，不仅用我的双脚，而且用我的血肉之躯，用我的整个青春之心……"那是个人人知晓的"特殊年代"，但在他的笔下，没有穷困、饥饿、劳累、痛不欲生……而是西双版纳的山，澜沧江的水，一群年轻人砍野竹，然后用野竹扎起的"北京1号"启航——特别是那"身材矮小、头扎布巾"的爱伲族汉子"芭蕉"船长令北京知青心悦诚服！为什么？因为从"芭蕉"身上，折射出了那里山水的质朴与清澈，特别是少数民族兄弟那种原始的真纯和人性美，不仅使作者自己难以忘怀，而且多年以后，林栋还带着已经长大的女儿一起去"寻根"，去记取那些永远不可丢失的真善美。

作者不光善于用文字造境，而且习惯于在诗境的真善美中生活。特别是在看似不经意中，在不着痕迹处，林栋还能为自己的家营造一个相濡以沫、相契相求的"诗意的栖居之地"。那年"九九"登高节，工作于中国香港特别行政区的女儿正好回京，她当然不会放过这孝敬父母的机会，相知甚深的父母也共同配合，于是"我们仨"相偕前往西山八大处。作者没有着墨于秋山青绿，也没有过多描绘秋叶金黄，而是将全部笔力集中于女儿那"尼康"相机的镜头，和女儿心目中母亲那一刻的姿容、神态、笑意，因为那是"我们仨"彼时彼刻的人生状态；还有作者与妻勇登景山，他们拾阶而上，漫赏"五亭"——周赏亭、观妙亭、万春亭、辑芳亭、富览亭，这真是非常令人感动的时刻！一路几近无人，而这对"老夫老妻"就是那样从容地漫步登临，闲语看花，其中的情怀与情愫不禁令人醺然欲醉，不胜感叹；"我们仨"逛天津则又是一种情调，有女儿在身边，这个家庭显得格外的温馨。他们仨逛"五大道"，游意式风情区，参观梁启超纪念馆和曹禺纪念馆，最后又来到南市街，吃"狗不理"包子和大小麻花，节奏跳荡，笑语不断，景物变幻，五色生香……还是王国维说得好："一切景语皆情语也。"他们看的是景，吃的是味，而满满溢出的还是那个"情"字——父母情、夫妻情，"我们仨"的难分难舍幸福情。

林栋的生命如一枝永开不败的花朵，他不信岁月，不记年龄，正如他所说，人生皆在"花期"中。唯如此，他永远以他生命的活力，追寻美，欣赏美，吟味美——从北京到巴马，从翡翠湾到天姥山，从曼谷到北美，从脚下到天涯……他一路歌吟，一路抒写，一路吸纳，他总以在路上向这个世界作长情的告白。

《走读岁月长》是一部洋溢着美和爱、追寻和梦想、陶然亦醺然的好书。承蒙作者厚爱，谨以此读想为序。

2025 年 1 月 6 日

（李硕儒，著名作家、编剧，中国作家协会会员，曾任中国青年出版社编辑室主任、《小说月刊》主编，现为美国华文文艺家协会副会长。）

在忠实的跋涉中描摹自己的人生轨迹（序二）

王　彬

中国的散文，在文体上，不同时代有不同划分。

笔者认为，今之文坛上流行的散文其实是一种狭窄散文，名曰"文学散文"，从而将散文的领域极大缩小了。这是一种充满了主观色彩的文体，我曾经做过一个比喻，同样是写酒，史学家是以酒为主体，文为载体；而散文家则是以文为主体，酒为载体，散文体与文史体、文学与非文学的区别就在于此。西晋时期的陆机在《文赋》中写道："诗缘情而绮靡，赋体物而浏亮。"赋，是叙事，把事物叙述清晰便可以了，然而对于诗，还远远不够，诗是需要充沛情感与精妙文采的，也就是"缘情而绮靡"，在诗人的酒杯上刻满了人生的皱褶与情感划痕。

散文家也是如此，在外在的事物与内心世界之中婉转雕琢，活跃于王国维《人间词话》中所表述的"有我"与"无我"的境界之中。"有我"是"以我观物，故物我皆著我之色彩"，将作家的主观情感，转之于客观事物，再将主观与客观交集形成的意象，托之文字而表现于作品之中。"无我"是"以物观物，故不知何者为我，何者为物"。无论"有我"还是"无我"，在写作的态度上，散文作者首先要真诚，忠实于自己的灵魂与过往印记，是典型的"生活流"，这个"流"既广阔恣睢又自然雅健，对斑斓多姿的生活进行忠实摹写，当然，这样的摹写不是陋板的刻舟求剑而是"居高屋之上建瓴水"，在审美的灵动中进行瑰丽飞升。

林栋兄的散文集《走读岁月长》即将出版，是一件高兴且应该庆贺的事情。这本散文集分上下两编，第一编三辑：一、历尽边陲忆彩云，二、亦曾得空走四方，三、有幸重走云南路；第二编也是三辑：四、浩瀚书缘有说道，五、朋友大作品味录，六、读写别裁亦关情。第一编记述了林栋兄的人生阅历，第二编总结了他的阅读经验，简言之，前一编是"走"，后一编是"读"，从而与书名相扣。

读林栋兄的散文，突出的感觉是，他的散文不夸张不虚饰，不为了谄媚读者而捏造虚构，不打诳语，在忠实的跋涉中描摹自己的人生轨迹与文学浸润之中的阅读体悟，或雕月露之形，或绘风云之态，在畅达的文字之中传输一种密集的真实情感，从而扣动了读者隐秘心扉，而为之交流与神游，是为序。

2025 年 1 月 8 日

（王彬，鲁迅文学院原副院长、中国散文学会副会长，系中国作家协会会员、鲁迅文学院研究员，当代著名作家、学者。）

胸中诗书，眼底山河（序三）

马　力

　　李林栋是个大个子。这个大个子，爱书，好游。在家博览，出门看景，是他得意的活法儿。书名中"走读"二字，满可以表明一点什么。

　　上山下乡的日子，我俩赶上了。罗曼·罗兰说："人生是艰苦的。"正是在那些年，当过知青的，经受了世间太多的风雨。不灭的理想，永如飘逸在遥远天边的朝霞，引着这代人向光而奔。

　　远行必有方：他是天之南，我是地之北。自小，命就同山水融在一起。眼下，韶华虽逝，忆写既往，山光水影犹在字里行间耀动。

　　说起地方景物，他生活过的彩云之南比我们北大荒更为明秀，若为天真目光所触，一切绮丽光景，一切新美物象，皆带上纯挚的情。这情，留在林栋的笔墨里："我的爱情是属于西双版纳的。我爱晓雾乍开，那里的竹林摇曳；我也爱月色溶溶，那里的树影婆娑；我爱鹰隼盘旋于坝子中央，四周是一片甘蔗的海洋；我也爱鹭鸶扑翅在稻田一隅，向着静悄悄的溪水嘤嘤歌唱；我爱那里的一切：如洗的蓝天、拂面的暖风、飞翠的小鸟、湿润的草地……"（《远山之恋》）用在苍润景色上的清丽笔调，真切地显于本段。艳如阳光的诗意，在青春的心底酿出。他以深情的献词，向西双版纳致礼。

数十年后，林栋仍被这份情牵着，入滇寻往迹，偕行的还有他的女儿。黄昏的哀牢山中，他俩"经过路侧山泉水累积而成的明亮水塘，经过绿油油一片又一片的橙果林"；夜深了，又"享受着皎洁月色的轻微抚摸"（《在哀牢山上看星星》）。站在澜沧县一个曾识的涵洞前，凝注流淌的温泉水，他发出轻轻的感叹："在这里，四十余载的漫长岁月，竟如坡下的长流之水一般，寂静无声。我不由得又走到坡头那张熟悉的、如今已然老旧的长椅旁，又习惯性地落坐其上……"（《向"我的老友"倾诉衷肠》）旧景蓦地撞上心头，任是谁，也宛似沉在梦里。

云岭之南，是印在林栋的履历表上了。写那里，就是写从前的自己；而他的笔下，还有更广的山河、更多的风光。加上他腿脚不懒，笔头更勤，凡是留下屐痕的地方，差不多都得落笔。这书中所呈的景观，有些是我跟林栋一同游过的，我的墨迹至今未到，而在他那里，早写完了。

有一年，春光正好。我们同走闽西，过粤北，抵赣南，把三省胜境看了一个够。我没见他随手而记，可瞅他双眼片时不闲的劲儿，我就明白，他没走神儿，凡是可写的素材，尽往心里装呢。返京，果然写了不老少。书中《青青峡谷未了情》《惊殊玉华洞》《在长汀：秋白之韵最悠长》《赏心悦目"雁南飞"》《穿越在佗城古镇》《风水这边独好》诸篇，都是。真也不负那次千里之游。

又等来一个春，到了张恨水的老家潜山县。游过天柱山，去看距薛家岗新石器文化遗址不远的一座古窑。窑长百米，进去，我扫几眼，出来了；林栋转悠半天，瞧得那叫一个细！以读书作譬，他是含英咀华，我是不求甚解。轮到摇笔，我连一字也无，很似应试者曳白离考席。他交了卷，收入书中的这篇《传习颂——痘姆古陶礼赞》便是。

八公山上登眺，焦岗湖中赏荷，长寿之乡访人瑞……盘在身后的旅迹，怎能淡去？它们在《淮南山水赋》和《奇异之水盘阳河——巴马闻见录》里留着呢。

上列的这些篇，摹了景，也抒了情，议事论理亦穿插得恰好。在我看，摹景，最尚清而美；抒情，最尚真而诚；议论，最尚精而深。尤其是述游中的论理，当论则论，不必强说。我喜欢夹叙夹议，因为来得自然，不见造作态度，更招不来穿凿之病。若须从旧籍中征引一些材料出来，选拣施用，务求简而不繁、严而不滥。林栋以自家的作品证明了这些。他应该不忘孙犁的话："写游记当然要运用一些材料、文献。但不能多，更不能臃肿。要经过选择，确有感触者，约略用之，并加发挥为好。"林栋下笔，懂得节制。

写了这么多，往宽处讲，不离一个"走"字。转而说"读"。

林栋喜泛览，仿佛走进含孕芳馥的园圃。我想象得出，灯下夜读，翻动书页的悦耳微响和心跳的兴奋节奏得以美妙地相融。彼时的感受，恰如法国哲学家阿兰所讲："它促使我们随着作者一道在共同的情感领域里尽情漫步，观赏珍奇。"那一刻，萦心入怀的是绵绵诗思：小小书房，如一座孤岛，朗读者甘于在此"流放"；不觉寂寞，因为他拥有整个海洋。

偶有心得，林栋忙用文字捉住。司马迁的《史记》，他评；雨果的《九三年》，他评；鲁迅的《过客》，他也评，并且在体裁上给它命了一个名：短剧体散文诗。李何林注解《野草》，曾把《过客》定为"散文诗剧"；孙玉石则将之称作"一篇短小话剧形式的散文诗"。照此看，林栋算不上独守私见。林栋年轻时写过散文诗，从柯蓝那里领受教益，我也是知道的。他在诗体上多识见，其来有自。

许地山的《落花生》、傅东华的《杭江之秋》、高洪波的《雪国》、王宗仁的《忆娘》、戴砚田的《白云山的孩子》均为散文。林栋读而评之，又融入一己的创作感悟，见解显得实在，意味也是不浅的。他引王国维《人间词话》中"语语都在目前，便是不隔"这话，肯定《雪国》摹状景物力求真切、吐露心情力求真挚的写法。他对《忆娘》中"忆"的艺术手法琢磨得透：置自己所忆对象一个特定的氛围，以增强忆念形象的立体感；注意"忆"的主体与客体之间的适度；紧紧把握"忆"的线索，绝不旁逸斜出。由此，作者那云一般缠绵的心绪，依一定节律从容飘飞，时空之隔也便消去。回忆性散文的写作妙谛，林栋娓娓言之。

傅东华《杭江之秋》的写法，林栋很为赞佩，以为"这样的电影及小说之喻，当然比单纯地进行时间与地点交代，更显生动和丰富。二者兼而用之，更使全文井然有序，动而不乱。这可谓是此篇散文在构思上的大成功处"（《一阕"火车上看风景"的精品》）。他给篇中描画沿途山景的文句下了四个字："绝无仅有"，对傅氏的语言之功，尽美之。说来真巧，傅东华的这篇旅行记，我也看重，动笔评过它。跟林栋的这篇放在一处，虽有异同，称叹不止却是一样的。

林栋读过的作品，有单篇的，也有成本的。大部头到了手里，评介，他犹能入一步门庭，得三分春色。杜卫东的长篇小说《山河无恙》印出来，他很快写好《没有"全民健康"，哪有〈山河无恙〉》。洋洋万言，多节分说。"语言亦可年轻态"一节，是关于小说语言的。他赏析入微，不惟视角新，而且主情致。里面有一段说："常识告诉我们，从花园出来的都是鲜花。但在语言这个花园里，从语言的花丝里显出来的，很可能还取其园丁自己栽种的几株最美丽的花朵呢！若谁不信，那就请走进《山河无恙》这座花园里，看看作者独创的语言之花吧！那就是这样一些很可能会被一些'年轻态'读者当作座右铭的精言警句。"大可引作旁证的妙语，满蕴着流行的风尚，令青年男女眼睛发亮。他详加选列，想来读得再细不过，思力也是很足的。

朱光潜《文艺心理学》里有一句要紧的话："一个人必先自有艺术的经验然后才可以批评艺术。"久事创作，无疑加强了林栋在评论上的力量。因其"能持论，善属文"，评点作品，也就多含从体验得来的主张，创为独得之见。林栋尤爱深入书籍内部，发现文本提供的书写特色、文体风格、语言气质、表达方式，探究充满个性的创作思维。说好说歹，出语据实而中肯綮，皮面之词是不乐意出口的。

精神产品只要优秀，必会在流传时持续呈现不寻常的意义。对于佳作的认识，林栋尽求和作者达到同样的深度，因而他的品论总能在思索中建立新的感觉，引人重新回到作品里去。

泛观精研，也影响着创作。罗素这样说："我认为散文风格只能从阅读优美的散文中形成。"林栋写散文，大概从过眼的成功之作那里学到技法：怎样组织谨严的句子和段落，怎样把握谐适的语感和韵调……文笔自出一家，是其所愿。他一心写出作品应有的样子。

半个世纪过去了。以家门为界：向外，起而行；向内，坐而读。林栋曾一程一程地游览南北山水，一行一行地记诵文学语句。一面是"万里"，一面是"万卷"，他看到从两种风景中闪出的光芒。

2025 年 1 月 20 日

（马力，著名散文家及散文理论家，系中国作家协会会员，一级文学创作，高级编辑，曾任中国旅游报社总编辑、中国散文学会副会长等。）

情融岁月韵幽长（序四）

剑 钧

一

　　李林栋兄是个燃烧着诗情的人，人无论走到哪儿都是诗。尤其近年间，他那"28个字"的新绝句，洋洋洒洒数千首，日日出新，几乎"霸屏"了朋友圈，若几天不见，倒好像缺了点什么似的。近日，有幸拜读李林栋散文选《走读岁月长》的电子版清样稿，我读罢顿悟，原来林栋兄不光把日子过成了诗，也把散文写成了诗。且看《湖的启蒙》之美句："再翻过一座茶山就是中缅边界的一处凹地，不知从什么地方日夜不停地流入一股活水。有人说其源在美丽的缅甸，又有人说它是来自巍巍茶山里的一条无名小河。呵，遥远的湖，我只记得你在我当时的心中盘旋良久以后，又悄悄地、悄悄地流向了缓坡下面的一片西双版纳绿色的丛林……"无需评论，只需一品，情融岁月，个性率真，是不是就很有诗的韵致？那么，再探究一下，他可否文如其人呢？

　　林栋兄光头，个儿大，声似洪钟，远远看上去，酷像郑渊洁。哎，这非我一人武断，在他身上也确实出过不少"张冠李戴"

的笑话，最有趣的莫过于他的一次"艳遇"了。多年前，他出席好友女儿的婚礼，人刚坐定，就吸引了一众目光。没多一会儿，翩翩走来一女青年，手捧一本童话书，虔诚地称郑渊洁是她的偶像，恳请郑老师签名并合影，旁边还有个专业摄影师端着单反相机，弓起身子做出抢拍镜头的架势。周边熟悉他的人直想笑，他却一脸清醒，绝无莫言替余华为粉丝签名那般"大度"，只是一笑置之。

我为此还特去求证。他对我说，没错，可他做他的郑渊洁，我做我的李林栋，关我何事？见我会心一笑，他一本正经地说："哎，我年轻那会儿可是一头茂密黑发的。"不久，我看到他年轻时的一张"帅照"，那是在云南插队时拍的。哇塞，小伙儿若穿越古代，足以貌比潘安，可谓倍儿精神。空口无凭，有汪曾祺老《调林栋》诗为证："踏破崎岖似坦途，论交结客满江湖。唇如少女眼儿媚，固是昂藏一丈夫。"如今汪老手书墨宝就堂堂正正挂在他的家中。

高洪波老师有次与我闲聊谈起了他：林栋早年不光人长得精神，还是个"领袖级"的人物呢，上学时班长、大队长、学生会干部都干过，去云南兵团插队，也是当地知青的"主心骨"。恢复高考后，他考入首都师范大学中文系，毕业后先在民政部《中国社会报》做文艺部编辑，又到《经济日报》主办的《中国企业家》杂志做编委，后调中国作协了，也是个风云人物，做过中华文学基金会文学部主任、中国散文诗学会总干事、中国报告文学学会副秘书长、北京社区文化促进会会长，还创办并主编了《环球企业家》杂志。在他身上，总是散发着诗人的激情，他把所酷爱的文学也融入了诗。

我总算明白了。本来嘛，李林栋就是李林栋，他的诗人气质，他的诗人文采，他的诗人豪爽，不光展现在言谈举止，也表现在文字里，诗歌也罢，散文也罢，文评也罢，文笔所到之处，莫不散发出诗的韵味和青春的朝气。

二

林栋兄是个喜欢怀旧的人。从《走读岁月长》，就可读出他对彩云之南的款款深情。那里有他的青春，有他的热汗，也有他的泪水。历尽边陲忆彩云，他将青春记忆用青藤来编织。他在阿歇老爹屋檐下见到一根粗藤，竟突发奇想到学生时代的"拔河"，就鬼使神差地钻进西双版纳原始大森林，寻藤去了。"当我肩缠着足有二三十米长的鸡血藤回到曼青寨的时候，满天的繁星已经珍珠般地洒在了古老山寨的上空。一直挂念着我的哈尼族同胞们，有的高举着火把，有的弹起了三弦，有的吹起了'把乌'……"（《寻藤纪事》）多么富有诗意的场景啊，有情有义有真诚。他那会儿在西南边陲的知青生活有一年了，虽说日子很苦，他却把苦日子化为诗一样动情的文字。

他对我直言："生活的苦难，很多人都经历过，但对苦难的解读却并非一样的。"这一见解，从《岁月总是"柳萌"》一文能找到答案："'柳树好活。'这真是柳萌先生耐人寻味的一个说法。粗略思之，我们可以觅得这样几层意思：一是它曾身陷苦难；

二是战胜苦难说难也不难；三是战胜苦难就是'好活'，战胜苦难后一定会活得更好。"

想必林栋兄在云南插队的日子，也吃过许多苦，却从未挂在嘴边，吐槽在文中。反之，他将西双版纳认作了"我的乳娘"："大地已经给我回音了，她说她喜爱我身上日益变黑的皮肤。您又用沉思的目光看着我年轻的心。"（《西双版纳，我的乳娘》）他喜欢少数民族兄弟的弩："最富有魅力的是你那尖利的竹矢，竟毫无例外地在尾部扎着一根鸡毛或鸟毛，离弦时好像一枝美丽的花，别在腰间或插在圆竹筒时，又如偎依着人身的一个漂亮的伴侣。"（《弩的情思》）他将深情写在山水之间，写在文字之中，也写在行走的人生之路。

那一年，他带着女儿到西双版纳去"寻根"，还特意在哀牢山多逗留一晚，坐在山上看星星，"可以亲近天上的星星以外，尚可聆听四周的蛙声一片，以及时而传来的声声狗吠。"（《2011：带女儿去寻根》）。这是何等浪漫的情怀，读得我心生感动。那一刻，我似乎走进了大美西双版纳，走进了他清朗的心灵深处。

三

林栋兄是个不忘文学初心的人。有一年，做记者的他，脚踏雪后泥泞，走进史铁生小屋，听讲昔日往事：史铁生有一次坐轮椅去看电影，看门女人不放他进去，就想，若是她看过我的小说，知道我是谁，有可能会让我进去的。但他很快又想到："那样一来，我可能就再也不会知道一个残疾者被拒之大门外的滋味了！"林栋兄意味深长地将此景写在《每一条路上都有鲜花》中："'生活本来就是一首诗。'说完，史铁生若有所思地把目光移向窗外。我发现，瓦檐上的残雪，已经在春日下悄悄融化了。"多少年后，他还禁不住慨叹："这就是作为一个报纸副刊编辑所曾经尝到过的一种滋味。大千世界，真是什么滋味都有。但如果不干副刊，又哪里会有这样好的机会来品尝生活的多姿多味？"（《绵绵副刊情》）

他的《走读岁月长》，以独到的眼光看待文学，看待作家：他赞汪曾祺是中国士大夫文化的"稀有继承者"；他称高洪波成就了"当代中国文坛的一块魔方"；他为周明的"私人文学"喝彩；他尊王巨才为"归去来兮的大地歌者"；他言李硕儒是"一片永远的绿叶"；他说杜卫东的特色语言是"年轻态"；他讲孙晓青是"有'采访天职'的资源报人"。这些师长都是我熟知的作家，概括如此简洁，又如此贴切，确有一语中的之妙。

他喜欢文学，喜欢读书。他以散文诗语言写就的《书香随想录》，似乎让我闻到了"十里春风不如你"的书香："一朵书店之花盛开在我的案头，到处弥漫的，却是你的日夜熏陶。这一点，我很清醒。""是的，人生的案头如果没有你，我又怎么能够沉醉在一卷无字之书呢？""如果你不给我春天的味道，我至今还嗅不出大地的芬芳。""你不同我说话，只是让我溶入你的无言之中。我这样做了。馨语声声，如花在耳"……想想看，若不是对文学和读书如此钟爱，一个人何以写出这般浓情文字？

林栋兄对书的浓郁之情，体现在每到一处都喜欢逛书店。

每淘到好书便在朋友圈炫一把，难怪他舍弃了闲云野鹤的退休生活，"自讨苦吃"地创办了网时读书会。记得那是2016年初，我客居在美国新泽西州一所大学的教工公寓里，一连接到林栋兄好几通电话，大谈创办读书会的"宏伟"设想，居然把我的心说活了，原本打算待上六个月的，结果提前一个多月买了返京机票。这一回来就没闲着，一众文人聚合在他的麾下，读读书，走走路，编编书，授授课，捐捐书，也是忙得不亦乐乎。在河北迁安的万人徒步大会上，他行走在队伍最前头，竟像年轻人那般活力四射，开心地舞动网时读书会的那面大旗。我在一旁"惊诧"，古稀之年的他何来那么大的精气神儿啊。

四

初识林栋兄当为2011年夏，经柳萌先生引荐，相会在天津滨海新区。我的长篇报告文学《滨海光电交响曲》一书的首发式和研讨会在此举办。那次，我第一次领略到了林栋兄的风采。他声音洪亮地做了《书写滨海传奇的人是可敬的》的主题发言。研讨会由中国报告文学学会主办，记得发言的还有周明、柳萌、李炳银、傅溪鹏、韩小蕙、陈先义、徐忠志、红孩等。几天后，其文字与多位老师的发言刊发在《文艺报》上，用了整整一大版。他那篇以散文笔法写的文评充满了浓浓诗意："沧桑巨变，魔幻升级，谁能说滨海新区的十年发展史不是一段惊世传奇？谁又能说，那些书写这段惊世传奇的最普通的滨海创业者不是我们最可尊敬、最应该感谢的父老乡亲、兄弟姐妹呢？书写也是创造。

那些滨海传奇的书写者是在为我们中华民族创造精神财富。"而今这诗意文字也收录在散文选中。再读、再细品，我除了感到亲切，还感到了温暖。

林栋兄擅长用散文诗的笔调写散文，很注重文学语言的运用，像《远山之恋》写道："我的爱情是属于西双版纳的。我爱晓雾乍开，那里的竹林摇曳；我也爱月色溶溶，那里的树影婆娑；我爱鹰隼盘旋于坝子中央，四周是一片甘蔗的海洋；我也爱鹭鸶扑翅在稻田一隅，向着静悄悄的溪水嘤嘤歌唱；我爱那里的一切：如洗的蓝天、抚面的暖风、飞翠的小鸟、湿润的草地……"此言画面感极强，读起来朗朗上口，颇有味道。这也许与他当年与柯蓝和王宗仁一道推动中国散文诗的创作有关吧。上世纪九十年代末，我在深圳就听柯蓝先生谈起过林栋兄对文学的执着，可那会儿，我们还不曾相识。

多少年后，我有次在王宗仁老师家，听他聊起柯蓝先生同他和林栋兄在一块筹办《散文诗报》的难忘往事，我恍然明白了什么是对文学的真心热爱，什么是快人快语的性情中人。林栋兄在这部集子中，用了大篇幅聊了那个年月的文坛旧事，他写与汪曾祺结的"书缘"，他品高洪波生活散文的"京味儿"，他叹柳萌岁月随笔的"拾趣"，他论王彬散文中的"想象"，他赞马力独具匠心的"沉潜"……与此同时也让我领略了他的文字功力。他将文学之情融入岁月长河里，让诗的意韵随风荡漾，其散文也随书香飘来，化作了芬芳的小桥流水。

读罢《走读岁月长》，我犹如沐浴了浩然的文字春风，不仅开阔了我的眼界，也净化了我的心灵。相信读过这部书的人，都会有所受益的。因为，这不光是林栋兄的个人散文自选集，也是他写给一个时代的历史记忆。可以毫无夸张地说，冬去春来，杜鹃啼血，这是一部凝结了他无悔人生的泣血之作。我从这部书中也受益了，因为我也是从那个年代一路磕磕绊绊走过来的人。于此，我便在想，那优美的文字，可否是流淌生命大河里的情思浪花，最终汇入到了，那个永远属于自己的春天里……

2025 年 1 月 19 日

（剑钧，本名刘建军，当代著名作家，迄今已出版作品25部，曾荣获各类奖项数十种；曾为地方文化官员，现居京专业创作。）

题文友李林栋新书

高洪波

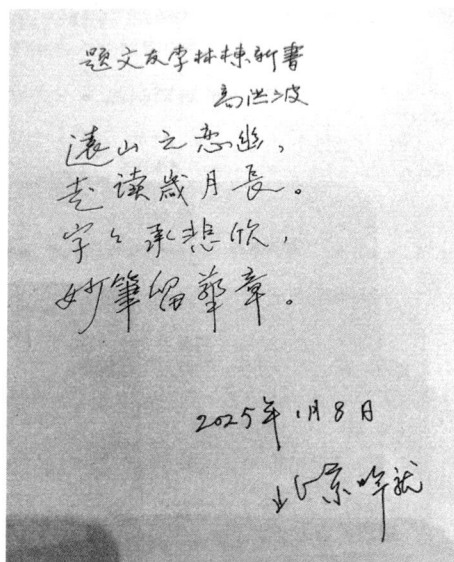

远山之恋幽，

走读岁月长。

字字承悲欣，

妙笔留华章。

2025年1月8日北京吟就

（高洪波，十二届全国政协委员，曾任中国作家协会七、八、九届副主席及中国作协儿童文学委员会主任和中国作协党组成员、书记处书记，中华文学基金会理事长、《诗刊》主编等职，当代著名作家。）

把吃苦当磨刀石，把困难当催生剂

王宗仁

把吃苦当磨刀石
把困难当催生剂

难忘 我和林栋还有克寒，当年经历的又艰
难困苦的文学岁月。柯兰老带领 我们踏上
创办散文诗报的狭窄大道。没有办公地方，挤在
广电部楼一梯一角的空地，或在柯老所在的
红旗杂志社宿舍编辑出版报纸《散文诗报》。
常常其他人都下班了，我们趁着月色到凌晨，编好
报发行。真的很美，没有人关心我们的存在又有
什么关系呢！

王宗仁
2025年1月8日于望柳庄

难忘我和林栋还有克寒，当年经历的艰难困苦的文学岁月，柯蓝老带领我们踏上创办《散文诗报》的狭窄大道。没有办公地方，挤在广电部楼一梯一角的空地，或在柯老所在的红旗杂志社宿舍编辑出版报纸《散文诗报》。常常其他人都下班了，我们趁着月色到凌晨，编好报发行。真的很美，没有人关心我们的存在又有什么关系呢？

2025年1月8日于望柳庄

（王宗仁，著名军旅作家，曾任总后勤部创作室主任、中国散文学会常务副会长兼秘书长，现为中国散文学会名誉会长。）

目录
CONTENTS

—— 上编 ——

叁 有幸重走云南路

1990：第二故乡寻梦记

—— 下编 ——

肆　浩瀚书缘有说道

伍 朋友大作品味录

陆　读写别裁亦关情

── 上 编 ──

壹

历尽边陲忆彩云

西双版纳，我的乳娘

一

我能离开您吗？您的名字永远写在我心中的履历表上了。

二

您是我离开母亲之后的乳娘，然而我那时却以为自己长得比红旗都高了。

三

我像一个红色的信徒朝您顶礼，您却张开了自己绿色的手臂。

四

您给我一把锄头，让我去听大地的回音。

五

您伸出自己的毛细血管任我们砍伐,生命的枯枝才给我们以温暖。

六

您还给我们一面镜子，那是"忠"字台下一个小小的湖。

七

我们到处去买芭蕉吃，您告诉我们每一块原始的土地上都有。

八

我们曾在沉静的山谷里把您吵醒，您却笑出了几只漂亮至极的小鸟。

九

您第一次落泪，是在一个连煤油也没有的夜晚，点燃的蜡烛告诉我们的。

十

当我们跪在床上"晚汇报"的时候，那些梁上的老鼠们正在自由活动。

十一

山谷里的雾可是您的纱巾？我终于想到了，您还是一位女性。

十二

您带我到缅寺去，那里的语录牌不由得使我迷惘。

十三

上工前的"天天读"，都是在您还没有睁开眼睛的时候。我也开始感到睡眠不足。

十四

新开过的地又荒芜了。您说这到底是因为什么？

十五

您用亚热带的暖风掀动着我的书页，我们曾一起到马克思那里去求索。

十六

您也曾带我去看月光下傣族儿童的舞蹈，却跟北京城里汉族人曾经跳过的一样。

十七

您沿着公路让两旁的沙质树给我酸而又甜的鸡嗦果吃。

十八

大地已经给我回音了，她说她喜爱我身上日益变黑的皮肤。您又用沉思的目光看着我年轻的心。

十九

您问我以前谈没谈过恋爱？我告诉您：我是如此殷切地思念北京……

二十

您替我感到欣慰，探亲时竟塞给我满满一提兜芬芳的菠萝和可口的菠萝蜜。

二十一

我带给您什么呢？北京最好的礼物是一切平安。

二十二

又见到您了，椰子树高指蓝天，好像您在振臂欢呼。

二十三

您的椰子树劲挺着，又启示我在热风中独立思考。

二十四

"评法批儒"是马克思所不懂的语言，我在您的各民族儿女中找翻译，却怎么也找不到。

二十五

您怕我砍柴时迷了路，总让您的山影、树影和其他影子陪伴着我。

二十六

您又用山野间时而能闻到的狐狸味儿增强着我的嗅觉。

二十七

我也曾到河里去寻找最坚硬的鹅卵石，您却让流水发出了音乐一般的声音。

二十八

我见过您山谷里的"峨眉宝光"。她虽然可望而不可即，你向她招手，她也向你招手。

二十九

夜晚，我在篝火边写日记的时候，您把我小屋里的灯吹熄了。

三十

您看着我消瘦的面庞，开始让一杆猎枪带给我各种野味。

三十一

鲜嫩的鸡枞，是头几场雨后，您在生地上总要摆给我们的筵席。

三十二

我很纳闷儿，如此富饶的您，风雨中怎么还飘摇着流泪的小屋呢？

您让弯曲的公路向我作解释。

三十三

您很难堪，那是在澜沧江边的一个小食馆里，您端给我一盘很看不出是鱼的鱼，还有一大碗姜块多似海带的海带汤。

三十四

听说傣族的泼水节很热闹，但您带我去看时，我们却没有找到五彩缤纷的路……

三十五

我感到很乏味。您让我坐在老鹰遗下的羽毛上歇息，还让强劲的松涛为我悦耳。

三十六

终于，我离开您了。因为您毕竟是我的乳娘，而不是我的母亲。可我至今还在自己的履历表中把您填为直系亲属。

三十七

惜别时，您让雨后的双虹，给我在那小小湖里的面容增添了罕见的神采。

我至今还感受到您的宽容。

三十八

连绵不断的崇山峻岭是您宽广的脉络，各民族儿女是您身上一个又一个睿智的细胞。

地理位置就是您那颗永远温暖、美丽的心。

三十九

您讲给我的许多故事，将永远在我的血液里流传。

湖的启蒙

湖的概念很像是一个"魔圆"，既可指大如全国闻名的青海湖、洞庭湖等，又可谓小若我记忆中那个"大大的池"——

那是遥远的湖，我心中的湖。

再翻过一座茶山就是中缅边界的一处凹地，不知从什么地方日夜不停地流入一股活水。有人说其源在美丽的缅甸，又有人说它是来自巍巍茶山里的一条无名小河。呵，遥远的湖，我只记得你在我当时的心中盘旋良久以后，又悄悄地、悄悄地流向了缓坡下面的一片西双版纳绿色的丛林……

就在你闪着蓝宝石一样幽光的朦胧湖面，我曾经度过多少难以忘怀的青春岁月！每一次梦魂牵绕于你的环湖小路，一位"湖畔诗人"的当时名句，便会轻扣我静夜中的心扉：

撑筏浓雾里，水与天一色。
茫茫人不见，唯际烟水流。

呵，独筏漫撑，那是湖面上多么惬意的难忘时刻！然而最难忘的，还是我们"北京1号"的诞生三部曲——

第一曲是"湖边蒙昧曲"。人们常说"不识庐山真面目，只缘身在此山中"，我们刚一来到这祖国最遥远的西南边疆时，却是"不知此湖有妙用，只因长在北京城"。很长一段时间，近在咫尺的这个可爱的湖，对于我们一大群年轻生命的价值，竟完全是实用！我们曾在大雾迷濛的清晨，踏着湿漉漉的满地青草，一次又一次地到这里匆匆地洗脸、漱口；我们也曾在一个又一个的星期天，头顶着亚热带的正午阳光，蹲在湖边的浅水中默默地洗衣、刷鞋；我们的食堂后坡，依傍着静悄悄的水面，不知有多少次晚饭以后，我们曾跶下坡去涮碗、洗筷。当时的这个湖，无异于我们日常生活中的一个去污大盆！然而，此"盆"再大，它又怎能洗却我们一大群鲜活生命在那种闭塞环境中的种种渴念？那是任何一个青春的灵魂都会躁动着的对健与美的渴念啊！

于是，第二支"进湖前奏曲"，便在我们中一个叫胡克的伙伴收到一封家信以后，热情地鸣奏起来。胡克的父亲是一位国家级教练。他那封可纪念的来信总结起来其实就是这样非常简单的一句话："生命在于运动。"但这是多么开心的一句话呀！它像一把理想世界的金钥匙，不仅开启了我们闭塞之心的蒙昧之门，而且打开了我们通向湖中的"历史必由之路"。

有其父必有其子，胡克自然是我们当中最先进湖的闯将。那是暴雨如泼、闷坐茅屋不劳动的一个非常阴暗的下午，电闪挟着雷鸣，茫茫的湖面上激荡起一片令人望而生畏的森森寒气。忽然，胡克像一支发疯的箭冲出了屋，奔下了坡，扑入了水！只见他上身虽然赤裸，下身却还穿着那条劳动布长裤，并且脚上还分明穿着他那双矮腰的黄军鞋——这是怎么回事？大家纷纷探出洞开的窗，或是到低矮的屋檐下，不解地向雨湖中的他张望。

后来胡克在病中这样向我们述说："不知怎么回事，当时眼前的湖对憋闷的我有一种极大的吸力，甚至使我忘记了还在下雨，还在打闪，还在响雷……"

胡克呐呐地说着，说得我们都黯然而神伤。这不是革命意志的锻炼，而是对湖上"风情"的一种病态渴念；这不是生命的科学，而是一种对"科学"的蒙昧。但毕竟，"生命"还是"在于运动"。

就在胡克收到其父来信以后的第一个假日，我们终于提着各自的砍刀去伐竹了。当地的竹林并不是可以随意乱砍的，我们必须砍到野竹子，才能扎一个挺上湖去的竹筏子。所以，我们只能向没有路径的地方乱走。渐渐地，我们进入了一个没有人迹的山谷。密林蔽日，山谷中阴凉阴凉的，有青色的藤子攀缘在大树上，有野蘑菇夹生在枝间，有潺潺的溪水曲曲地流，有各种各样叫不上名字的奇花异草。恍惚中，我们仿佛已经来到了地球以外的国度，脑海中还时而有小学地理书上原始森林的画图浮现。我们沉醉在绿色的山谷之中，忘记了不知什么时候就可能有毒蛇或其他什么野兽出现。有时路滑，我们在"绿色的地毯"上不由自主地跳舞；有时小憩，我们在山鹰们歇过脚的地方清数着它们遗下的羽毛；我们也曾在稀奇古怪的一棵未名树下，小心翼翼地用树枝捅一个黑黑的窝——原来是足有百万居民的一个小小蚂蚁国！

呵，只有那一天，只有为扎竹筏去砍野竹的那一天，我们才第一次认识了真正的西双版纳。当我们扛着十根青绿色的毛竹回到湖边的时候，可爱的湖面上有万千金星在粼粼闪动。我们兴奋得没顾上吃晚饭——或者是因为在山谷密林中已吃饱了各种野果子的缘故，大家便一齐动手，先把八根最粗最长的毛竹砍好了洞，然后用三根削好的硬木棍横穿起来，再用捆行李的北京绳子把各处精细地捆牢，这样，一个粗糙的竹筏就算在漫天云锦的辉映下正式诞生了！照篝火旁早已商定的名字，我们都管它叫"北京1号"；按星光下我们曾统计过两次的选票，"北京1号"的第一任船长是胡克！

不过，"进湖前奏曲"还不是"湖上英雄曲"。永远令人难以忘怀的是，就在那一天我们把刚扎好的小小竹筏推向水中以后，"北京1号"的船长桂冠，转瞬间就飞到了它当然的主人头上！彼情彼景，真好像是一幅生动无比的南疆诗画……

伊树全第一个上筏下水。他高举红旗，却忘了带划水的竿子，乱得用旗杆划了起来，惹得大家捧腹大笑。戴志强取而代之。他较树全好些，只是身子僵直，动也不敢动。大家还是猛笑。我们的船长胡克，第三个接过了竿子，勇敢地启航了。他把一根长竹竿平举，两头各划左右方，很带劲儿！没想到，他刚划出几下，便重心不稳，一下子栽入了水中！

真遗憾，竹筏诞生了，我们之中却还没有出现一个名副其实的船长！大家正在失望地看胡克狼狈地把"北京1号"推回岸边时，只觉得身旁有长竿一撑，一个轻巧的身影便准确地落在了尚未靠岸的竹筏当中了！只见他手持刚才岸上还剩有的那根长竿，轻巧地左一点、右一点，粗笨的竹筏便如离弦之箭，直向湖心驶去。大家屏息注目，背衬着远处沉实的茶山，方圆数百平方米的幽静湖面上，仿佛是一个小巧的精灵在自由地翱翔！刚才还是那样粗笨的竹筏，在他脚下竟然成了一条神奇的绿毯！他手中把握的那根长竿，也仿佛变成了童话中的仙杖，所点之处，竟然激不起一点儿白色的浪花！正在大家神凝而心动的时候，湖中的那个小巧精灵已经调转竹筏了。不知是谁，最先发出了一声惊喜的大叫:"看,原来是'芭蕉'!"接着是一片欢乐的大哗:"没错!""果然是他!""就是他!"

说起来可耻,刚来此地时,我们最贪吃在北京颇为罕见的肥硕大芭蕉。于是乎,第一个身背竹筐到我们这湖边来卖芭蕉的爱伲汉子便倒大霉了:他那满满一筐大芭蕉没收回几角钱去,几乎全让我们蜂拥而上从他身后扔到湖边的草丛里去了;待他一走,我们又纷纷地扑入草丛,争先恐后地去吞吃那"别有一番滋味在舌头"的美食……

眼前,愈划愈近的他,还是像不幸的那天一样,始终在向我们开朗地微笑着。他身材短小,头上是一裹小巾,乱七八糟的线珠下垂着,几个古老的钱币在苍茫的暮色中闪着金属的光泽。但他微黑的笑脸,像密林中一大盘讨人喜爱的野菌子,甘美而丰满。他的黑衫黑裤上,显然没有一点儿被水打湿的痕迹。我们所有的人都对他的绝技佩服得五体投地,情不自禁地热烈鼓掌,欢迎这位湖上英雄的凯旋归来。我们的胡克还激动地跑上前去,一个劲儿地向他伸大拇指:"你的,船长,我们的船长!"也有几个身上带着钱的伙伴,纷纷冲了上去:"给,给,上次的芭蕉钱!"

这个爱伲汉子笑得更可爱了,两只细眯的眼睛,像白天山谷里流淌的小溪,闪闪发亮。但他没有多说什么,只是用手一指我们的身后:"给,吃,吃!"

啊,又是满满一筐大芭蕉!

那是一次多么令人难忘的芭蕉夜会呀!扑到草丛里吞,哪有在这月光下的湖边品味更美好?更何况我们的"北京1号"竟荣幸地聘到了一位爱伲船长!他不仅会撑筏,会种诱人的大芭蕉,而且会用身上带的石镰很快地给我们燃起一堆极旺的篝火!甚至当建群把白天捕到的一条银环蛇架到火中时,他还能极快

13

地学会和我们一起围着火堆狂唱"金蛇狂舞"！

啊，多么奇妙的、不可思议的爱侣人！多么可敬可爱的、后来曾训练我们挺进湖中的"北京1号"的英雄船长！我们怎能够忘记你！怎能够忘记因你的功绩而变得与我们更加亲近的那个遥远而可爱的湖！

那永远是我心中的湖。就在那闪着蓝宝石一样幽光的朦胧湖面，不仅回旋着我们"北京1号"的诞生三部曲，而且就在那永远美丽的湖心，至今还映照着一个祖国亚热带的精灵，常常使我梦魂牵绕，常常使我闻鸡而起舞……

弩的情思

在我的记忆深处，有一个温暖的光点，那是一个被岁月越擦越亮的靶心。但它不是北京射击场里的标准靶心，甚至也不是城乡民兵们射击训练时那种司空见惯的靶心，它仅仅是我曾经用一支毛笔点在一张废报纸上的非常不正规的靶心。就在这样一个记忆犹新的墨点周围，我当时还呈放射状地画了一个比一个大的五个实在不圆的圆圈。而后，这个"靶"被贴在了一个装茶叶的空纸箱上。至今它还总像一只闪闪发亮的眼睛在凝视着我，仿佛是意味深长地沉思过去，又好像是满怀希冀地注目未来。

我禁不住又要想起那遥远的西双版纳密林，禁不住又要想起那遥远密林中一张又一张神奇的弩来——

弩啊，可爱的弩，我怎能忘记第一次见到你时内心的激颤：

拖拉机在群山密林中的一线公路上奔驰。突然，迎接我们到边疆去的一个佤族青年猛地站了起来，车斗上的其他人还没有看清他的手的动作，一支细长的竹矢早已飞了出去。紧接着是一阵汉语欢呼：打中了！

蓝天，疾驶的车，飞快地瞄准和射击，应声而落入密林的飞鸟……这是一幅令汉家青年们为之倾倒的西双版纳动画！暴起的惊叹声、叫绝声，使刚才还不引人注目的那位佤族青年一下子成了动画片中的传奇式英雄！有的人望着他那如非洲人一般黝黑的面孔微笑了。我则抚摸着他手中的那种神奇武器爱不释手。

弩啊，神奇的弩，你操在佤族、爱伲族、拉祜族、布朗族、傣族等兄弟民族的"汉子"手中，你是那块富有传奇色彩丰饶土地的古老馈赠。你那用厚皮细竹一破而开弯成的弓身，尽管往往还残留着用炭火煨烤过的烧痕，却透着一种人类发端于劳动的伟大智慧；你那用一股或多股牛筋拧结而成的弓弦，不仅结实无比，而且极有弹性；你那用栗木或檀木制造的弩身上，除了一线笔直的凹槽，还有一个巧妙的扳机；最富有魅力的是你那尖利的竹矢，竟毫无例外地在尾部扎着一根鸡毛或鸟毛，离弦时好像一支美丽的花，别在腰间或插在圆竹筒时，又如偎依着人身的一个漂亮的伴侣。弩啊，你是那样神奇而可爱，我怎能忘记你曾忠实地伴我走过的无数条密林中的小路？

踏着一条蜿蜒山路，我曾走进一片嫩绿的豌豆地。接待我的是一位爱伲族兄弟，年纪约有三十岁左右。他矮矮的个子，瘸一足，走路一歪一扭的，但身体却非常健康。在那极少人来的大山里，他照看着漫山遍野的豌豆。我第一次到那里砍柴遇到他时，禁不住惊诧于他的身残而能干了。当时正是太阳下山的时候，我坐在翻山的路口休息，俯视着眼前的嫩绿世界，他发现了我，热情地走了过来。他呀，实在不能算是爱伲人中的美男子：黑黑的瘦脸，突出的嘴唇，袒露的胸脯，一双沾满泥土的大脚，一身黑布短裤褂。他来到我的面前，微笑地说了些什么，然后指指我放在柴上的弩。我明白了，他是要看看我的弩，便拿给了他。他接过弩转身就走，还扭着头一个劲儿地冲我招手。我只得跟着他在没有路的荆棘丛中左拐右拐，终于，他停在一棵大红毛树和一棵柴胡椒树之间不动了。我见他凝神静息，并慢慢地举起了弩，还没等我顺着他的视线望去，只听"飕"的一声，竹矢飞了出去，一只棕灰色的飞鬣应声面落！我急忙跳过去，没错！小鼻子小眼，短腿间连着两叶能飞的膜，肚子是白色的。这种飞鼠比家鼠要大两三倍，常从一棵树飞到另一棵树上，飞动时在空中呈一个白色的小平面。尽管它飞得较快，但因为目标较大，所以不能说很难打。但最难的是要知道它家住何方，常飞何树。而这，分明就是眼前这位并不很"美"的爱伲族兄弟的"业务专长"了。我不由得对他肃然起敬。他也很高兴，一边把弩还给我，一边唱起爱伲族的山歌。待我要把手中的飞鼠还给他时，他已经一歪一扭地走去了十几步，并一弯腰，随手扔回来足有帽子那么大的一个鲜嫩鸡枞……

多么真实而有趣的回忆！弩啊，亲爱的弩，凭借你，我结识了多少陌生而心地美好的少数民族兄弟！

你不仅给了我生活的新奇感，而且给了我生命的充实感。因为你的出现，我的眼界变得开阔了；因为你的存在，我感到自己增添了青春的活力；因为你成了我要好的朋友，我在异族人民中间从来没有感到自己是一个外乡人。你对待我是那样亲，你给予我的是那样多，我应该怎样来回报你的深厚情谊呢？

我想起了北京城里曾经有过的那种射击比赛。于是，一个非常不正规的靶就颇有吸引力地出现在大家面前了。那一天，在那个各民族聚集的小学校里，在那个半山坡的小小操场上，我成了射弩比赛的当然组织者和裁判员。可西双版纳的天气真怪，方才还是繁星点点的清晨，不一会儿皎洁的月亮便迷蒙了；天空渐渐出现了迷雾，很快几步以外就看不见人了。我有些担忧。忽然从雾里走出了拉祜族汉子扎姆，他很有把握地对我说："没关系，肯定会晴的！"果然，边疆的天气好像是一位神奇的魔术师：朦胧中，只是近山渺渺，高树飘飘，再低头往下看时，又分明可见山谷里的菜田亮了，绿了，清清楚楚了。当一片金色的阳光洒满我所"设计"的那个原始靶场的时候，所有参加比赛的射手们都准时来到了。他们从常年不熄的炭火边而来，他们从叮咚作响的牛帮行列而来，他们来自山上裸露的坡地，他们来自丛林中流淌的小溪……来的还有好些嘴叼竹管小烟袋的婆娘，还有一大群光屁股的小娃！

原始的靶场顿时成了英雄人物脱颖而出的战场。射在圆圈外的，一个没有！射过一轮，三弩都命中靶心的，竟然有三十名选手，过半！只好二十步距离变为三十步开外，再决雌雄！

场上的气氛达到了白热化。几个民族的妇女各用本民族的语言叫喊着"加油"，高高矮矮的光屁股小娃靶前靶后地拣拾着射落的弩矢。终于只剩下五名最佳射手了，怎么办？

我决定采用足球加时赛后仍为平局的那种"罚点球"办法，让他们轮番射，不断地有人被淘汰。谁知几轮过后，这个办法只淘汰了一名！不行，必须变三十步开外为三十五步距离！

真可谓"棋逢对手，将遇良才"，最后剩下的佤族射手鲍二和拉祜族射手扎体，皆是三发命中靶心。我这个"裁判"正在难判的时候，只见他们二位已经握手言欢了。其他的人也都一下子围了上去，发自内心地呼叫着、跳跃着。

我发现，我多粗心啊！我竟然没有为这次比赛的优胜者准备一点点菲薄的奖品……

弩啊，遥远的弩！我至今还记得那一次射弩比赛之后的不

17

眠之夜：

一灯如豆。我斜倚在自己的竹床上，禁不住地望着低矮茅屋的一角而心潮起伏。那里，好像有一颗祖国的绿宝石在闪闪发光。我定睛细看，却原来不仅有一个怪味可口的大牛肚子果（学名"菠萝蜜"），而且有几个金黄色的椭圆形芒果，还有公路旁的沙质树上能够采摘到的那种酸甜可口的鸡嗦果，还有碗口粗的紫皮长甘蔗、熟透了的橙红色大菠萝……

这些，都是射弩比赛的参加者对我这个粗心的组织者兼裁判员的自发奖励！这是一种多么感人肺腑的奇特奖励啊！我还没有向他们坦露自己的愧疚之心，他们却已经不约而同地把自己的感激之情急切地捧进了我的小小茅屋……

忽然，我发现门边的小凳上不知什么时候又出现了一把弩。我急忙下地一看，只见两头削得尖尖的弩弓上曾经抹过的鸡血因时间久已经变成了暗红色，而弩身上的那个笔直的凹槽里，为能粘住一点上好的弩矢，还抹着一层淡淡的蜂蜜。这分明是并列第一名中的扎体之弩！弩矢上还串着一张小娃的算数纸，上面歪歪扭扭地写着几个汉字：辛苦了，送你弩……

啊，这把比金子还珍贵的弩，长存在我绵延不断的情思之中。它是传递民族友爱的多情之弩，它是透露着一种古老文明的华夏之弩……

寻藤纪事

是梦，还是真？悠长的记忆像一条闪闪发光的绳子——不，那是拔河之绳，那是我肩负着曼青寨全体同胞的殷殷目光，到西双版纳原始森林里去寻藤……

那时，我在祖国西南边陲的这个山寨已经生活了一年。"日出而作，日落而息"的生活固然有其值得歌咏的古朴一面，但每当夜阑人静之时，学生岁月中那一个又一个的运动女神，便会来轻叩我辗转反侧的青春之心。不知有多少个不眠之夜，沉重的篮球在黑暗中落地无声；墨绿色的乒乓球像神奇的魔毯一样，飘然而至，却又调皮地一下飞去了……

我终于想到了"拔河"。那是一天下工回来，我看到阿歇老爹屋檐下捆桩子的一根粗藤而忽发奇想。那不是普通常见的白藤或紫藤，而是一种直径足有二三厘米的……"那是鸡血藤。"阿歇老爹看我冲着粗藤发愣，便热情相告。"这藤子结实吗？""结实，这是林子里的常年老藤，用刀都难以砍断哪！""那，两个人能拉断吗？""不要说两个人，就是两头牛也拉不断呀！"阿歇老爹说完，呵呵笑了。

我决定去砍藤。当寨子里的哈尼族同胞知道我是为了组织大家"拔河"只身闯老林时，纷纷跑出来要伴我前往。可当时正是大忙季节，我只好谢绝了父老兄弟们的深厚情意，一个人出发了。

我在崎岖的小路上默然而前行。早晨的露水好大呀！我折了路边的一根树枝，把左右的茅草不时地打开，否则裤腿就要湿透了。走出一片茅草地，我抬头看了看天。天有些阴，但东方的旭日呈玫瑰红色，在一片灰蒙蒙的远天中已经露出了一个弧形，眼前的道路开始浮现了亮色。忽然有一只小鸟近在咫尺地飞掠而过，落在了前面不远的一棵玉兰树上。我使劲儿嗅了嗅扑面而来的一阵馨香，定睛一看，原来已开始在玉兰树上唱歌的小鸟是一只"阿头帕"！这种鸟黑头、红屁股、最爱叫，曼青寨附近也时有所见。阿歇老爹的孙子小阿东曾经用"竹弓"捕到过一只，反复地教我说过"阿头帕"。阿东才8岁，从来不知道什么叫"拔河"，但他捕鸟的手段却是高超的！他所用的"竹弓"，并不是汉人观念中的"绷弓子"，而是绷紧绳儿的一根细竹竿。不知他怎样设下机关，鸟一啄竹竿上的虫便被套住了脑袋，甭想跑。他才捉住过一次"阿头帕"，多次捉到的是漂亮的"芒夜"。最令人回味不已的是，他经常捉，也经常放……

我从"阿头帕"的身边悄悄走过，没有打断它婉转动听的歌声。我仿佛看到善良的小阿东正在什么地方冲我满意地微笑，我也情不自禁地笑了。这些山寨里的孩子多么可爱呵，他们教了我"阿头帕"，我也应该教他们"拔河"……

又往前走，祖国的边陲竟然馈赠我一幅无比奇特的壮丽画卷：早已升起的太阳，把它磅礴的光辉投照在一个云雾笼罩的山谷里。眼下的山谷中有一个白色的虹圈虚无缥缈。而在这个虹圈的正中间，分明可见一个圆圆的光点——

啊，"峨眉宝光"！这不是《十万个为什么》中讲过的那种世所罕见的奇景么！

我急忙挥舞自己的手臂，果然！山谷的虹圈中也有一只手臂在向我起劲儿挥舞！

我忘情地喊了起来，山谷里隐隐传来了回声。我又想起了"拔河"，试着向美丽的虹圈大声一喊。"拔河"的回声，立刻在西双版纳的崇山峻岭间弥散开来……

这真是一个好兆头！我对自己益发艰难的前路充满了信心。又翻过了一座静静发亮的绿色大山，有一条河横在眼前，好在不远处有一座古老的竹桥，正在静静地迎候我的光临。我坐在河边的一块岩石上小憩，碎石般的骤雨突然倾泻而下！我急忙躲到一丛密密的野芭蕉叶下，用手拉严了头上的绿"伞"。这时苏东坡的名句悠然浮上耳际："莫听穿林打叶声，何妨吟啸且徐行。"对，走！尽管苏公际遇的小雨不是我遭逢的眼前大雨，我还是毅然决然地钻出了"大芭蕉伞"，高唱着《运动员进行曲》，向大河上的竹桥奔去……

到了，到了。树更高了，林更密了，一切显得更加幽暗了。空气中已经可以嗅到一种积存已久的潮乎乎的热气。我急忙掏出身上带的一块红布来，迅疾地用孟连刀砍下身旁的一根长树枝，并且把红布系在了长树枝的一端。这是因为阿歇老爹曾经告诉我，进入老林子以后，最可能遇到的就是大青猴。这种大青猴凶得很，有时候能跑出林子来，把正在采鸡枞的小娃娃"抢"走。若遇到它们时，只要用系红布的长树枝一瞄，它们以为是枪，就会立刻逃跑……

密林蔽天，我渐渐适应了眼前的幽暗。我睁大自己的眼睛，四处寻找着可以"拔河"的鸡血藤。但是，富有的森林宝库慷慨地开启了它所有的门扉，我感到眼花缭乱，兴奋得驻足未前。忽然传来一声凄厉的猿啼，我急忙举"枪"，却又不知道瞄向何方。出于自卫的本能，我警惕地四周巡视——啊，鸡血藤！我发现左面各自戴着帽子的一片蘑菇地里，有一棵"独木成林"的大榕树，在它的主干上分明地缠绕着一圈又一圈的紫红色大粗藤！我奔过去抢起早已磨得锋利无比的孟连刀，一连砍了七八下！然后一看，在藤皮与藤心之间的部位，流出了许多暗红色的粘汁，没错！正是阿歇老爹所说的那种鸡血藤！我再一看手中的宝刀，刀刃上竟然也沾满了暗红色的"眼泪"。

正在这时，只听"嗖"的一声，我发现顺藤爬至眼前的一条毒蛇的三角脑袋已经开花！啊，好险！我一下惊出了一身冷汗。这是一条眼镜蛇，头扁，眼大，被弩箭射中的面孔还显得凶恶至极！惊魂稍定，我这才明白刚才那危险的一瞬究竟发生了什么事情，一股感激的热流涌遍全身。我回首找人，悄然不见其踪。千钧一发之际，向我的性命之敌，放射了这准确的一箭，难道是传说中的森林之神？

忽然，我看到射中蛇头的弩箭尾部捆扎着一羽漂亮的山鸡毛，啊，莫非是……

当我肩缠着足有二三十米长的鸡血藤回到曼青寨的时候，满天的繁星已经珍珠般地洒在了古老山寨的上空。一直挂念着我的哈尼族同胞们，有的高举着火把，有的弹起了三弦，有的吹起了"把乌"……热烈的欢迎中又响起了一种庄重低沉的调子，我听出这是哈尼族的"哈巴惹"，不由得惊喜万分！要知道，这种哈尼族的酒歌，只在最隆重的场合，他们才会唱啊！

我当时最急切的心情，还是要找到阿歇老爹。但大家都说，不知道他一天到哪儿去了。正说着，阿歇老爹却从寨子里颔首微笑地跛了出来。只见他下身还是那条自家染织的藏青色小土布裤，上身却换了一件对襟的黑布衣服，沿襟新镶的两行大银片，在火光的闪动中熠熠发亮。我正要借那支救命之弩奉上自己的感激之情，阿歇老爹却向聚拢来的人们有力地把手一扬："来，我们拔河……"

于是，就在那永远闪光的西双版纳土地上，就在那并非节日的节日之夜，一场真正的拔河运动，拉开了历史性的序幕……

这一切的一切，都是我所亲身经历的一个真梦呵！

木射奇观

如烟似梦，渺然而不可追觅。又如珍藏在记忆深处的一张清晰底片，时时切盼着我在静夜笔端进行真实地显现——

呵，密林中的木射，我怎能忘记你萌发于那一片闪光草地的最初情景？

那是繁茂的西双版纳密林中少有的一片开阔地，方圆足有半个绿茵场那么大。然而彼时此刻，金黄的足球在天上，草地上只拂动着几星几点不知名的野花。我只好翻了个身，仰面朝向蓝天。绿色的眠床是柔软的；当空的太阳尽管一再地闪着诱惑的光，我却愈看它愈不像是一个能踢的足球。

也许是敏感到我的心里有点不对劲儿吧，当时正倚靠在我身上的大卫拐过一只手来，正好遮住了我的视线。我一看，原来是一张卷"大炮"的小纸，再一看，小纸上面密密麻麻的，还有字呢！我急忙推开大卫，翻身坐起，仿佛"他乡遇故知"似的细看起来。

（木射）一称"十五柱球戏"。我国古代民间球类游戏。始于唐代。陆秉著有《木射图》一书。其法在场一端竖立十五个木笋（木射牌），在每一木笋牌上用红、黑颜色各写一个字，红色的为"仁义礼智信温良恭俭让"十个字，黑色的为"傲慢佞贪滥"五个字，红黑相间，作为目标，用木球从场的另一端地上滚去，命中红牌者为赢，中黑牌者为输。

"还有哪？"我一把抓住了大卫的胳膊。他莫名其妙，只是向我喷了一口烟圈儿。云烟在眼前缭绕，我一下子又兴奋起来：木射的要旨，不是全在我的手中吗？幸甚！足矣！

可爱的大卫并不是个缺少运动细胞的人。其实他也并不是一个洋人后裔。在祖国的最西南边陲，曾经有一些少数民族村寨深受基督教的影响。这也许就是"大卫"名字的历史由来吧！要没有这种独特的背景，恐怕拉祜族大卫不会把《辞海》当做卷烟纸，"木射"的小船也绝不会驶到我当时的神经中枢。

说干就干——这是我和大卫筹划木射运动的"战斗口号"。别看他朴实得像地上的石头一样，行动起来却别有一番好身手！他迅疾地从左近大树下取来一把砍刀，然后便左挥右砍起来。

大卫一边干一边吩咐我："赶快回去拿锄头！"我欣然从命，跑回了住地。

呵，那是怎样的一个住地哟！一条清冽的溪水上面，放倒了几棵大红毛树，就是一座平坦的桥。桥的另一端就是我和大卫暂时客居的伐木工人宿舍。要不是等在那里收购木料，我可能永远也不会光顾世界上如此别致的房屋：墙壁全部是用松木板围成的；屋顶的松木椽子上是松木压条，藤子捆在压条上，有的压着一些干稻草，更多的还是压着一些松木板。这真是木墙木瓦——木屋了。屋里面还是松木：松木墙的漏洞处，斜插着几丛青绿的松毛；裸露的松木椽子上倒挂着一根带钩的松枝，衣服就钩挂在上面；屋角处的松木桩子上，平搭着松木板，这就是松木床了；还有显眼的松木椅——一块大松木砍成一百二十度角，坐上去蛮舒服！屋子里还有松木桌、松木凳、松木脸盆、松木筷子和松木拖鞋等。一句话，这里简直是一个极其富有的松木家族！

能在这样的家族里和全体劳动成员开展木射运动，这是多么令人兴奋的一件事啊！然而当我兴犹未尽地跑回大卫身旁的时候，他已经坐在树下等我多时了。我不得不表示歉意，他却一边接过锄头，一边又吩咐我赶快去通知各处的伐木者收工后来参加"木射"。

我旋而又去，只顾得到处寻觅伐木丁丁的声音，只顾得向每一位颇有兴趣的伐木者讲述着木射比赛的大致方法，全然忘却了大卫一人怎能飞快地造出一方木射场来？

啊，我简直不敢相信自己的眼睛！银辉初洒的处女地上，闪着多么美的亮色！白天的半个绿茵场，已经幻化出一方黝黑的笑脸。在"笑脸"的顶端，一字排列着十五支插地而立的木笋。只见大卫的手中有火星一闪，一支米许长的木笋忽然耀目地燃亮起来！啊，松明子！好聪明的大卫！我正要把带去的晚饭送上前去，他却又专注地引燃了下一支。在夜色中，飘动的火焰下面，隐约可辨每一支插入沃土的松明子身上，都有一个绿色或白色的字。我不由得遐思远去，敢问古之能者，自从"木射"问世以来，有过这般通明的"木笋"么？且看我们拉祜族大卫兄弟的杰作吧：一闪又一闪，一支又一支，一共有十五只金爪的一条火龙飘拂在神州大地的一隅密林，最古老的神话为之逊色，最瑰丽的梦境难堪其美！

大卫终于发现了我，但还没有发现我手中的饭盒和牛干巴，他第三次吩咐我赶快到大树下把木球拿来。这次我可不想"遵命"了，非让他先把晚饭吃了不可。他却一屁股坐在了坦荡的木射场上，问我身上带着烟没有？

啊，大卫，我怎能忘记你嚼一口干巴、抽一口烟的样子？恍惚中我觉得你坐地成仙了。特别是当我从大树下又取来木球的时候（哪里是"木球"，原来是藤球），我真是对你佩服得五体投地！开天辟地谁无斧？以藤代木妙难言！藤球不但比木球好制，而且更富弹性，更具有那一片神奇土地的特色……

来了，各民族的伐木工人都来了。自从盘古开天地，这是他们有史以来第一次参加"木射"啊！

开始时是乱射一气，人人挥臂，个个瞄准，木射场一下子成了自由运动场。后来大卫提议：轮流射，谁射中白笋罚谁跳舞。大家一致拥护。佤族鲍二第一个跳将出来，弯腰甩臂，凭着一只砍惯了大树的手，五个藤球个个不沾地地一一向绿笋飞去，众人一片喝彩！鲍二也高兴得很，一个劲儿地搓着大手又站到队尾去了。第二个上场的是布朗族哈西，他个子瘦小，两只内陷的眼睛却炯炯有神。只见他面向绿笋，对得笔直，然后左手一扬，藤球便缓慢地向目标击中。他也是五投五中！更不可思议的是，按照顺序接连上场的哈尼族卡多、彝族阿摩，还有汉族李应昌等，竟都是稳操胜券，没有一个射到白笋的！难道他们都是"仁义礼智信温良恭俭让"？我正想问问大卫，是不是他把距离划得太近了的时候，恰恰轮到他出场了。他早已穿起了原来一直扔在大树下面的那件无领大襟衫，下身是一条裤管宽大的黑长裤，头上裹着一条黑色包巾。只见他把头微微一侧，右臂持球猛然一掷——啊，白笋！大家都愣住了，我也莫名其妙。大卫倒也是五射五中，不过都是白笋！还没等大家由不解转而嚷"罚"，一脸微笑的大卫已经双脚一踏，跳起了芦笙舞！我恍然大悟，真是一个道地的拉祜族，最快乐的时候不跳舞不行。其实又何止拉祜族是这样呢？只不过大卫在那木射的一群里用心最久、用力最多，快乐也最深罢了！

那一晚的木射运动，最后也就变成了载歌载舞的狂欢之夜……

夜深沉，梦难寻。古朴而又智能的各民族兄弟啊，我是多么地想念你们！

炸鱼进行曲

闲园垂钓，可谓一乐。然而你可曾到崇山峻岭中的一条无名大河去炸过鱼？那可真是各种"涉鱼运动"中最别致的一首进行曲……

我曾经是西双版纳的儿子。从我到达那片奇异土地的第一天起，就听不少兄弟民族的伙伴讲过炸鱼的事。但我起初总是有些不解，只听说过打鱼、捞鱼、吃鱼，还有钓鱼，怎么还有炸鱼呢？

　　有几个拉祜族伙伴看我总是有些稀罕的样子，有一次便热情相邀。他们不知从哪里搞来几只雷管和十几筒炸药，我便跟在他们后头去翻山越岭了。

　　很不幸，那一次一无所获。不过，这第一次的炸鱼，不仅消融了我无知的不解，而且激起了我非要满载而归的强烈兴趣。

　　我决心要弄到一点儿雷管和炸药。附近有一个小小的采石场，每天都要响几次放炮的声音。看管采石场的是当地的一个汉族老爹。我决定用自己最珍贵的东西去换。当他看我郑重其事地要送他一个北京带去的弹簧拉力器的时候，连胡子都笑得撅上了天："你这是干什么呀？瞧——"说着，他把右胳膊一弯，肌肉隆起，如一小片崇山峻岭。我禁不住伸出了舌头。他爽朗地笑起来，一边笑还一边快活地说："我这老肌肉呀，就是野河里的小白鱼变的！"我当然不信，但接过他笑眯眯地递过来的一包炸药和雷管时，便顾不得再讨教，转身就跑。"留点儿神，可别炸了自己！"可爱的老人家不放心地在后面直喊。

　　我兴奋地跑回住地，约了几个在家的伙伴就走。当时已经上午10点多钟了。亚热带的骄阳像一个大火盆，把翻山的小路烤得直发烫。我们只好一边急行军，一边高唱"是那山谷的风"来进行精神乘凉。其实也没有太大必要，就拿我来说吧，当时总觉得清凉清凉的大河之水就在眼前奔涌欢腾了。"小木偶"徐叶明的想象力甚至比我还丰富，他一边走一边直吧唧嘴，连说："啊，真香，真香。"只有拉祜族伙伴扎列和雅波的比较实际，他们不知什么时候从路边的野芭蕉上劈了两个大叶当了遮阳的伞！

　　到了，又来到上次曾经光临的大河旁边。它静静地躺在人迹罕至的密林山谷之中，仰望着蓝天，仰望着白云。四围的崇山峻岭是它高大的屏障，偶尔掠过的飞鸟，也许就是它生动的呼吸。我站立在似曾相识的大河旁边，禁不住想起了上次炸鱼的悲惨：五六个小伙子，跑了两三个小时的路，待把炸药扔到塘子里，瓮声瓮气——一无所获！

这次呢？只见炸鱼能手扎列冲我一招手，我急忙跟了上去。雅波的和"小木偶"早已跑在了前面，正身临一个死湾而在合扎药筒。扎列急忙说："这个塘子没鱼！"我也恍惚觉得这个地方曾经来过。那二位则不解地看着扎列，连声问："你怎么知道？""真的？"扎列歉然一笑，径自对我说："都怪我，上次没看准，在这儿浪费了5筒炸药。"接着，他又对雅波的和"小木偶"说："这次咱们一定要找死湾大点儿的、水面平静点儿的塘子放。"吃一堑长一智，我急忙赞同；雅波的和"小木偶"将信将疑；扎列则早已走到最前面去了。

扎列这次的眼力果然不错。我们选定的第一个塘子，是在离一座高高吊浮着的爱伲竹桥不远的地方。雅波的把一个竹筒内塞满的炸药引燃了导火索，然后往塘子里一扔，几秒钟后便听到水底虽闷却响一炸，很快便有被炸翻的鱼从塘底涌出水面。扎列一个猛子扎了下去，我们则急忙退到离塘子不远的水之下游，横成一排，严阵以待。只见并不很深的清亮亮的水中，霎时间奔流过来一条又一条闪着银光的小白鱼！此时的我们呀，都恨爹妈少给了一双手，怎么抓也抓不过来！一着急，到手的鱼儿还会滑脱呢！只是来时灼人的太阳早已隐去了，无名大河里的水愈觉寒冷起来，"小木偶"虽然在水中站的时间尚不很久，却已经有些打哆嗦了。我让他赶快到岸上去休息一下，他却忘情地一个劲儿对我大喊："快抓，快抓，快抓呀！"我急忙又抓，可还是遗憾地看到我们抓不过来的一条又一条小白鱼顺着湍急的河水浮涌而去。忽然，我不遗憾了，原来身后不远的水中，不知什么时候出现了一排陌生的爱伲兄弟！他们也像我们一样，正站在水里，弓着身子在抓呢！

仅这一炮，就收获了七八斤。那一排陌生的爱侃兄弟，也和我们的人数一样，他们抓获的也有二三斤之多。别看他们是山野之人，却很客气，非要把那些鱼"完璧归赵"，我们怎么能要呢？结果是：他们接受了我们炸的鱼，我们接受了改日到他们居住的半坡寨去做客的邀请。这次炸鱼的第一炮，没想到盛开了一朵含苞欲放的民族友谊之花！

和这些可爱的兄弟分手以后，我们逆流而上又炸的第二炮，更运气了，收获足有十斤左右！本来还有放第三炮的炸药和雷管，不过我们怕贪多而拿不动，便决定踏上归途了。列位读者，你们一定可以想象，当炸鱼者身背近二十斤的战利品回家，那是一种什么样的心情！

来时的蜿蜒小路，好像变得笔直了。每一座山都起伏着我们快乐的歌声，每一片西双版纳密林都消融着我们沉重的足迹。当星星像珍珠一样缀满夜空的时候，我们已经把捕获的小白鱼分到了住地所有伙伴的小小茅屋里……

当然，最多的一份是给采石场所有工人师傅的。那位可爱的汉族老爹大度地接受了，还笑眯眯地把我早已忘却的那个弹簧拉力器还给了我，他还拍着我的肩膀说："别以为西双版纳没有显身手的好地方，野河里能唱出最好听的调调哩！"

是的，这是一支又好听又难忘的进行曲：炸鱼进行曲！

奖章上的木戛河

女儿虽小，却颇有游水的兴致。你看，本来到这"北京少儿活动中心"是来参加消夏晚会的，她却跨进一个用粗帆布围成的小水池里不出来了。周围是月色溶溶，游人历历；有架空的游览车辘辘地响，也有各种最新式游艺机前的人头攒动。我想拉女儿出水，却被她母亲拦住了："谁让你刚带她从北戴河回来呢！"是呵，前两天刚从渤海之滨回来，现在女儿又泡在小水池里不出来了，这本非我意，却又不能不承认是顺理成章的事。"爸爸，你看我游得多棒，你该给我做一个大奖章了！"女儿的稚语从水花里笑出，我猛然记起自己曾经许过的愿，不由得接口而答："好，好，做一个大奖章，上面还有北戴河。""不，你给我画木戛河！"女儿的反应是那般迅决，又是如此地出乎我的意料，一下子疏通了我记忆障碍的遥远河水。倚池伫立，我仿佛又回到了自己的青春岁月，又回到了自己第一次"到中流击水"之前的尴尬时刻……

眼前是一条远在天边的河。它深藏在绵延的崇山峻岭之中，以致在祖国的地图上根本找不到它的名字。但是，无论白天还是黑夜，它的礁石处分明激起波浪的飞沫——白色的、浑黄色的，平铺向密密的山谷。

同在边疆生活的北京老乡都已跃入水中了，我还愁立在河边的一块岩石上。

这是一条绿色夹荫的河。高大的桥洞之上，间或驶过几辆带拖斗的车子。汽车的轰鸣声淹没在大河的流水声中，耳边只是哗哗的巨响。怎么办？争先恐后的伙伴们已经逆流而上了，却又有谁知道我原本是个"旱鸭子"！

忽然，一只温暖的大手蓦地落在了我的左肩："这河不欺生，别怕。紧紧跟着我，保你没啥事！"还没等我答应，身后的布饶便一下子把我拉入水中。

微凉的木戛河水软溜溜地从腿间滑过，双脚踩在清晰可见的鹅卵石上，怪舒服的。但毕竟是初次下水，我的神经还是有些紧张，全身像灌了铅一样，沉重得很。紧傍在我身边的布饶扶持着我，像护卫着一尊铅铸的塑像。我感到很不好意思。布饶冲我一笑，又扬起砍刀一指："你瞧！"我的视线从可怖的水面掠上河岸的青山，只见一群爱伲人正在蓝天下耕种着什么。布饶虽是佤族，却也通晓爱伲语。他扬脖一吼，大山上的爱伲人便倚锄挥手，引吭高歌起来。我知道他们开始"对歌"了，便倾耳细听起来。布饶在唱："荞麦开花红灼灼，好似红霞落满坡。"一个尖声的爱伲女子在答："连情是杯苦乐酒，苦荞甜荞齐收获……"

不知不觉地，我这尊"塑像"竟然前行几米远了。当我骤然发现这一点，高兴得差点儿跳起来。尽管河水的"魔力"束缚了我，但我已然不觉柔水之可怕：逢岩石就跃，遇浅水就蹚。当然，凡是深不可测的地方，布饶还是想方设法地给我"护驾"，或长竿联手，或结伴浮游……

木戛河水像母亲一般温柔。亚热带的阳光朗照着，平静的水面上金子般地亮。在大河的转弯处，也会有漩涡在急骤地转，宛如母亲因孩子临危而焦动、警示的一只爱眼。每逢此处，兄长般的布饶便拉我远远地避过。有时候，他还要随水抢摘顺流而下的一两朵野花，向母亲的"爱眼"亲热地掷去。置身在温情的母亲怀中，又有笃厚的兄长牵领，我这个"旱鸭子"渐渐地敢于在水中扑动"翅膀"了。因为逆水，或许是因为我毕竟还是一只"丑小鸭"吧，我常常扑而不前。尽管如此，布饶还总是夸我"有进步，有进步"。如果我不再扑游，而任水漂浮，他就宽慰我说："别着急，慢慢来。"他还一遍又一遍地给我做非常漂亮的示范动作，伸臂，收腿……我很感激他。佤族人的肤色多是黝黑的，布饶也不例外，像白色的浪花缠裹着一条黑色的鱼。

31

河两岸，都是人迹罕至的青山密林。我们之所以逆流而上，是为了觅得沿岸的野生芭蕉。俗话说：靠山吃山，靠水吃水。我们当时是既靠山又靠水，所以连我们养的猪都占了双份的便宜：野芭蕉杆碎之，拌以苞谷或荞麦，是它们的上好饲料；砍好的野芭蕉可以顺水而下，木戛河是不要钱又省力的天然运输线！

野芭蕉竞生的宝地渐至眼前。先行的伙伴们都已三三两两地挥刀上岸了，热心的布饶还是一丝不苟地教我游泳。终于，我也能向前"扑游"十几米了，只是还绝对不能说"丑小鸭"已经变成了"白天鹅"。但是，布饶却很满意，冲我微笑，其笑容真比"黑天鹅"还要悦目、怡人！

天色不知道什么时候阴暗下来，山谷里的风幽幽的。先上岸的布饶原地狂跳起来，我也学其模样。不一会儿，赤身上的水珠儿不但风干，而且心头感觉到了微热。我们踏着满地的青草，走到一棵浓密的树下歇息。越过对岸的原始密林，有团团裹裹的烟雾，背衬着灰蒙蒙的远天，缥缈地把一座又一座的大山联系起来。云彩中又透出了一线亮光，隐约可见有一座远山的大坡上又是阳光普照了。亮中有暗，暗中有亮，眼前真是一个生动的美妙世界！

我正眯着眼，陶醉在美的发现之中，布饶问："呛水了么？"我以一笑答之。他一边用砍刀撑地站了起来，一边温厚地说："你再歇歇，我去砍芭蕉。"

这怎么行？我急忙跃起，与他相继钻进了翠绿的芭蕉丛。呵，手起刀落，我们的锋刃削叶如泥！原始的河岸上，霎时裸露出两棵亭亭玉立的大芭蕉杆，恰似两株鲜嫩的巨笋拔地而生。只是在我们的脚下，狼藉了一片又一片的清凉蕉叶，有的叶片上还滚动着晶莹的水珠儿。时候已经不早了，我们也顾不得许多，便守定一棵大芭蕉杆，猛砍根部。很快地，它们便倒了一根又一根，我俩合力一蹬，砍倒的芭蕉杆便顺从地滚下坡去，落入了急流而下的木戛河。

芭蕉在前，如两只失却了命运之舵的浅绿小船，任由奔流的河水冲激向前。坡度不大的时候，水速不疾，我们徐徐地跟在"浅绿小船"的后面，各自张开自己的思想之帆，谈论着眼前的一切和未来的生活。布饶说他是木戛河的儿子，我正想细听端详，他却一个猛子扑到"小船"的前面去了！只见他双臂一夹，把两棵大芭蕉杆紧紧地控制在臂弯，然后喝令我"赶快上岸"，并大声喊道："前面危险！"我一看，原来不远处就是那两三米高的小飞瀑了，果然危险——眼下的水势已然迅疾起来！我庆幸布饶的先见之明，更感动于他的先人后己……只见布饶双脚一蹬，黑身子与双臂的绿芭蕉持平，像一架起飞的"三叉戟"，飘然向前，转瞬便没落水端了。我急忙抽身上岸，向前跑去。跳过几块高大的岩石之后，我惊喜地发现：黑色的布饶早已夹着两只"浅绿小船"，正在静静地候我并肩前行。

再往前，没有危险的流瀑了，躲在云层里袖手旁观的太阳又露出了笑脸，清亮的河水里渐渐有了暖意。除了遭遇到突出水面的礁石或随波逐流的朽木，我们的两只"浅绿小船"稳稳地向前行驶。我和布饶紧紧地尾随其后，能走则走，须游即游。太惬意了，我忽然觉得眼前的芭蕉杆像两行流动的诗，便禁不住地有所吟哦。布饶起先不知道我在吟哦什么，后来听清了"木戛河是我的妈妈，我是木戛河的娃娃"两句，他忽然转过头来，盯着我的眼睛问："你真是这样想的么？""当然是。""啊，那你就是我的弟弟了，我的北京弟弟！"说着，他不顾人行水中，也不顾芭蕉远去，兴奋地扑过来，紧紧地拉住了我的双手……

"爸爸，什么时候给我做大奖章呀？"5岁的女儿不知什么时候被她妈妈拉上"岸"来，小手凉凉的，不伸胳膊穿衣服，却一个劲儿地拉着我的手又问。恍惚之中，我又想起了北戴河，难道我在北戴河给她讲过木戛河？但这种推究实在没有必要，要是没有"旱鸭子"的木戛河初泳，哪里会有"水爸爸"护卫小女遨游于渤海的波峰浪谷之上？

啊，生命在于运动，没想到在我们的家庭生活里，也潜移默化地形成了运动的纽带，它联结着一个起步太晚的父亲的过去，也联结着一个起步颇早的女儿的现在。我心爱的母亲般的木戛河，你的确应该描画在我女儿必将获得的"游泳"奖章上，并且我要在这枚奖章的背后，永远刻上一个可亲可敬的名字：布饶。

飞在相册里的鹰

在我所居住的大院一隅，静得连掉在地上的一根针都听得到。每当我一个人在屋子里独处的时候，从幽幽的书柜玻璃后面，便会飘出一种悠渺而令人迷醉的音响。我知道，那是远在祖国西南一隅的西双版纳又来轻扣我记忆的心扉了。

每当这时候，我总要把书柜玻璃拉开，从最高一格取下第三本相册，然后把它翻开在写字台上。这时，群山环抱中的一个小小运动会，又在我的眷恋中进行力和美的显现了……

呵，我的惠民山！灰里透亮的远山如兽脊般横亘在一层又一层的密林之上，微风吹来，错落有致的青青波浪掀滚着，衬托出我们那个小小的运动场。高音喇叭正播放着《运动员进行曲》，整个密林王国都在这动人心魄的乐曲声中跃跃欲试。

你看，我们的运动会开始剪彩了。但在密林之中，山野之人何"彩"之有？还是土生土长的扎多有办法，他从山上下来时特意备了一扇丈多长的大芭蕉叶，此时一伸，敬候我们组委会主任开剪。但事前的运动会计划中并没有如此庄重的一项，仓促之中，竟连剪子也找不到。不知是谁，大喝一声"拿砍刀"，我们的主任这才手起刀落，"剪彩"成功。众人欢笑，扎多还拿着半截的大芭蕉扇旋舞起来。他可真是个聪明、快乐的拉祜族好小伙儿！

扎多，我又看到了你在运动会上的英姿！你正在腾空跃起，右臂平屈，左臂张扬。我又看到了你那宽大衣襟的黑衫，又看到了你那不长不短的黑裤，你真像一只凌空欲飞的黑鹰！

我急切地翻看着心爱的相册，可爱的扎多，我又找到了一张运动会之前的你我合影。竹林摇曳，金沙耀眼。记得那是一个"共产主义星期六"，并非共青团员的你，听说团工委要组织共青团员到四公里以外的勐满坝子去拉沙，你便早早地徒步赶去了。当我们乘坐拖拉机到达那里的时候，你不仅已经觅好了一处最细软的沙地，而且平整好了拖拉机进出的一条必由之路。当时我们纷纷夸赞你，你却连连说："我报名参加了跳远比赛，应该参加拉沙子的劳动呀！"

扎多，你看这一张，鲁老民在使劲地上下挥舞着小旗，胥涛在大声而节奏分明地喊着："一、二，一、二……"双方的人都在拼死力地拉，周围是各自的"啦啦队"。有谁知道，众人手里那根拔河绳，并非是惠民山仓库所有，而是你这个"组委会"之外的自告奋勇者，在一个伸手不见五指的夜晚，摸黑赶了十多里山路，到一个兄弟单位连夜借来的呀！

扎多，你的可敬之处，不仅在于你是那次山野运动会的自觉组织者和辛苦工作者，而且愈往后翻看"照片上的运动会"，我就愈是能清晰地记起，你是运动员、组织者、观众、教练和裁判"五位一体"的突出代表！

天有不测风云。亚热带的雨更是说来就来，既不响雷，也不打闪，麻杆粗的骤雨从天而降，一下子击跑了篮球场四周的几乎所有观众。但运动会的竞赛项目之一——篮球比赛正在激烈进行，双方队员们不得不冒雨奋战。留在场边未走的几个观众都是有名的球迷，只有你——扎多，我知道你连"三步上篮"都没玩过几次，这时候你却特意从"乒乓球室"赶来了，你在雨中伫立，而且不管哪一方冒雨把球投进了对方的篮筐，你都要拍起湿漉漉的手掌。扎多，你可能没听到，立刻就有宣传员把你的"雨中掌声"写成了稿件，并且立刻就被广播室以"最佳观众"为题播出了。

亚热带的雨，来得快，去得也快。雨霁不久，扎多，你又和阳光一起走进了我眼前的相册。这是那次运动会最别致、最富有西双版纳特色的射弩比赛。初上弩场的汉家知识青年，自然也想夺魁，却又没有十分把握。好扎多，这时候的你，又自告奋勇地大显身手了。你重教练更甚于自己参加比赛。我已经记不清你那次射弩到底获得第几名了，但我肯定终生也不会忘记，就在那轮番角逐的紧张比赛中，你曾把自己柔而遒劲的祖传之弩任我练试，你曾手把手地教我拉弓、上羽，肩并肩地教我瞄准、扳机……

扎多，你的照片真多，这也许是那次运动会的"摄影记者"王源波异常偏爱你的缘故吧。大约是一年以前，我和他曾经在北京的王府井巧遇过一次，他现在是真正的摄影记者啦。提起那一次运动会的"处女作"，他说最得意的就是给你抢拍的那张"裁判"像——

就是这张，扎多。你面对着跳高选手起跑的方向，笑得是那样"认真"。你正站在横杆的立柱一侧，左手托记录夹子于胸前，右手之笔自然地面对着翻开的成绩单。你是那样虔诚,那样专注。你的目光里,透出一种发自内心的期待!

记得那次运动会进行的最后一个项目是4×100米接力。很可惜,我的相册翻完了,却没有当时这个项目的任何一张照片,但有一个镜头却一直深藏在我的脑海里。紧张的接力赛开始了,这是那次运动会的压轴赛,也是颇能影响各队最后名次的决胜赛。不幸的是——扎多,你还记得吗?当你跑到最后一棒时,你们队还在领先;可是,当你奋力向前冲刺时,路旁的草丛里忽然窜出一头黄牛,你避闪不及地撞在了黄牛的腰部,一下子扑倒在地上!卫生员跑上去正要给你擦拭磕流的鼻血,你却挣扎着爬了起来,又踉踉跄跄地向前"跑"去。可敬的扎多,短跑比赛是分秒必争的,你跑的第四棒已经是倒数第一了,但你还偏要踉跄着去完成这最后一名,这是多么令人难忘的一个镜头啊!

扎多,你的确是西双版纳的运动会之鹰,至今你还在我心爱的相册里展翅飞翔。每一看到你,我就好像看到了一道黑色的闪电,它是那样迅忽,又是那样恒久……

远山之恋

我的爱情是属于西双版纳的。我爱晓雾乍开,那里的竹林摇曳;我也爱月色溶溶,那里的树影婆娑;我爱鹰隼盘旋于坝子中央,四周是一片甘蔗的海洋;我也爱鹭鸶扑翅在稻田一隅,向着静悄悄的溪水嘤嘤歌唱;我爱那里的一切:如洗的蓝天、抚面的暖风、飞翠的小鸟、湿润的草地……但屈指算来,我离开那里已经整整十三年了,美丽的西双版纳最使我缠绵不已、至今还历历在目的，却是那里的青山座座，绿岭逶迤。

西双版纳也有山？是的。"西双版纳"的傣语意思是"十二个坝子"，但到过那里的人们都知道，所谓坝子，不过是"山国里的平原"。所以人们常说：没有山就没有西双版纳。我也可以这样说：假若没有山，我对西双版纳的怀恋绝不会这样深、这样久……

那都是些无名的山，普通的山。她们之所以曾经占据过并将继续充盈着我的爱恋之心，并不是因为那里有什么古老的名胜、魅人的传说，也不是因为那里有什么诱人的宝藏、稀世的物产，而仅仅是因为：我曾经在那里努力攀登过，不断攀登过——不仅用我的双脚，而且用我的血肉之躯，用我的整个青春之心……

我记得，住地附近的某座青山第一次呼唤我，是因为在她的山脚处发现了盖瓦房必须要用的花岗石。尽管我们当时从举世闻名的北京长安大道而来，尽管在我们年轻的历史上，谁也没有过"向青山要石"的战斗体验，我们还是无所畏惧——甚至异常兴奋地奔到了"花岗石"的面前。啊，眼前的无名青山，当然高不过"喜马拉雅"，却也比记忆中的"景山"可观得很！即使是一个山之小脚，我们要攀上去打炮眼儿、炸石头，又谈何容易？峭壁、峭壁，除了峭壁，就没有"石头"了。怎么办？没想到西双版纳之山的第一次挑战就是这样严峻。但我们当时风华正茂，不约而同地都想到了登山运动员的卓绝形象！于是有的伙伴"甘当人梯"，有的伙伴则联结了"安全带"，大家公推个子最高的我率先登攀！我的脚踩在伙伴的肩上，不断地用手里的钢钎子"开路"。有时候，我的手指也能幸运地扒到岩石缝隙，身体却一直只能够像壁虎一样紧紧地贴在岩石上。那滋味儿很不好受，但我咬紧了牙关，一点一点地登，一次又一次地攀。就在我的全身心都有点儿支持不住的时候，"花岗石"的最高处，竟然已经踩在了我的脚下！但这时忽然传来了女生们爆起的惊叫："血！血！"我回头往下一看，果然有几滴鲜红的血正顺着明洁的花岗石往下流淌。我再看自己始有痛感的左掌，已经如一小朵红云般可爱了——

我亲爱的远山，那也是你曾经送给我的第一朵鲜花……

炸石归来，我便害起了"相思病"。绝壁向上的滋味儿，真如初恋的情意一般，令人身心舒畅，夜不成寐。

我自豪。但身处崇山峻岭之中，很快地我便感到，仅仅攀登过一个"山脚"，又有什么可自豪的呢？

我记得，西双版纳广阔的山野又一次写给我情书，是因为能干的老工人已经在离住地较远的一个地方备好了木料，那是我们盖猪圈必须要用的两棵桂花树。当我们翻山越岭来到桂花树面前的时候，禁不住惊叹起来，这是怎样的两棵大料啊！一筒须八个人挑，另一筒须十二个人挑！我是作为十二分之一负重而行的——哪里是什么"行"？分明又是一次永远难忘的攀登！各就各位以后，首先要把大料从山坡之下拿到山坡之上。而这个坡，虽然不是炸石那次的绝壁，却也陡得十分厉害。更可以的是，这个坡上长满了并不很高的茅草，我在后面挑，前面的人已经把茅草踩得倒伏了，我的塑料鞋底踩在倒伏的茅草上，一会儿必滑一跤！好在我毕竟是十二分之一，无碍"登坡队"的大事。但老要别人等候我滑倒了爬起来，实在不是一件轻松的事。我益发感到肩上大料的沉重。这时候，只听带队的老工人哼起了深沉有力的登山调子，大家的节奏感立时加强了，我的脚步似乎也变得轻松起来，竟然再没有滑倒一次，随众人把大料挑到了山梁子上。这是我第一次置身大山之梁，发现满地都是小小的竹粒果！趁别人小憩，我吃得不亦乐乎，爬坡之苦顿时全消。但山梁之乐未久，我们又要在崇山峻岭的羊肠小路上艰难行进了。上面之坡欲仰，下面之坡若倒。小路负重行，逢上处是难登其上，须下时，肩上的大料向前冲得厉害，不仅下脚要稳，而且整颗心都要往上较劲儿。山野间，也不乏溪流淙淙，但大料在肩，谁个又有诗情画意？必须空出一人，先过溪流，然后伸手使劲儿把大家纷纷拉过。非如此，只能望水兴叹，脚下硬是迈不开步！就这样，上坡又下坡，小路复小溪，我们终于把大料挑回了"大本营"。尽管我穿着鞋的脚已经磨出了泡，尽管我戴着"垫肩"的肩已经磨出了血，我仍感觉到欣慰，甚至感到激动，因为在西双版纳群山的考验面前，我终于显示了我的热情、我的力量、我的忠贞——

我亲爱的远山，它们是来自于对你愈益真切的情啊……

有人说，初恋是狂热的，而成熟的情感往往是深沉的。而我那时候非常年轻，我不知道应该怎样向自己的所爱表达自己深沉的狂热。我只清晰地记得，扛大料回来以后的第二天，我便经过一番努力，参加了"砍柴小组"。是的，我就是要不断地上山砍柴，以不断地亲近我的所爱！伙伴们都笑我跌进了"山的情网"，却有谁知道我自有一颗"攀登"之心呢？

每一次上山砍柴，都是我思想里的喜庆日子。刀开出的路，崎岖攀登！凡有干树，齐腰而断之！轰天的巨响，好像山谷中石塌崖裂；密密的树丛，霎时间就空出了一大片！骤然间下起了大雨！只能躲到芦苇丛中，把头上的叶子拉严。但不管用啊！还是浑身湿透了。索性钻出来，坐在大树干上，雨中望祖国南疆。群山在大雨中显得更加清新可爱了。雨后接着干：巨大的树杈，高站其上，猛拉大锯！断木声沙沙。滚下山的干木势不可挡！下山的路上，随手可摘吃又鲜又红的鸡嗦果——因为雨季到来了，树根之处多得是！

有时候，我们也曾一早爬起就去砍柴。每人手提一把砍刀，攀援在湿漉漉的山坡小道上，看清泉冲响，看路旁翠谷，看高山浓雾，看露水滴雨……我们也曾到很远的山上去砍柴，崇山峻岭，荆棘小路。我们路过的一个爱伲山寨被惊动了，一座又一座茅草屋里探出了汉子婆娘的头，有惊奇的目光，也有原始的张望，但更多的是淳朴而自然的微笑……我们也曾因砍柴借宿在傍山的道班。那是离我们住地最近的87公里道班，一排木板房沿山而建，俯居公路。我曾在一个格外沉黑的道班之夜，一个人望着坡下的公路浮想联翩。我看到一条隐显星光的带子，拐向了山后，拐向了我遥远而又遥远的故乡……

我的远山，我无名的、亲爱的群山，你们就是我的第二故乡！因为有了你们的簇拥，西双版纳才被称为祖国的绿宝石；因为有了你们坚强有力的臂膀拥抱过我的青春，我的心至今还是绿色的。我爱你们，因为你们曾经用崎岖的小路考验过我的意志；我爱你们，因为你们曾经用自己青翠的美色陶冶过我的灵魂、温暖过一颗年轻的心。我将永远地深爱你们，我的远山！因为你们引我攀登过，教我攀登过，任我攀登过。我要在生活的大山上继续攀登，一直到达生命的终点！这就是我对你们的旦旦誓言，我的遥远而又亲近的群山啊，你们听到了吗？

听我讲澜沧江

澜沧江像一架遥远而又亲近的琴，日夜不停地在我心中流淌着奇妙的音韵。亲爱的朋友，在你即将离开祖国去参加重要比赛的时刻，请让我拨动自己的记忆之弦，为你弹唱一曲傣家人之歌……

那是祖国的北方还在瑞雪纷飞的季节，我们一踏上西双版纳发烫的土地，立刻便置身在悦眼怡人的一片青翠之中，亚热带的阳光热情地脱却了我们严实的棉衣。我忽然发现和我同行的大伟变得是那样健美。他的个子比我略高，将近一米八二，此时穿着他那著名的叔叔赠给他的运动衣，俨然一个运动员的样子。更赫然醒目的，是他那桃红色的运动衣上还有人人熟悉的"中国"两个大字。我禁不住皱了皱眉。大伟是敏感的，立刻一本正经地无问自答："当今世界上风行的三大爱好，一是旅游，二是体育锻炼，三是穿运动服装。"我也就不能不有所反应了："我荣幸地陪着您来旅游，却遗憾地不能具有第三种时髦。""岂止第三种，第二种的准备我也有。"说着，他很快地把上下衣服全脱去了，只穿着一个带黄道的红色游泳裤衩奔向前去。

我这才发现，慕名已久的澜沧江近在咫尺。有几个农哉（傣语，男孩子）正在岸边的浅水中嬉水取乐。我分明地看到，当颀长的大伟从他们身边跃入湍急的江水之中时，他们不约而同地安静下来，仿佛在奇怪天然世界中哪里闯来这么一个愣头青。我急忙走到他们之中表示惊扰的歉意。他们的目光却一下子集注到我怀抱中大伟那件鲜艳的运动衣上。其中最大胆的一个"农哉"竟然一下子跑上前来，从我手中搂出那件衣服，好奇地抖开一看——

"中国！中国！……"他们一下子兴奋地欢呼起来。这暴起的欢呼声，不仅颇具节奏感，而且声音清亮，稚拙中透着一种浓烈的情感。我能估计到可能发生了一种什么样的误解，便急忙向他们摇手。这些轻信的孩子们却视而不见，一个劲儿地在岸边的青草坪上雀跃着、欢呼着。

"中国！中国！……"这国际比赛中经常可以听到的华夏之声，现在竟然执拗地响在澜沧江畔，我禁不住感到一阵心热，便急忙取出挎包里的照相机……

"等一等！"只见一个胖乎乎的"农哉"严肃地向我招手示意。我看着他急急忙忙向水中跑去，不由得笑出了声。原来他浑身上下糊满了澜沧江的泥巴，只露着两只细而长的眼睛。这孩子的名堂可真多，他刚在江水中把自己洗干净，却又发现了岸边漂浮着许多云母，顺手捞了两把抹在了自己的脸蛋上。这还不算，上岸以后，他又从同伴手里要过大伟那件运动衣，一下子穿在了自己的小身子上。我从观察镜里看着他和伙伴们站成一排的那个可笑又可爱的样子，心里真觉得不虚此行。待我正要按下快门，湿淋淋的大伟又出现在观察镜里。于是乎，"农哉"们刚站好的位置又发生了动乱，他们纷纷要大伟站在自己身边。我只好静待大伟如何处置自己。他还真有办法，左右手抱起俩，身侧各挨一个，身前则站着那个"中国"农哉——

"咔嚓"，我按动了快门，却不知道将来洗出的照片是否具有真实性。大伟却俨然一个真正的运动员，正弯着腰亲那个脸蛋上有云母的小"农哉"，然后问："我脸上闪光不闪光？"孩子们一致回答："中国——闪光！中国——闪光！"

我真是对大伟哭笑不得，只好拉着他离别"农哉"们而去。他却频频回首，还让我无论如何也要回头一瞥——

啊，在高处看澜沧江，真是美不胜收：有一座秀丽雄伟的大桥横跨在宽阔而水流湍急的澜沧江之上。桥上是点点行人、哒哒的摩托声；桥下是如离弦之箭的小船、竹筏和独木舟。独木舟上的渔者悠悠地抽着烟。

我想起了女中音罗天婵那纯净而美丽的歌声，情不自禁地哼唱起《澜沧江之歌》：

晨雾茫茫，
漫在竹楼旁边；

白云朵朵,

落在高山顶上……

"冒充歌唱家,是不是?"大伟借机报复,我不能不给他一拳。"澜沧江是美啊,我们沿江走到橄榄坝去,怎么样?"对于他这借题发挥的大胆联想,我深表赞同。于是我们便于第二天清晨向橄榄坝"旅游"而去。

说起橄榄坝,那真是一个奇妙的所在。世人皆知"没到西双版纳就等于没到云南",其实,没到橄榄坝又怎么能算到了西双版纳呢?如果说,美丽的西双版纳是祖国的一颗绿宝石,那么,橄榄坝就闪着这颗绿宝石最晶莹的光辉。听傣家人说,那里有一百多个寨子,风光煞是迷人,还有许多没有文字记载的歌舞……

眼前,温暖的澜沧江像是橄榄坝伸出的热情手臂,正在欢迎我们跋涉而去。

大伟又想游泳了。我这个"旱鸭子"只好又成了给他抱衣服的"临时工"。不过这次从景洪到目的地有七八十里路呢,不能耽误。于是,他游我走——他沿着曲折的江岸顺水而游,我则逢岩石就上,遇浅水就走。偶尔发现了到江边喝水的猴子或在沙洲上戏耍的水鸟,我们便不约而同地各择其所,小憩片刻。

我们还看到有一只窄窄的两头尖柚木小船在江面上疾然驶过,几个彪悍的傣族小伙儿在船上长竿猛撑,姿态神勇。我们正浮想联翩地目送他们远去,他们却调转船头,逆水向我们所在的江岸划来了。丽日晴空。两岸是静悄悄的青山密林,密林中有原始的乱枝,青山上有远古的炊烟。我们不知道将要发生什么事,只能看着两头尖小船愈划愈近。原来船上还有一个老伯涛(傣语:老大爷)呢,他最先站起来,示意我们上船。大伟要上，我踌躇。傣族小伙子们都在向着我们微笑。我不"怕"
人了，却还怕水。有一个傣族小伙子眼尖，发现我扔在岩石上
的大伟那件运动衣露着个"国"字，便试探地问："运动员？"
我急忙摇手。大伟还不错，也跟着我一起摇手。他们都笑了。
最后那个老伯涛用不太标准的汉语对大伟说："前面，有溜子，
不能游！"大伟当然和我一样不知道什么叫"溜子"，但他却一
个劲儿地点头，显然他对前面可能有危险是心领神会的。一个
傣族兄弟又从船上扔过来一把酸角——那是西双版纳特有的一
种豆角状果食，酸甜可口，我急忙道谢，大伟却无声地鞠了日
本式的一躬。船上的傣族同胞笑得更开朗了。那个老伯涛，笑
得坐在了船上，直说："我们都是中国人！"见他们调转船头就
要离去，我正不知如何表示心中的谢意才好，只见大伟迅疾地
拾起岩石上他那件运动衣，一边往船上扔，一边大声说："送给
你们！"那个起先发问的小伙子正好接住，他兴奋地说"谢谢"，
然后把那桃红色的运动衣往身上一比划，响亮地大声说："我
是——'中国'运动员！"更爽朗的笑声飘荡在澜沧江上，我
望着那个"中国"小伙子的矫健身影倒泊在粼粼的江水里，望
着可爱的傣族同胞们渐渐远去，竟觉得身旁的大伟也变得愈来
愈可爱了。谁想到他又猛跟我抢酸角吃。

我们终于弃水并肩而行了。当时缘江公路正有一段塌方，
我们没走多久，就恰恰走进了修路大军的傣族同胞中间。他们
惊喜地列成两排，夹道欢迎我们这些来自远方的"不速之客"。
尽管我当时赤裸着上身，大伟甚至只穿着一条游泳裤衩，我们
的样子一定十分不雅，但他们都直视着我们的眼睛，仿佛有一
种深厚的情谊在无声地撞击着火花。因为语言不很相通，我们
只能报之以受宠若惊的微笑。这个夹道欢迎的队伍是那样长，
我们又置身在一道"彩堤"之中了。两旁都是身着鲜艳服装的

傣族妇女，苗条的筒裙、抱身的胸衣、硕大的包头巾，赤橙黄绿青蓝紫，真是什么颜色都有。我看到只穿着游泳裤的大伟脸上有些泛红，我自己也真恨不得有个地缝儿钻进去才好。傣族妇女们却纷纷放下手中的铁锨，有的拿来毛巾，有的端来开水，还有的捧来酸角、果根、竹粒果，等等，当然，更多的妇女同胞们还是在一个劲儿地鼓掌。就在一片热情的掌声中，我忽然听到有几句傣味儿的汉语赞叹：

"运动员！"

"北京的！"

"北京的运动员！"

啊？我们当时已经没有了赫然醒目的那件"中国"运动衣，怎么还会被傣族同胞误认为"运动员"呢？是不是因为南疆人短小精悍，北方人身高马大？抑或是大伟的体魄太健美了——我忽然发现，因为亚热带温暖阳光的厚爱，因为澜沧江水的万千柔情，大伟全身的皮肤已经镀上了一种纯净的古铜色。健美的体魄，再加上这游泳好手所特有的肤色，可爱的大伟，怎么能不被眼前的傣族同胞们错爱呢？只不过我自己是个谜。

亲爱的朋友，这个谜我当时并没有费力去猜。因为那时候，完全顾不得自我捉摸了，愈往前走，我们便愈沉醉在橄榄坝那独特的美色之中了——

啊，椰子树高指蓝天，又像是傣家人挥舞着热情的手臂，在欢呼"中国"、在欢迎"北京运动员"……

记忆之弦在鸣响。亲爱的朋友，不要只听我讲澜沧江，你看，象脚鼓敲起来了，孔雀舞跳起来了，热情的傣族同胞都在注视着你。请吧，请在你现在的位置上，独唱一曲真正的运动员之歌。

米干店情思

四面环山的一爿小店，像镶嵌在赭红色土地上的一颗珍珠，至今还在我绵延不断的情思之中熠熠闪光……

山重水又复，我的遥远的米干店哟，如今你一定旧貌换新颜了。

然而我还是喜爱你那低矮的茅屋，喜爱你那小小茅屋里永远热气腾腾的氛围。就在那米干犹香的氛围之中，我又看到了茅屋一角那油乎乎、湿漉漉的土基灶台。"啊，两口大锅的水都烧开了，老板娘，你上哪儿去了！"

"我么，你看，没人来帮我劈柴，我都得自己干。"老板娘抱着一捆刚劈好的松木柴正走进来，我听出她的话外之音是在责怪我几天没来光顾米干店了。

是呵，老板娘的那爿米干店真难划得清和每一位顾客的关系。就拿我们几个北京伙伴来说，许新源是开拖拉机的，于是就顺道给老板娘捎点柴禾；徐叶明是司务长，每次到县上买菜，都要问问老板娘带什么佐料；而马玉良是个木工，米干店的桌椅板凳一活动了就找他。岂止这几个，当时身处彼地的北京知识青年，哪个不以老板娘的米干店为自己的第二食堂！

云南生产建设兵团某部的伙食真是一言难尽，只有记忆中的米干店，进去就香！看，老板娘开始用小石磨磨滇米了，我不由得又上去帮她转起来。磨盘悠悠情悠悠。老板娘在磨眼儿里倒水了，只见乳汁一样的米浆潺潺而下。我急忙又帮着澄滤，老板娘则腾出手来，又把浆舀上一个又一个的大铝盘。上锅一蒸，片刻之后，铝盘上呈现溢满周圆而又平展展的米粉了。其色白而透明；要吃呢，还得掀开，一刀一刀切成面条状，分盛到一个个小碗里，再放上甜酱油、醋、蒜泥、韭菜以及辣椒油、芝麻油等调料——当然不一定什么都放，实际上是老板娘有什么就放什么。但不管放什么都好吃：酸辣适口，爽滑至极。不光我们爱吃，大凡到县上赶街时路过该地的爱伲人，没有一个不驻足品尝的。

呵，情悠悠，梦未休。远在祖国西南边陲的小小米干店呀，虽然马玉良当时真想为你制作一些桌椅板凳，但可惜的是，米干店太窄小，英雄无用武之地。不过这样也好，和老爱伲们挤在一起吃米干的滋味儿，更有一番情趣在心头！首先是筷子乐！爱伲人多有用手抓吃的习惯，用起筷子来，不是拿反，就是夹不上来，每逢有此难者，我们便放碗相教。好在吃饭小技，并不难学。聪明的爱伲人一教就会，我们则教会之后再吃自己的米干，更觉温热适口。其次是买东西方便。爱伲人多居山上，常猎野味，爱种芭蕉，我们则坐吃米干店中，二者可以兼得。野味种种，无论是珍奇的旱獭皮，还是可口的麂子肉，或者是仅有一尺长的小棕熊，我们常常可以"不猎而获"；至于那熟透了的、鲜黄鲜黄的大芭蕉，爱伲人常常不要钱地任我们吃，他们笑称这是学"用筷子"的"学费"。

后来我们才知道，原来老板娘也是个爱伲族人。那是有一天我在米干店对面她家里看到一张照片才发现的。那是一张已经被岁月漂得有些发黄的旧照片，照片上的少女头戴一裹小帽，有成串的银饰下垂；双耳挂着两个大银环，面色温顺而略带喜色；垂辫于肩，胸配银饰，裙子系得很高，紧接上衣；脚上穿着一双绣花尖头鞋。"啊，老板娘年轻时好漂亮！"我不禁脱口而出。"旁边那个，就是我爱人。"她故意把"爱人"说得具有"北京味儿"，我这才注意到，原来照片上的爱伲少女身边，还有一位戎装的解放军！呵，怪不得老板娘汉化得如此彻底，原来……"刚结婚不久，他就打土匪牺牲了。"还没等我发尽感慨，她就径直说道，眼神中略带几分哀伤。我正要安慰她几句，但很快地，她又一下子恢复了常态，非拉我回米干店"再吃一碗米干去"。

呵，米干再好吃，也是人做的；米干店再小，也永远在我的记忆中闪闪发亮——那是老板娘的亲情之光，那是爱侣人的友爱之光，那是镶嵌在遥远土地上的一颗夜明珠啊！

我为此常做赭红色的梦，常常又置身在四面环山的一爿小店里……

悠悠草房情

岁月悠悠，居也悠悠。在岁月之居里，我曾作东道主飨客，吃的是华屋之梦；我也曾大梦初觉，身处京都而欣然；但更多的时候，我却是静卧己榻，一任那遥远遥远的草房情倏然而至，渐热渐暖地弥漫我的身心……

呵，一个小小的湖，像一只深藏在崇山峻岭中的眸子温柔地向我们飘来。而湖边，就是我们的新居了。茅草顶，泥巴墙，一走进屋内，到处都湿漉漉的，新篾笆床底下还长着青青的小草呢。把我们从北京接到这祖国南疆来的领导怕我们印象不佳，连连解释道："这房子是为你们的到来刚盖好的，住一阵就不会这么湿了。以后咱们还要盖瓦房哩！"大家对他的解释都没在意，因为我们长这么大，还都没有住过这样的草房子哩。

住这样的房子真是生平一大乐事。看书倦了，翻身而起，往床底一瞧，绿色盈眼，不亦乐乎？一钻被窝，宛如钻进潮湿的雾中，脑子格外地清醒，不亦乐乎？正"清醒"时，房顶的茅草中"嘎吱"地掉土了，这没什么；忽然，房顶上又发出了"丝丝"的声音——哎呀，不好，有蛇！大家纷起，电光四射——不是蛇，是一只老鼠！它真狂，竟敢在光电的夹击下，就在我们的头顶明目张胆地乱窜。最后，也许是它向我们"示威"够了，一下子窜向了别的屋，翻起的声音立刻又在别的屋子响起——

不亦乐乎？

更令人难以忘怀的是，就在那"不亦乐乎"的茅草屋外面，就在那夜色温柔的一水湖畔，我们曾举行过一个又一个的即兴晚会。记得其中一个是"木瓜晚会"，事前毫无准备，也没有哪一个可以算作导演，但每人一句脱口而出，一首"木瓜诗"便永载我们的青春史册了：

> 架起一堆篝火，高高地烧起
> 我们活捉到的毒蛇。再把
> 摘来的生香蕉全扔到
> 里面，朋友们：
> 让我们高唱一曲《国际歌》！
>
> 这里还有一个木瓜，快把
> 屋里的人们全叫到月光下，
> 让我们共同面向北京城——
> 请毛主席他老人家也来尝尝吧！

这首诗现在看来当然是比较幼稚的，但记忆中那种充满了动感的热烈场面至今还令我感到热血沸腾。记得那一天晚上我们兴奋过度，晚会散时已是次日凌晨了。天上繁星历历，这预示着一个十分罕见的晴天。大家正为此而高兴时，又见月亮渐渐迷蒙了，头上的天空渐渐弥漫了茫茫的大雾，两米以外就看不见人了。大家一边用手电筒乱射迷雾，一边纷纷嚷道："大自然，魔术师！大自然，魔术师！"

的确，身居那临时性的居所——茅草房中，我们常有被大自然这个魔术师所捉弄的痛感，且不说当地半年湿半年干的气候，雨季时的潮湿难耐，就是旱季到来时，偏处西双版纳一隅的那里也并非总是晴空丽日，而是经常热风肆虐，红尘漫天。每逢此时，我们四处漏风的茅草房便成了难以设防的红尘之舟了。于是，"不亦乐乎"遁去，"徒呼奈何"激励我们自力更生盖瓦房。

我们在北京时都曾居住瓦房或预制件楼房，但真要自己动手去盖栋瓦房，对谁来说，却都是生平第一遭。好在我们都是"知识青年"而并非无知识青年，我们不会就学，在学中干，在干中学，于是，一栋新瓦房很快就盖起来了。

然而，我最难忘的，还是在盖新瓦房过程中，在"最后的茅草房"中所度过的每一个白天、每一个夜晚。有诗为证：

草房里的火光，闪烁在
祖国的最西南边疆。
冬天的夜晚冷吗？
不，我们的心里暖洋洋。

暖洋洋，草房里的火光。
一天的疲劳被你驱走；
你跳动着，多么像
我们即将完工的新瓦房……

下石脚的时候，暖洋洋的火光：
我们这些人里哪个干过呀？
第二层面石愈打愈把汗水淌。

砌出线砖，真是
愈砌愈"出线"。
但是，暖洋洋的火光，
这又怎么能够把我们阻挡？

砌砖柱，还不是一样！
告诉你，暖洋洋的火光：
有的人返工了七八次，
却始终也没有气馁、"缴枪"。

如今，已经开始砌土基墙。
但是，暖洋洋的火光：
滚一身泥巴的日子短，
滚一生泥巴的道路长……
我们还要上屋架、钉椽子、
安玻璃、粉墙；
我们还要更炽热地燃烧自己，
像你一样把天下的草房照亮。

这首《草房里的火光》，就抒写在我曾居住过的那栋遥远茅草房的最后时刻。认真回想起来，我当时在那潮湿而又温暖的茅草房中所写的"诗"还真不少，记得还有一首：

方志敏同志的赤贫，
总在我的脑海里闪光。
踏着革命先烈们的脚印，
我怎能不把这低矮的茅屋歌唱？

早晨，突破乌云，
茅屋里最先射进阳光，
我总感到青春的热情
如澎湃的海洋。

夜晚，寒风阵阵，
茅屋里潮湿阴凉，
我却感到浑身的血管
充满了力量。

茅屋啊，茅屋，
哪里有你天地宽广？
四野的鲜花怒放，
我要日夜把你歌唱。

先烈们的热血不会白流。
新一代的战士正在成长。
茅屋里艰苦奋斗，
革命的理想才能张开翅膀……

　　这首《茅屋之歌》，像上述《草房里的火光》和《木瓜诗》一样，都是我人生宝库里永不褪色的宝贵珍藏。岁月悠悠，居也悠悠。"曾经沧海难为水，除却巫山不是云"——有时候逆向思维也是福。

贰

亦曾得空走四方

不亦快哉上天台

金圣叹曾用33个"不亦快哉"对他心目中的美好事物进行歌赞，如果套用到现在，我认为上天台山一游可谓是N个不亦快哉：

为什么是"上"而不是"到"呢？缘在天台山不仅是活佛济公的故里，不仅是诗僧寒山子的隐栖地，它还是汉化佛教第一宗天台宗和道教南宗的发祥地，素以"山水神秀，佛宗道源"著称海内外，"上"这样的地方朝拜，你能随便地说"到"此一游吗？天下名山何其多也，然而可以顶礼膜拜之山又有几多？现在可以上天台，真是个不亦快哉！

再说"现在"。现在不仅是位于东海之滨的台州市一年之中最美的季节，而且是这个因境内有天台山而闻名省内外甚至海内外的浙江名城刚刚感动我们之后。我们是一群来自北京和全国各地的作家，我们受当地有关部门之邀来这里采风。短短几天走马观花，我们不仅为这里的民营企业遍地开花并走马全球而惊叹不已，更为这里的残障人士们安居乐业、自强不息的众多事迹而深深地感动。这是一片神奇的土地，我们上天台山那天，隐约可见有一朵祥云轻轻地抚摸着天台山的金顶，而我们的导游、当地残联理事长老蔡说这种景观并不多见，我们怎能不再一次深受感动而不亦快哉！

美丽的天台山的确格外地垂青我们。在名闻遐迩的国清景区，这一天竟然游人罕见，仿佛这已有1400余年的名山古刹早已清理过自己的门户，正在静静地恭候着我们的到来。我们为之而受宠若惊，但更兴奋于在那生机盎然的古老"隋梅"前合影留念。此其时也，前不见古人，后不见来者，独欣然于数码相机之前，不亦快哉！更何况，永远合影于双涧迴澜之前或古木参天之中的同"框"中人，都是有缘千里来天台的旧雨新知呢？
不亦快哉，不亦快哉！

上天台，哪有不到石梁飞瀑前面去一洗世俗之尘的呢？这
著名的景观，坐落在天台山的丛林翠谷之中，是浙东南唯一的
大瀑布群，据说还是世界上极为罕见的"花岗岩天生桥"，可谓
一石横空，巧夺天工。我们一行并未感到行路难，下得涧来，
只见"石梁飞瀑"从40米高的悬崖峭壁上飞腾直下——实为历
经三折，穿梁而过，势若奔雷，极尽雄伟奇丽之姿。此其时也，
眼观之奇峰突兀，瀑布纵横，耳听之若有一曲大自然的绝响经
久不息……此情此景，不亦快哉！

忽然听老蔡问道："你以前到过这儿吗？"我有些不解，以
为他是明知故问。这个可爱的理事长又笑着说："其实你以前来
过这儿，就是你现在还不知道罢了。"我更加不知其所以然了，
这老蔡……"你看过《少林寺》吗？你看过《射雕英雄传》吗？
你看过《少林俗家弟子》吗？你看过……"这老蔡还要问下
去，我却已然全明白了，怪不得这石梁飞瀑景区确实是有些眼
熟，原来……原来我已置身很多著名影视剧的一个绝佳拍摄地
了——这经历，人生能有几多回？不亦快哉！

不亦快哉上天台，天台美景去复来。据业余导游老蔡和另
一位专业导游小周的热情介绍，天台山的胜景除了有文物古迹
荟萃之地国清寺和山水形胜之地石梁飞瀑之外，还有著名的佛
道双栖之地赤城景区、华东地区的休闲天堂天湖景区以及素有
"小黄山"之誉的琼台仙谷等，其中还有一处天台山主峰的华顶
景区，那里的云锦杜鹃实为天下一绝。"不过要等明年5月，到
时候万花盛开，花有碗口大，灿若云霞，游人置身其中，恍若
仙境。"老蔡说。"每到冬天，华顶山呈现雾凇景观，满山玉树
银花，晶莹闪烁，美不胜收。"小周说。我们则说："那就相约

杜鹃吧，但愿我们明年再相会！"

观景不如听景，不亦快哉！

淮南山水赋

在祖国的千山万水之中，安徽省的淮南市享有"三山鼎立"并"三水环流"之誉。三山即八公山、舜耕山、上窑山，它们以鼎立之势，在极蕴矿产资源的淮南大地上各美其美，争奇斗艳；三水即淮河并高塘湖、瓦埠湖，它们如练如珠，日日夜夜在淮南这片神奇的土地上竞放异彩，开朗明天。

可惜由于时间的关系，前不久我与几位文友的淮南之行，只能在一串五彩之珠上跳跃而不能不有遗珠之憾，但另一方面，我们当然也更有惊艳之喜：那可真是一幅又一幅的好山好水啊。

时令正是初秋，在一个暖洋洋的下午，我们一行在当地友人的安排下屇临八公山。八公山是淮南第一名山——"八公山上，草木皆兵"那句成语，谁人不知？哪个不晓？但在登临八公山上第一胜景淮南王宫的山脚处，我们首先感兴趣的还是那平陈在青青草坡上的一大卷石书，那显然就是《淮南子》之谓了。登此山而不闻此书，岂可行止？这就让我们对此名闻遐迩的八公山近生了一种文化敬畏。是的，天下名山何其多，却只有八公山不能不令游人们想到一部书———一部"牢笼天地，博极古今"的传奇大书，那就是成书于2000多年前的《淮南子》。

那么，《淮南子》究竟是一部什么样的书呢？一边拾级而上，我们一边听当地友人娓娓道来：说《淮南子》，就不能不先介绍其主编淮南王。淮南王姓刘名安，从公元前164年至122年，历经文、景、武三朝，为诸侯王时间长达42年。在这期间，以"学富五车"的刘安为首,逐渐形成了一个著述颇丰的淮南文人集团,"淮南小山"便是这个文学团体的代称,而《淮南子》,即是他们存留至今的不多著述之一。幸运的是,这是一部百科全书式的鸿篇巨制,我们至今还能从中看到中华文明源远流长的非凡智慧和巨大力量……

说着说着,眼前浮现一座具有汉代特色的巍峨宫殿。那深色与白色相间的廊柱,那古朴厚重的秦砖汉瓦,那到处迷漾着的铅华洗尽而后的清丽,一下子攫住了我们红尘中的微疲之心,我们的脚步不由得加快起来。进得大殿,迎面就是有数米之高并数吨之重的铜铸刘安巨像。只见这位淮南王塑像手捧书卷——那当然是《淮南子》了;他正充满期待地看着所有来朝拜的后人——那显然是在问:你读过《淮南子》这部书么?

想到这里,我忽然有了一窥这部奇书之堂奥的冲动,但立刻又被大殿两侧墙壁上那异常生动的大型工笔彩绘强烈吸引了。循序而观,一副是"八公仙境图",描绘的是刘安与其门下"八公"在此山中著书立说、修道炼丹的经典场景;另一幅名为《飞升图》,栩栩如生地反映了《淮南子》中那个"一人得道,鸡犬升天"的著名成语。

其实,这座汉淮南王宫就坐落在《淮南子》中的很多名言睿语之中。若你留心,在其两进院落不起眼儿的很多绿树丛中,你都可以发现静静伫立其间的一些精致木牌,上面或书有一则《淮南子》语录,如"天下之事不可为也,因其自然而推之";或标示着一个又一个你所熟悉的成语:傲世轻物、百川归海、避实就虚、尺璧寸阴、根深本固、光怪陆离、化干戈为玉帛……据说,在现今中国通行常用的上万则成语中,出自《淮南子》这部奇书的就有122条之多。

还不尽此。就在淮南王宫大殿四周的曲折回廊里,还齐整有致地镶嵌着60幅石雕壁画，其内容不仅有《淮南子》中的多幅成语故事，还有书中始载的、我们至今还在沿用的中国二十四节气的名称和顺序；当然，在这些当地能工巧匠精雕细刻的壁画中，还表现有古淮南国的历史沿革，以及《淮南子》之父刘安的多彩人生。我们徜徉其间，沉醉其时，竟不知暮阳西坠，大地已然四合……

第二天上午，我们的行迹仍然未离八公山——不过是在拥有40余座山峰叠嶂、方圆120平方公里的八公山脉最西端、著名的茅仙洞风景区了。这里的最妙处是人文景观与自然景观水乳交融，密不可分。一方面，你可登临据崖而建的清天观而曲径通幽，或步入其观发思古之幽情，或复攀南崖峭壁一探"真洞"之究竟；另一方面，在这佛道浓郁的传习之地，你也可以拂去一切的历史风尘，落座在这形胜绝佳的淮河之阳峭壁上，极目远眺。当其时也，山下的淮水三湾之地，异彩纷呈，气象万千。最夺目的，当属淮河唯此一段西流的胜景，它仿佛被一只无形的神来之手牵来绕去，山石倒长，南倾北仰，斜指南天。此时复观四野，淮南大地上的众多湖泊也尽收眼底，仿佛一面又一面的神奇宝镜，在金色的太阳底下熠熠闪光。

下得绝壁，我们登上一艘游船，直向"硖石晴岚"而去。据当地友人介绍，"硖石晴岚"是声名远播的"淮南十景"之一，风景煞是别致。果不其然，船行未久，"山水趣，旋开生面"，只见淮河之上有东、西两山夹壁而来，船行之水也突然变得湍急、奔突，我们很快便置身在"长淮津要"的硖石山口了。此时，东张西望，两边皆峭壁千仞，各融山、河于一胸，不由得令人壮怀激烈起来。是的，这里自古以来就是兵家必争之地，三国时期曾为曹魏所据，东晋"淝水之战"也曾使这里风声鹤唳；南宋末年，寿阳守将夏松在此筑城抗元，至今在西硖石山的悬崖峭壁上仍保留有他的"筑城记"摩崖石刻："硖石两岸对峙，旧立二城，以为长淮津要。去腾已城。筑东岸，西岸犹榛芜荆棘……攻剿正阳虏巢……"这里所言之"虏"，即指当时已经占领正阳关的元兵。

俱往矣，数淮南胜迹，还看今日"硖石晴岚"。我们的游船在千里淮河的这个"瓶颈"中流连忘返，船上诸君及当地友人们，有的沉浸在大禹治水到此的开凿功绩中而若有所思，有的注视着西硖石山上那座古朴典雅的石柱凉亭而思绪冉冉；还有的人，听船工讲"树"而悲喜两重天——说的是：那座凉亭名叫"慰农亭"，是光绪年间此地一个知府所建。亭侧本有一棵千年皂角树，主干之粗二人不能合围，且枝怪窟枯，苍老虬劲，是硖山口一个标志性的景点。但不幸的是，1955年的夏天，这棵远近闻名的古树被狂风拦腰折断。可又值得庆幸的是，早在1960年的时候，这棵古树的根部便滋生出一枝新苗，如今已然枝繁叶茂，冠盖如伞，并不亚于其前的无限风光。

这就是"硖石晴岚"留给我的最后画面。

当天下午，我们从浓郁的淮河风情中走出，又兴致勃勃地游览素有"安徽白洋淀"之称的焦岗湖。像这片神奇的土地上几乎每处山水之名都蕴含一些传奇故事一样，"焦岗湖"也自然有其并不普通的出处。据说，北宋年间，焦岗湖乃一府，府尹名叫焦丙钦，乃杨家将著名将领焦赞之孙；又据说，1368年，朱元璋定都南京以后，突然想起小时候吃过的瓦块鱼出自焦岗湖……

就这样，尚未进湖，我们已然被有关焦岗湖的很多传说迷住了。这的确是一个古老的湖、神奇的湖，又是一个年轻的湖、美丽的湖。当我们乘坐的快艇向焦岗湖的胜景之一"千亩荷塘"疾进的时候，浩淼的湖面上立时生动起来，引得长年生活在船上以打鱼为生的那些"大船帮"们纷纷向我们投以微笑，有的渔民还热情地向我们呼一声"欢迎"。这真令人欣喜，不能不心生"这里不仅是美地亦是善地"之咏。千亩荷塘很快便到了。只有如此大的湖，才能隐秘如此多的荷；只有如此多的荷花，才能让你明白什么叫荷世界、花天堂！我们纷纷于惊叹中步上这"安徽白洋淀"中的长长木栈，纷纷拿出自己的数码相机，纷纷地排列又组合，照相复照相。有道是：天上胜景有时尽，地上佳期永珍藏。忽然，从荷塘深处隐隐传来一种歌声，仔细一听，原来是那种很甜的女声，像仙女的歌声一样：

> 人游荷花淀，
> 雁舞芦苇荡。
> 一网撒开满湖翠，
> 小船摇来花鼓腔……

至今，这安徽省淮南市焦岗湖上的甜美歌声还在我的梦中缭绕不已。我爱那里的山，我爱那里的水，淮南山水赋，永世无相违。

奇异之水盘阳河
——巴马闻见录

以"天下寿乡"闻名于世的广西巴马瑶族自治县，最令我流连忘返的是那里的一条奇异之水盘阳河。

盘阳河被当地人称为自己的母亲河。但这位"母亲"有别于天下许许多多的河流，她日夜流淌却青春永驻，因此，这条奇异的河又被当地朋友称为巴马的长寿河。

果真如此吗？

一个难得的假期，我和几位久闻其名的朋友来到巴马一探究竟。

在巴马，盘阳河自西北向东南流贯全境。我们首先寻觅盘阳河的源头而不可得。因为巴马境内奇峰叠嶂，溶洞幽深，盘阳河是由无数的溪泉汇集而成。于是，我们只能退而求其一。在那社乡的一处观景台上，我们饱览了盘阳河的"源头"之一、亦可谓天下奇观之一的"命"字河。只见自远处深山老林缓缓流出一条清清小河，自远及近蜿蜒曲折约2公里，竟分明地挥洒出一个行草"命"字。真是奇了！

更奇的是，盘阳河不仅由众多溪泉汇集而成，她还经过几十公里的地下潜流过滤，然后从百魔洞分三处涌出而形成干流，从此蔚为大观。这其中的百魔洞，自是一个关键所在。我们置身其中时，只见洞中有洞，洞上洞下皆有洞，且洞洞相连，洞内景点星罗棋布。其中最奇异的景区是百魔天坑，人在其中，不仅可见奇妙的岩雾、层楼式穿岩和美丽恢宏的钟乳石，更可感觉这里的空气无比地清新——据当地一位专家朋友介绍，这里的负氧离子的浓度高达每立方厘米7万个以上，而负氧离子浓度在每立方厘米5万—10万个就有杀菌、减少疾病传播、增强人体免疫力的功效。因此，这里无异于一个天然疗法的负氧离子大氧吧。可不是么，只见来自全国各地的很多"候鸟人"正在这里或静或动地深享其疗，霎时间成了难得一景。

的确，"候鸟人"就是盘阳河畔的独特一景。近年来，随着"世界长寿之乡"的美誉日隆，候鸟般到巴马来养生、度假的人是愈来愈多了。据统计，仅在甲篆乡内，如今就逗留着内地及港台的老人200多位。其中有一位来自广东的退休教师张女士兴奋地对我们说："我原来腿有类风湿病，很痛，不敢走远路，到巴马才两个月就没事了。我现在每天早晨和晚上都要从（住地）坡越（村）步行到百魔天坑吸氧，锻炼身体，感觉好极了！"

像"候鸟人"张女士这样"感觉好极了"的当然还有世世代代居住在盘阳河两岸的所有巴马人。的确，这是一片神奇的地域。尽管她偏居广西的西北一隅，却得天独厚地被国际自然医学会会长森下敬一先生赞誉为"人间遗落的一块净土"。这里的山是奇异山，这里的水是长命水。这里的天与山相接，这里的水与山相依。这里独特的自然环境和奇异的人文景观孕育了极具神秘色彩的长寿现象。据统计，这里每10万人中就有百岁寿星30多人，高居世界所有长寿之乡的榜首。现在，这里还有80多位神采奕奕的百岁寿星闪闪亮亮地点缀在盘阳河两岸的青山绿水间……因此，巴马人谁个不夸"还是我的家乡好"。

"这是不老山乡的传奇，这是健康长寿的秘密。人活百岁不需药，只需歌舞翩翩起"。那一晚，在巴马县大礼堂看当地民族艺术团的风情歌舞表演，我陶醉其中却又灵魂出窍。在"瑶山情韵"的曼妙音色中，我又来到了迷人的盘阳河畔。翠竹摇曳，垂柳婆娑，只见沿河两岸的壮族村屯依山傍水，坐落于山水融汇之处，浮现着天人合一的奇品妙境。这时候，有一个似曾听闻的声音在我身后响起：

"我再告诉你一个盘阳河的秘密吧。"

我一看，原来是在百魔天坑见过的那位当地专家朋友，便不无期待地说："请讲。"

"一条盘阳河，其实有两种颜色。以百鸟岩为界，其上游至百魔天坑是湛蓝色的，而其下游的河面则是深蓝色的。"

"真的吗？能不能去看看？"

"你现在要看其实也看不大清楚，因为每年夏季是雨水多的时候，盘阳河水有些浑浊。但每年除了七、八、九这三个月，盘阳河水都是清清亮亮的，你很容易就能看清楚。等你下次再来的时候，我一定带你去看。"

"真的么？那我一定要再来。"

"到时候我会带你到上游去看另外两个奇观。"

"还有奇观？"

"一个是在盘阳河上游特别是甲篆乡河段独产一种油鱼，顾名思义，这种鱼的特点就是油多，可以入锅不放油。火煎到一定时候，这种鱼自行出油，还不粘锅。待其入口，不油不腻，鲜嫩甘美，鳞皮醇和，不需吐骨，同时，又有滋阴健脑的功效。这种鱼不仅为盘阳河所独产，而且数量极少，故有'水下人参'的美称。"

"还有另一奇观呢？"

"那就是在盘阳河上游至今还保有的一种裸浴习俗了。其实，这是中国南方特别是靠近越南很多地方的一种久远习俗。《后汉书·南蛮西南夷列传》有言，'其俗男女同川而浴，故曰交趾'。只不过岁月漂洗风情，如今这种古老的习俗仅在巴马这块'人间遗落的一块净土'尚存其真罢了。"

"返璞归真？"

"巴马一直是这样。"徐徐的晚风中，在奇异的盘阳河畔，说完这句话，当地这位专家朋友转眼不见了。正如他忽然就出现在我身后一样。

我的灵魂又回到了县政府大礼堂。

"盘阳河，奇异的河"。巴马民族艺术团的一个小伙子正在舞台上纵情高歌……

青青峡谷未了情

——寨下大峡谷漫忆

东南归来，那省那市那县常在念中。但最不能忘怀的，还是那天奔跃于寨下大峡谷的种种情状。

还是先说那省——状如一片绿叶，全省森林覆盖率为全国之最——那是什么省？"福建省"！"恭喜你，你答对了"，那的确是全国最绿的一个省。

再说那市——三明市，其森林覆盖率达77%左右，全市林地面积为2850万亩，占土地总面积的82.7%，"推窗见绿，出门进园"，那可真是中国最绿省份里的一个最绿城市啊。

至于那县——"泰然处之，宁静致远"的泰宁，就更不用说了，它的森林覆盖率又雄踞三明市之冠！

得绿独青的寨下大峡谷，即位于泰宁县城西南十余公里处。这里有个古村名"寨下"，大峡谷便因之而得名。这不由得让人想起美国的科罗拉多大峡谷——雄浑而粗犷，而我们这里"下"而"大"之，该不会名不符实吧？

针对我们这一丝丝疑虑，博学的当地导游说："天下事物各异其趣。即使同为峡之大者，其实也各有其相对性。你们将会看到，寨下大峡谷所具有的灵秀之美，是科罗拉多等大峡谷所完全不可比拟的。"

看导游说得如此明白而坚定，我们自是释然而前行了。果然，我们渐入灵秀之佳境……

向坡而上，是一条茂密的林带。其中有三株高高大大的古树，错落分列，其树冠遮掩着通向峡谷的路径，导游说，这个大自然的构思是"以林为关"。

继而是一条以原木架设的栈道。我们奔跃其上，步进一片翠绿的竹林。身在竹林之中，清新扑鼻，令人诗兴大发。

山道盘旋，逐次攀升，倏忽已在"云崖岭"侧。在这里，分明可见不很远的丹霞山峰之间，有一处形似趺足的巨大印记，导游说，那就是十分灵异的"佛印"了。

转瞬又到祈福崖。很宽敞的一片平地，沿崖壁竖立着很多祈福的木条；另有祈福的项目分格在一横木箱内，任由经过者信其所信，求其所求。而崖壁另一侧，尚有一炉香火绵延不绝……

丹霞山地间，寨下大峡谷里，尚有一泓堰塞湖明亮如镜。湖面回环曲折一座古色古香的木桥。倚桥垂杆，或可于湖中游动的鱼群中有所钓获。亦时而可见燕雀于湖面掠水嬉戏，此其时也，灵魂已出红尘。而行至桥端，于崖壁间可见一株千年古藤，主干色如古铜而枝蔓虬结，布满石壁，其间又多绿叶点翠，甚是可人。

尝鲜路畔的野草莓，或识一株草丛中罕见的异木，前面那是石塘溪了。它蜿蜒曲折，伴山而流，日夜唱着自己的歌。

前面还有一处藏经崖，系地质构造而形成的"摩崖石刻"。崖面由沟状、横状组合而成深浅不同、粗细不一的纹理，其结构布局状如一幅"天书"。观景如读书，此处是我们游览寨下大峡谷时，最久流连之地。

但忆景终是不若观景。东南归来，虽然那山那水那峡谷常在念中，我终究还是想到，无论如何还是要再回到泰宁去看看的——

泰宁那里的丹霞之美，我还没怎么仔细地看呐。

我渴望着：慢慢走，欣赏吧。

惊殊玉华洞

游历山洞，即或是游历洞甲天下的"喀斯特奇观"，于我来说，也基本上是没有什么吸引力的。

这自然是有缘故的。那就是很久以前，我与名闻遐迩的某洞的一次邂逅，一次亲密接触；那是一个人间处子和一位自然美女的初恋，却不幸地被某种另类解说搅了局。

当然，这种认识完全是"事后诸葛亮"。我当时身在此"局"中，自然"不识庐山真面目"。只记得，那还是上个世纪七十年代初，我从"上山下乡"的地方回北京探亲，半道上"中转签字"到一个著名的喀斯特溶洞去玩。当时游人很多，一位表情不那么丰富的姑娘不断用她那根红色讲解棒牵引着大家的视线："这里，英雄的勘探队员们，你们看，他们正'一不怕苦，二不怕死'地在深山里探宝"，"这里呐，是人民公社的黄瓜和西红柿大丰收"，"还有这里，赤脚医生们正在采集当归、三七等名贵药材"……

秉笔直书，当时讲解员真是讲什么像什么，而我和很多时代游客一样，当时深信不疑她是在像什么讲什么。可后来问题来了，生命正当华年，祖国也是日新月异，我陆陆续续主动或被动地又游览了些"四化洞"、"改革洞"，或者是"高科技洞"，甚至是"只有一个地球洞"，等等，到最后，我终于明白了：那位搅我"初恋"之局的，是一位权威的"历史学家"——他总在历史深处向后来者叙说：历史是什么？历史就是一位任人打扮的小姑娘。

我终于明白了：历史"是"，普天之下的喀斯特溶洞又何尝不是？

从此，天下美洞离我远去矣。因为，当美只有一种形式时，那一定是非美。而当只有一种形式的美不断重复自己时，那就一定是伪美了。

或许是物极必反吧？抑或是否极泰来？天生一个玉华洞，摇摇曳曳入梦来——

那其实是在福建省三明市将乐县的一个不久之夜，我与友人刚刚从灯火璀璨的金溪河畔摄影归来，忽然发现在柔柔的台灯光下有一函幽幽的古籍在静静相候。上前一看，原来是一函印制十分精美的线装古籍《玉华洞胜景图》，不禁喜出望外。

这次自京城奔来闽西，所为何来？当然不仅是为玉华洞，但听闻此洞竟然是发现于西汉初年而游踪未断，徐霞客亦曾在其"闽游日记"中有所夸赞，更有始现于明万历年间的《玉华洞志》——不仅在中国，而且在全世界，如此年代久远的洞穴志实属罕见——我终于是不能不来了。最起码，当一个人心陷多年的一个迷局时，心之常情是渴望破局而灵动起来的。更何况，人对至美的追求，永无止境呢？

灯下欣赏，这函玉华洞的胜景古图共80幅，皆为1484年明代有一位叫肖慈的当地雅士所绘。其图生动形象地展示了从当时的县城出发到玉华洞旅游过程中的176处名胜古迹，并附有历朝历代文武官员或文人墨客游览玉华洞时所题写的很多诗词歌赋，真是图文并茂，世所罕见！

但百闻终须一见，第二天一早，我们按图索骥，首先在玉华洞口看到了曾先后就学于二程并留有"程门立雪"典故的"东南学者"杨时的题诗：苍藤秀木绕空庭，叠石层峦拥画屏。及至入洞，进口为"一扇风"，竟至风声不止，端的不同凡响。活泼可爱的导游姑娘更吟古诗有赞："一窍虚含万象空，扶摇不断四时风。仙家待客无多物，凉风飕飕两腋中。"

自此，我们已身在"仙家待客"的玉华古洞之中了。前行未几，风止而溪流，分明又有潺潺之声悦入耳中。导游说，那就是"灵泉"了。复往前行，洞内小径盘曲，妙境迭出，大自然的神功造化，真是令人叹为观止！在藏禾洞，我们置身在晶莹剔透的海石花中，尽享亭台楼阁以及山山水水之逼真，我们甚至看到了七八丘翡翠色的梯田。在雷公洞，"峨眉泻雪"真是名不虚传！更有古诗一首琅琅而上导游之口："吾闻峨眉六月积雪寒，欲往从之蜀道难。侧身西望路漫漫，古洞苍茫挂笏看。溶溶清影摇素壁，皎皎寒光落玉栏……"玉华洞内，总长约6公里。除藏禾洞和雷公洞外，那天我们还陆续观览了果子洞、黄泥洞、溪源洞和白云洞；除灵泉外，我们亦曾身临石泉和井泉等深不及膝的小阴河。由洞而洞，或由河至河，我们所经之处皆高低有度，上下相宜，令人虽移步换形而始终沉于物我两忘矣。

惊殊玉华洞。后又忆及，当时我们在洞内所见大约有100多个石灰岩溶蚀而成的景点，其中尤以"荔枝柱"、"风泪烛"、"仙人田"、"幔天帐"以及"仙钟"、"仙鼓"等景点最为形象逼真，几可令人过目不忘。而所有这些莫可忘者，此前一晚，我已于旅舍灯下观古图时，了然于胸也。

更令人"惊殊"者，虽然明代徐霞客曾赞此洞"弘含奇瑰，炫巧争奇，遍布幽奥"，玉华洞也实为被载入《徐霞客游记》而名满天下，但上述洞内那些绝佳的景观命名，却肯定与"中国旅游第一人"的徐霞客毫无关系，它们应该是比徐霞客更早的文人骚客们所为。

当这一"假设"从十分专业的导游姑娘之口娓娓道出时，我情不自禁地顿感欣慰与欣喜。欣慰的是：原来玉华洞这里还有一位更幽深的历史老人。欣喜的是，这位"玉华洞老人"正以古图为证，昭告日甚其众的后游者：美，不仅是迷人的，更是客观的。这其中，不仅有我们中华民族的悠久品味，也有我们全人类相通相融的一种基本格调。

在长汀：秋白之韵最悠长

旅途匆匆。不久前经过长汀，虽然只是人生的一瞬，但那里的"秋白之韵"至今还在我的心里绵延，禁不住，我要新唱一曲关于"多余的话"的老歌了。

"话既然是多余的，又何必说呢？"对于稍微有一些红色阅历的人来说，76年前，即1935年，瞿秋白烈士在长汀被囚处所写《多余的话》这句开篇之语，不管何时何地或闻或见，立刻都会引起一种非常复杂的情绪……

红色记忆不死，但有时候，烈士的鲜血也会因"历史的误会"改变颜色。物换星移。既是历史名城，又是客家首府的福建长汀，那天独以"红军故乡"的亲切面孔，迤迤然，引领我们探访"秋白之韵"最悠长的所在——

那是一道"门槛"，正如屠格涅夫所写过的：

……正面一道窄门大开着。门里一片阴暗的浓雾。高高的门槛外面站着一个女郎——一个俄罗斯的女郎。

浓雾里吹着雪风，从那建筑的深处透出一股寒气，同时还有一个缓慢、重浊的声音问着：

"啊，你想跨进这门槛来做什么？你知道里面有什么东西在等着你？"

"我知道。"女郎这样回答。

"寒冷，饥饿，憎恨，嘲笑，轻蔑，侮辱，疾病，甚至于死亡？"

"我知道。"

"跟人们疏远，完全的孤独？"

"我知道，我准备好了。"

"不仅是你的敌人，就是你的亲戚，你的朋友也都要给你这些痛苦，这些打击。"

"是，就是他们给我这些，我也要忍受。"

"好。你也准备着牺牲吗？"

"是。"

"这是无名的牺牲！你会死亡，甚至没有人……没有人知道，也没有人尊崇地纪念你。"

"我不要人纪念，我不要人怜悯，我也不要声名。"

"……"

"进来吧。"

女郎跨进了门槛。一副厚帘子立刻放下来。

"傻瓜！"有人在后面嘲骂。

"一个圣人。"不知从什么地方来了一声回答。

我以为，屠格涅夫1881年写的这位"俄罗斯女郎"，就是1935年的瞿秋白。真的很像。就在那一年的6月18日，曾为中共最高领导人的瞿秋白昂首跨进了那道"门槛"，并用他所熟谙的俄罗斯语言高歌"英特纳雄耐尔，一定要实现"！当时长汀市街上的人们纷纷注目为他送行。至中山公园内的八角亭拍照后，瞿秋白泰然自饮并慨然有曰："人之公余稍憩，为小快乐；夜间安眠，为大快乐；辞世长逝，为真快乐也！"然后，瞿秋白又高呼"中国共产党万岁"、"共产主义万岁"走向刑场，最后在罗汉岭下的青青草坪上盘膝而坐，并对行刑的刽子手微笑点头："此地正好，开枪吧。"……

毫无疑问，瞿秋白如此就义自是"圣人"之举。或者说，他不愧是一位"用特殊材料制成的人"。但这毕竟是一首老歌了，如今，我们党作为世界上最大的马克思主义执政党，要求我们不仅要保持一个共产党员的先进性，尤其要更加注重与广大人民群众的血肉联系——首先要成为他们中最没有"特殊权益"的一员，或者说，我们共产党人首先要成为一个最普通的"人"，这可能才是我们今天继续把那些老歌唱"新"的关键所在。

就这样边走边看，边看边想，在长汀，我们深感"秋白之韵"最悠长。这里不仅有刚性的直击，使曾经的诬陷在血的献祭前不攻自破；这里还有一部字字真诚、句句坦荡的"临终告白"——

那就是瞿秋白于当年5月17日至22日写就的那部2万多字的绝唱：《多余的话》。长汀归来，震聋发聩的"瞿秋白之歌"自是余音绕梁，但更为蕴藉的"秋白之韵"《多余的话》也吸引我灯下细读：

> "我愿意趁这余剩的生命还没有结束的时候，写一点最后的最坦白的话。"

> "人往往喜欢谈天，有时候不管听的人是谁，能够乱谈几句，心上也就痛快了。何况我是在绝灭的前夜，这是我最后'谈天'的机会呢……"

"乱谈"种种，自是有失。但断臂的维纳斯，谁又能说她不美呢？更重要的是，"凡出自内心的，也就能进入内心"。

从长汀到北京，"秋白之韵"就是这样绵延又悠长，就像那位毅然迈进"屠格涅夫门槛"的美丽女郎……

赏心悦目"雁南飞"

辛卯初夏，天空中自是没有南飞的大雁，但我在粤东北的梅州市，却看到了更加赏心悦目的"雁南飞"一景。

这里的"大雁"，无一例外都是来自遥远的北方。千百年来，他们为躲避中原故土的绵延战乱，不断地举族南迁，大多流经闽粤赣三地交界处；而梅州这里，既是这些"大雁们"南迁的落脚点，又是他们自明、清之后不断移居世界各地的主要出发地。因此，他们视自己为"大雁"，视自己的身份认同为永远的"雁南飞"——这是一个多么具有"寻根"意涵的诗化命名啊！

而在更广泛的现实中，他们自称也被称为"客家人"。"客家"不仅是我们中华民族颇具传奇色彩的一个组成部分，而且是我们大汉民族在世界上分布范围广阔、影响深远的民系之一。据统计，如今分布在我国内地及港澳台19个省区共180多个县市的客家人，约5500万；在全世界，总人口共8000多万的客家人分布于80多个国家和地区。

如此庞大的一个族群，有"世界客都"之称的梅州市，能否给他们引来无上的荣光呢？

"雁南飞"终于到了。最先撞入眼帘的，自是一块巨石上"红书"的这三个大字，但其下还有"茶中情"三个鲜红大字，又作何解呢？

导游说：这里的"小名"叫梅州市梅县雁洋镇雁南飞茶田景区，这里的"大名"叫国家5A级旅游景区。此外，她还有很多荣誉冠名，例如：全国精神文明建设先进单位、全国农业旅游示范点、全国三高农业标准化示范区、全国五一劳动奖状获得者、全国三八红旗集体……

这里的名号真是了得！而当我们入住曾荣获国家建筑工程最高奖"鲁班奖"的"围龙大酒店"以后，发现这里的"名号文化"更是不得了：鲁迅、巴尔扎克、马丁·路德·金、马克思……这些世界级的中外名人总在客房、在餐厅、在走廊，甚至在卫生间，向你说着他们的格言，还都配着精妙又贴切的画呐。

导游说，这是"雁南飞"独有的一种"格言文化"。我倒是因之想到，那些格言固然重要，"雁南飞"用心血挣来的那些名号，也许更重要。这正是客家人"崇美尚文，有文有质"的至高追求。同时，有这样的"标杆"横在眼前，不仅令人赏心悦目，更令人时思再进。因此，这里的"名号文化"既是努力之所得，更是匠心之独运，它应该是"雁南飞"独有的"美丽文化"之一。

当晚，我们在这里的"围龙食府"边啖美食，边赏歌舞。美食中不仅有梅菜扣肉、盐焗鸡和酿豆腐等传统客家名菜，更有一种"雁南飞"独创"新客家菜系"中的"上窑煨汤"十分可口，不仅鲜美醇和，尚且回味无穷。据说，它是采八珍之齐，注山泉之水，放在土窑中精心煨制而成。至于当晚歌舞，对于我这个北方来客而言，仿佛有一种"青出于蓝而胜于蓝"的感觉。导游评说：这种感觉是有来由的。客家歌舞是随着客家先民不断南迁而来自中原歌舞。特别是山歌这一部分，可以说客家山歌相当完整地继承和保存了中原山歌的传统，例如赋比兴的表现手法、四句七言的表现格式，以及唱词中的中州古韵等；同时，客家山歌又是吸收融合了岭南当地山民的一些歌谣和唱腔，而后才逐渐发展成现在这个样子的，也可以说是"青出于蓝而胜于蓝"吧。

导游此评入情入理，十分令人信服。因之，那一夜我沉沉地做了一个雁南飞而频回首的古梦，一睁眼，阳光已然洒满房间。复一开窗，微风携着轻云，鸟语伴着花香，齐齐涌来——钻鼻灌耳的，我一下子有些晕眩，仿佛某种久违的感觉油然而生。我知道，所谓幸福的感觉，其实就是这个样子的。

导游叫我们首先去"问茶"。

"雁南飞"位于海拔1298米的粤东名胜阴那山麓，北挡南下寒流，南迎亚热带的海洋性气候，形成了干湿相宜、云遮雾绕的独特地理环境，造就了一个非常适于茶叶生长的理想天国。这里生产的种种茗茶，就是"天国"送给人间的清香礼物。

而在具有客家土楼建筑风格的"游客服务中心"，每一位享受这种"礼物"之清香的游客都是免费的。免费不免服务，这里的茶叶小姐在为你泡饮"功夫茶"时，会笑容可掬地精心操作——第一道"焚香静气"，第二道"活煮甘泉"，第三道……就这样，茶艺小姐要一道又一道地先后为你冲饮12道，而总共操作过程是18道工序，那最后6道工序要由客人自己品饮——当然，还是在茶艺小姐的热情指导下。

这哪里是在饮茶呢？分明地，这就是一种生之创造与享受了。不禁感叹：此茶只应天上有，人间能得几回饮？

除了"问茶"，在"雁南飞"赏红也是一种难得的人生享受。登高而下望，在无边无际的绿山绿水和绿草绿树抑或整齐修平的绿茶中间，无论是仿客家土楼样式而建的酒店还是食府，或者是已然更新改造完毕的一些村居小楼，其主色调一律是非常近红的鲜橙色，虽非万绿丛中几处红，予人的感觉却实在是既养眼又提神了。更有那分布景区各大道或点缀园区各景点的排排复排排或点点复点点的大小灯笼——那可是5万多点"红"啊！它们像一个又一个红色的精灵，在一棵又一棵的绿树上或隐或现，时静时动，既惹人观，更引人思：为什么"雁南飞"这里能够不拘一格能够别出心裁能够化"腐朽"为神奇呢？

离别时分，我们终于见到这个地方的投资开发暨经营者，几位高层领导说："要做就做最好。我们一直强调的就是精品意识。在雁南飞的任何一个角落、任何时候，任何一位游客都可以伸出手指，往窗台上、桌椅上、楼梯扶手处，甚至是卫生间的墙壁上去抹拭，结果都是一样的，绝对的一尘不染！""雁南飞"年年进步，步步登高，他们一定要把它办成一张"世界客都"送给全国乃至全球客家人的闪光名片！

我们相信，也祝福所有的"雁南飞"们。正是：赏心悦目终有日，代代芳华更无时。

穿越在佗城古镇

在我们中国，有一个地方特别适合玩"穿越"——何谓穿越？"百度"有云：穿越是穿越时间和空间的简称。

这样的"事件"，不久前在我们旅游岭南的一个小镇时，竟不期然地"发生"了。

这个小镇位在粤东北的河源市龙川县，它叫"佗城"。佗城亦称赵佗古城，它是以2000多年前一个叫赵佗的人的名字命名的。

在佗城，完全不像"穿越经典"的好莱坞大片《盗梦空间》那样费劲和费解，完全地"无原因无过程"，非常直接地、最自然不过地，一下子你就"超时空"地穿越了……

下车伊始，你一定有些口渴，那就先去"越王井"吧。当地朋友说，自秦至今，该井之水一直都被饮用——

"真的？"一声惊叹或许还有些怀疑，你已经步回秦朝了。

秦始皇二十八年，即公元前219年，河北青年赵佗随主帅任嚣率50万大军征伐岭南。5年后，年仅23岁的赵佗受封为首任龙川县令。29岁时，任嚣病故，赵佗继任南海郡尉。33岁时，赵佗扩大势力范围，建立南越国。41岁时，赵佗接受汉高祖册封为南越王。54岁时，吕后当权，赵佗自称南越武王。58岁时，汉文帝即位，"赵佗归汉"，复称南越王。汉武帝建元四年，即公元前137年，南越王赵佗无疾而终，享年101岁。其后继任南越王凡四代，共26年。而赵佗称王称帝总计67年。可以说，赵佗为岭南的统一和发展操劳了82个春秋。

一部赵佗简史，就是一串熠熠闪光的客家珍珠……

如今，赵王井里的"神水"还在熠熠闪光，"其泉源自鳌山，泉极清冽，味甘而香"。当地朋友说，这口"永不消逝的古井"不仅为赵佗所掘，亦时为其饮——原来，距这口古井十余米的地方，就是"赵佗故居"了。

当然，这是个遗址。但我们亲近此处时，心灵中仍然是南风北雨不断，暮鼓晨钟听闻，一时间，当地朋友的介绍亦真亦幻：我们现在看到的这个"赵佗故居"，不仅离越王井很近，离他在县衙的办公室也不远。宋代时，这里的故居被改为光孝寺，专祀越王。元朝末年，光孝寺遭兵焚。明朝洪武十六年，又在这里重修佛殿，建观音堂。民国年间，这里改置为龙川县第一中学。新中国成立后，这里又变成了糖烟酒专卖公司的仓库……

亦真亦幻的，难道这就是一种穿越的感觉？

继而，我们就便又去寻觅赵佗当年的办公室了。佗城曾长期为龙川治所，自秦代至新中国成立初期，除南朝陈时的县治一度北迁外，历朝历代的龙川县治所都在佗城，这里亦曾一度为循州州治。于此可见，当年的赵佗办公室是一个多么重要的所在！

但岁月苍茫，"赵办"终究是渺然不见其踪了。其址现为佗城镇政府所在地。唯一"逆穿越"至今的，是雄踞于现镇政府大门两旁的一对石狮子。据传，这对石狮子是唐代遗物；据载，宋时曾有一对石狮子置放在循州治所门前；又据载，历朝历代的佗城县衙门前，都一左一右地置放有一对大石狮子。是耶，否耶，盖均与赵佗无涉矣。呜乎！

但古镇佗城的赵佗故事还很多。例如：

说到"客家先驱"，另有一则赵佗故事可为佐证。赵佗任职"佗城"6年后，曾上书秦二世胡亥，要求选派15000名中原女子到岭南，婚配给秦军，朝廷批允了这个奏议。后来，除这些女子外，更多的秦军与当地及岭南各地的"越女"通婚，逐渐形成了庞大客家族群中的岭南一脉。如今，仅有4万多人的佗城镇，就有179个姓；其中一个小小的佗城村，就有140个姓。这种一村一镇之中大多不是同姓人的异常现象，以及小小佗城中至今仍保有48所祠堂，都只能用客家族群清晰的历史源流来考究。而这种考究若从赵佗始，分分明明，他自是岭南客家的伟大先驱者。

赵佗之于佗城，真是如影随形，无处不在。但除了赵佗的"媒介"以外，佗城古镇尚有七八十处文物古迹可资"穿越"，例如1956年发现的新石器时期的坑子里遗址，唐朝始建的龙川学宫和正相塔，宋朝挖的护城河、修的苏堤，明朝开辟的南门古渡，以及始建于清光绪年间的"考棚"，形成于清末民初的"百岁街"……

如此众多又真切存在的"穿越媒介"活生生在眼前诱惑着你，在佗城，你想不玩一把"穿越"似乎都是不可能的。当地朋友说：穿越谁先觉？到此你不知。唯有离去后，云开日迟迟。

然也。佗城古镇，真是一个奇妙的所在！

惊喜在文成

五月二十三日这天，正是《在延安文艺座谈会上的讲话》发表七十周年纪念日，我随着《诗刊》社组织的一支采风小队来到了浙江省温州市文成县。

未参加这支队伍之前，我对"文成"这个县名闻所未闻。及至听诗友们介绍说，"文成"这个县名是以刘基即刘伯温的谥号命名的，"经纬天地为文，安民立政为成，合言之，文成就是经天纬地、立政安民的意思"，我忽然感觉，原来《诗刊》社在这个纪念日组织诗人们到文成采风是大有深意的。

但文成县的诗意实在不可抵挡。甫一下车，我们落脚在一处"集贤楼"前的半山腰，仿佛天造地设一般，这里竟是观赏文成县城的最佳处。居未高而有俯感，只见遥而未远处有一座仙境般的小城，她完全被朦朦胧胧的雾气笼罩，虚无缥缈的，湿润又神秘。

这就是文成欢迎我们到来的第一副面孔。当地友人说，文成其实是一位"多面美女"。在历史上，"三分天下诸葛亮，一统江山刘伯温"，谁人不知哪个不晓？近代，这里的崇山峻岭则活跃着粟裕、刘英率领红军浴血奋战的英风流韵；从生态言，文成境内奇峰耸峙，百瀑飞扬，峡谷幽幻，碧湖激滟，其中不仅有高达207米的百丈漈获誉"天下第一瀑"，还有铜铃山国家森林公园中的"壶穴奇观"获赞"华夏一绝"，更有九条各逶迤十里之长的"红枫古道"江南少有、全国罕见，可谓"世界美如斯"！此外，文成魅力独具之处尚多，例如，这里的"飞云湖"是温州人天天要喝要用的"大水缸"；这里的"畲族山歌"是我们中华民族文化宝库的珍品；这里还是著名的侨乡，现今尚有十余万华侨旅居世界各地大约55个国家和地区……

当地友人的介绍是如此丰饶诱人，但花开数枝，我们只能择一而"采"。到文成来，怎能不去拜谒那位因其谥号而成就此县的刘基刘伯温呢？

刘基，字伯温，明朝开国元勋，学为帝师，才称王佐。辅太祖朱元璋灭陈友谅、执张士诚、降方国珍，北伐中原，终成帝业。封诚意伯，追赠太师，谥文成，是中国历史上卓绝的政治家、军事家、文学家。有《诚意伯文集》20卷行世，尤以兵书《百战奇略》和诗文杂著《郁离子》最为著名。刘基树开国之勋业并具传世之文章，六百多年来，一直被后人尊之为立德、立功、立言"三不朽"伟人，他也当之无愧地成了"刘基故里"一面高高飘扬、荣耀千古的旗帜。

刘基故里位在文成县北的南田镇。这里风水绝佳，古称"天下第六福地"。据当地友人介绍，横亘闽、浙两省的洞宫山脉逶迤至此，造物主竟于万山丛中构筑起一座突兀奇特的"山顶平台"：沃野百里，平畴千顷，高旷绝尘，地灵人杰。1311年，刘基便诞生在这里一个叫"武阳"的小小山村。

小村风水大，刘基耀华夏。但现今刘基故里实为一片颇具规模且气象万千的饱满群落，当我们拐出一条老街身陷恢宏的刘基铜像广场时，只能于惊喜中任脚步有限地徜徉。天空飘着微雨，有"天堂伞"可以不擎而自在"天堂"。在刘基故里这样的感觉好极了。

古老而又清新的刘基庙近在咫尺。最先映入眼帘的是"帝师"两个大字，它高悬在行进刘基庙必经的一座青色牌坊正中，颇令来自当今首都的我倍感亲切，遥天相隔，代际有别，没想到这里的气象竟与巍巍京华一脉相承，这不能不令人惊喜之！穿此牌坊向前望，只见又有一同样牌坊相对而立，上书"王佐"两个大字，这都是刘基的标准名谓了，你不能不于心中复萌一种敬意。居中处坐北朝南的建筑，便是"钦建诚意伯庙"了。这可能是大明王朝所能给予刘基的最高奖赏了，虽历经沧桑，仍令人浮想联翩。进得门去，宽大、开阔的庙堂除供有刘基及其侍卫的彩塑外，最醒目的，就是上书匾额次第有四，"玄机洞鉴"、"万古云霄"、"古之名世"、"先知先觉"，都是对这位"雄才绝代"的"大明第一文臣"的由衷赞美。伫立其下，静望盛辞，你不能不满怀敬仰，禁不住为我们中华民族曾有过的这等云霄人物深感欣慰与自豪。

一直到今天，像刘基这样的历史人物显然对我们仍有一定的镜鉴作用。就在刘基庙的左近，就在我踏着湿漉漉的雨地信步徜徉时，竟然发现了一大片排向天空的"铭廉壁"，竟然无意中印证了我上述自然而然地联想，这真是令人惊喜连连，这真是令人不胜惊喜之至！

"铭廉壁"上一则又一则的"刘基语录"历久弥新，令人细观之而无语，欲辨之已忘情，例如："人命之修短系乎天，不可以力争也，而行事之否臧由乎己。人心之贪与廉，自我作之，岂外物所能易哉？"（《饮泉亭记》）又如："贪与廉相反，而贪为恶德，贪果可有乎？匹夫贪以亡其身，卿大夫贪以亡其家，邦君贪以亡其国与天下，是皆不知贪者也。知贪者，其惟圣人乎！"（《郁离子·贪利贪德辩》）这其中，还有一则"语录"是后人刘廷玑在《谒刘诚意伯墓》一文中所言，读来尤令人振聋发聩："王气金陵安在哉？犹留遗墓吊蒿莱。卧龙名大终黄土，谁为铜驼洒泪来？"

有时候，"振聋发聩"也是另一种惊喜。这是五月二十六日踏上归途时，刘基庙再一次告诉我的。这不是诗的语言，却是谜一样的启迪。

传习颂

——痘姆古陶礼赞

"传习"这个词，出自《论语·学而》，曾子曰："吾日三省吾身：为人谋而不忠乎？与朋友交而不信乎？传不习乎？"这最后一句"传不习乎"即"老师传授的知识有没有按时复习呢"。明正德年间，著名心学大师王阳明最早的入室弟子之一徐爱开始陆续记录其论学治道的讲话，并准备以《传习录》为名出版——后几经增补，终至明隆庆六年即1572年正式定稿，一经出版，便广为人知。及至今天，这部著名的《传习录》也是很多国人学习中国传统文化的重要读本之一。

但就"传不习乎"这句话的本意而言，我却只是在不久前于安徽省潜山市郊一个叫"痘姆"的小村庄里，才真正邂逅了它千古不变的精神气质……

这一天，皖风习习。先是在国家5A级景区天柱山的南麓，我们参观"皖光苑"即潜山市博物馆的时候，立刻被距今已有6000年历史的薛家岗人类遗址出土的大量精美陶器深深吸引了。惊艳于我们眼前的，不但有夹砂红陶或灰褐色泥质陶的鼎、豆、壶、罐、盆、碗、杯等，甚至还有一柄虽有断裂、但形制十分完好的"十三孔石刀"，更是孔孔清晰，虽经数千年的沉埋而仍然光辉耀目，令人叹为观止！据当地友人小吕介绍，我国虽然是世界公认的陶器古国，先后有黄河流域仰韶文化的彩陶人面鱼纹盆和长江流域河姆渡文化的猪纹钵等名器享誉国内外，但同为新石器时代的出土文物，这儿的很多"宝贝"，确实鲜为人知……"还有什么呢？说来听听。"见我很感兴趣，小吕开门见山："其实，我们这儿最古老也是最新鲜的宝贝，是痘姆古陶！"

哦，"痘姆"是个地名吗？

对，痘姆是潜山市郊一个乡的名字。它位于北京正南长江支流的潜水河畔，与安徽三大名山之一的天柱山主景区隔桥相连，据潜山市城区仅仅9公里。

"痘姆"这个乡的名字是什么意思呢？是个少数民族的名字吗？

不是。小吕笑着回答，相传很久以前，就在这块古老的土地上，曾经肆虐一种天花病毒。幸赖当时的一位老奶奶，发明了一种单方，救治了大量濒危的儿童。当时的人们感念其功德，尊其为痘姆娘娘。后来人们更命名此地为痘姆并建了一座痘姆庵，年年供奉，岁岁朝拜，其香火繁盛，于今未衰。

说到这里，小吕早已顺遂我意，驱车引我来到了距"皖光苑"并不很远的痘姆乡——当然，我们来到的仅仅是该乡所属的一个小小村庄而已。

远远看时，这个小村庄凡常得近乎古朴。一栋又一栋的泥墙瓦顶掩映在青绿树木之间，杂草丛生的路侧码放着诸多成品或半成品的各种陶器，或一垛又一垛码放齐整的木柴。

及至近前，小吕介绍说，这里距薛家岗新石器文化遗址的直线距离其实也只有几公里。由于"痘姆古陶"的特征与薛家岗遗址出土的陶器相一致，因此，很多专业人士普遍认为，痘姆古陶的起源不晚于6000年以前。

这么说，痘姆古陶不就成了长达6000年的一个"活化石"了吗？

您说对了。痘姆这儿，其实就是一个有关中国古陶技艺与生产的传习基地！

传习？这是我第一次亲耳听到"传习"二字，不由得一下子想起了曾老先生的"传不习乎"，也自然而然地连带着想起了那卷关于王阳明的大著《传习录》……

在一面暗黄色土基垒成的山墙下，我们停住了脚步。仰面上望，一行醒目的大字别具神韵：痘姆古陶6000年。其下，沿墙排列的，则是一排又一排闪着微光的或大或小的陶罐或陶缸等。这时候，迎面走来一个沉静的痘姆人，年纪仿佛也就30多岁的样子。小吕介绍说："这位就是痘姆古陶的负责人之一，程柏全程老师。"等我们相识后，小吕因还有其他事，便径自先回城里去了。于是，沉静却不失生动的程老师，便接替他带着我到处看。

刚开始，我看他递过来的一张名片，用纸很考究，印制也很讲究，上面虽然没有他的名字和身份介绍，但却另外蕴含着很多明确又神秘的信息，不由得引我陆续发问——

这"痘姆古陶"上的标图是你们自己设计的吗？看这一只陶罐里燃着一团红火，倒是有点儿意思。

对。那团飘动的红火，就是我们"痘姆古陶"6000年红红火火至今的象征。

这还真是有点意思！还有呢，这"痘姆古陶"下面，"只可遇见，不可预见"的八字说法又是什么意思呢？

就算是一句禅吧。（程老师未作解释，沉静地笑了。我则忽然又想到，其实这潜山古地也还是个"禅语之乡"哩：天柱山下那个三祖禅寺颇负盛名。）

程老师，看你这名片背后的信息量也很大呀！怎么，你们这里还有个"中国非物质文化遗产"的官方网站？

对。您再往下看，我们这里还是安徽省非物质文化遗产传习基地、安徽建筑大学产学研合作基地、安庆师范大学教育实习基地，还是山西省玻璃与陶瓷科研所产学研合作基地呢！

了不起！没想到你们痘姆古陶还有这么高的教育含量呢！

确实是这样。我们这里整体来说，就是一座中国古陶的研学旅行基地。就其主要的研习业态来说，不但有非遗展示、陶艺体验、亲子沙龙等，也还有一些创意产品的开发与销售。这些业态分别设于凡朴堂、简朴寨、窑望阁、尚品宫、寻踪社、本色轩、归真堂、传艺居、淘宝馆等处进行传习，其中，尤以一座这里独有的百米龙窑，为我们着力的传习要点。

看到了，你这信息满满的名片上，还画着一幅速写呢！只是看不出真有百米之长吗？

走，我带您去看看。

他边走边说：大量考古发现陆续证明，我们痘姆乡曾经古窑密布，至今尚存百米龙窑一座，十分珍稀。所谓龙窑呢，通常都不超过30米，而我们这儿的龙窑总长却将近100米了。因其窑身长、窑温高，烧制成的陶器玻化程度也高。加之我们这一带的土质天然细腻粘韧，山上的松柴也脂足燃旺，当然更主要的还是这百米龙窑的结构优势，使这里烧制的茶具品质独佳，久负盛名。

茶香浓郁。我仿佛闻到了痘姆古陶的悠悠神韵……

这时，程老师停住了脚步，一座贴地而卧的百米龙窑横卧在我们眼前。程老师说，这里的自然条件除日照充足、土质优异、燃料丰富等之外，其地势南高北低，也是十分利于建窑的良好条件。一直到上世纪三四十年代，痘姆全乡尚保有百米龙窑九座之多，但后来幸存至今的也只有我们传习基地这十分珍稀的一座独窑了。

这的确是一座稀世古窑。恰逢其休窑期，征得程老师同意后，我很容易地就钻入其中，一下子仿佛进入了科幻电影中的时空隧道，感觉自己身在宽大如今天的高铁列车车厢之中，却又仿佛被"传习"到了那令人尊崇不已的远古时期，伟大的先人们正在这里淬炼烟火，同时也在雕饰着不朽的时光与岁月……

千年记忆，百米龙窑。就这样，当我从历史深处又返回到"痘姆古陶"时，已经身在这个珍稀传习基地的"淘宝馆"了。恍惚之中，分明可见，一切都是点石成金，一切都是化蛹为蝶，一切都是礼赞中的坚守，一切都是传习中的发展，一切的一切，都是百尺竿头，更进一步。

这是我一边观览琳琅满目、美不胜收的"痘姆古陶"时，一边汹涌而至的脑海随想。是的，你看那一块块黄土变彩泥，在这痘姆古陶，竟然"点土成金"了。是的，你看那一只只大手带小手，竟然"化蛹为蝶"了！而这古朴悠悠却又创意盎然的痘姆古陶，不就是礼赞中的坚守吗？不就是传习中的发展吗？

这时候，陶宝馆的其他一些参观者也同我们一起来到一间置有大电视的休息室了。程老师一边请我们喝茶一边问，想不想看看痘姆古陶的一些视频资料？这还用问么？"百尺竿头"，当然想了！

但程老师并没有开启"视听模式"，而是从其随身携带的一个包里拿出一个小本子来，对我们说："痘姆古陶的传习事业，现在很受各级政府和相关领导的重视，几乎每天都有很多相关资料进入我们的工作记录，太多了！现在我只能向你们介绍一下最近的、也就是这个月以来的内容，你们对哪个感兴趣，咱们一会儿就看哪个，好不好？"

"好。"大家一致同意。

5月1日，趁着假日，合肥市春雨树学校的师生们来到这里体验痘姆古陶的生产技艺。他们边学习，边动手，兴味盎然。

5月2日，痘姆古陶登上了"乐途旅游"的首页。"千年约定，乐途见证：在北纬30度的小村里，竟然藏着一座百米古龙窑！"

5月3日，参观者众，停车场全满！

5月4日，古陶备忘录：唯有传承，才是最稳固的保护。传承什么？对谁传承，谁来传承和怎样传承这四个关键问题，痘姆古陶人一直在艰苦地探索……

5月9日，热烈欢迎皖鄂赣三省十一县（市）体育协作区第42届理事会嘉宾莅临指导。

5月10日，古陶备忘录：传承古陶文化，痘姆有底气，有路径，有信心，有能力！

5月11日，来自《今日头条》的报道：大隐隐于市的痘姆乡，却保留了6000年的非物质文化遗产！

5月12日，痘姆古陶文化墙即将开绘，彩绘团队来自安徽建筑大学。

5月13日，痘姆古陶登上了"美好大皖南，迎客长三角"——2019年皖南国际文化旅游示范区（核心区）赴长三角城市旅游推介会"现场平台。

5月14日，到香港传习，痘姆古陶这还是第一次！

5月15日，新华社现场云直播，让痘姆古陶"腾云而起"：潜山市痘姆古陶参展第十五届中国深圳文博会……

只听沉稳又生动的程老师又接着说："现在时间不早了，要不咱们这样吧，刚才我简介的这些内容，微信里都有详细的资料。你们若有感兴趣的，我们可以互加微信，等我传给你们，你们再慢慢地看。痘姆古陶6000年，一下子是看不完的！"

程老师最后这一句话，既客观，又说到大家心坎上了。我当然是第一个赞成，第一个和他互加了微信——

但我深深知道："传不习乎？"我已经迟到太久了！改变，就从写这一篇"痘姆古陶礼赞"开始吧。

奉化桃亦歌

早就知道浙江奉化是蒋介石的老家，谁知前不久有机会到那里采风，却原来蒋大为唱响的中国名曲"在那桃花盛开的地方"也诞生于此！

据当地朋友小周介绍，大约40多年以前，受奉化籍小战士王武位当兵时怀恋家乡桃花的真实经历启发，恰巧也是奉化籍的著名词作家邬大为感同身受，很快创作出了这首歌的歌词（魏宝贵参与）。又经著名作曲家铁源谱曲后，著名歌唱家蒋大为曾经6次在中央电视台春节联欢晚会上演唱，故使这首歌早已名闻遐迩，几乎"凡有井水处"，即能听闻这首美妙的歌曲。

"但是，还是很少有人知道这首歌是因为我们奉化的桃花而'诞生'的。""真是遗憾。"我不禁有所感叹。小周笑了，很像桃花盛开："正因为如此，在去年的桃花节上，我们奉化搞了一个'踏上新征程，唱响新旋律——新时代《在那桃花盛开的地方》歌曲征集'活动。当时，蒋大为、铁源和邬大为三位老艺术家都来了；而那位奉化籍的'桃花引者'王武位却早已过世，但他的弟弟王武全还是赶来了。当时三位艺术家与王武全欢聚一堂的情景，至今在我们这里还被传为佳话呢！"

是的，可想而知，这是多么难得的一个音乐故事啊！音画犹在，如今，我来到这里，来到这新的一年"奉化桃花节"，"去年今日此门中……"——不，不，接下来的"人面桃花相映红"，是说一位美丽姑娘的脸庞与灼灼桃花相互辉映的，与小伙儿王武位何干？

但这与我们奉化的"桃之夭夭，灼灼其华"相关呀！

哦，原来小周姑娘的《诗经》功夫还挺深啊。

岂止是《诗经》？您刚才那两句崔护的《题都城南庄》唐诗，

我们奉化人差不多都知道！

是吗？你倒说说，在奉化这儿，人们还知道些什么咏桃名句？

比如张志和《渔歌子》中那句"西塞山前白鹭飞，桃花流水鳜鱼肥"，我们这里很多人也是知道的。其他像什么陶渊明的桃花源、孔尚任的桃花扇、金庸的桃花岛，以及唐七公子的十里桃林什么的，很多人也都知道一些。

哈哈，真了不起！我不禁对这里的"桃文化"有些"知味"了。又想到来之前对浙江奉化的思维定式就是蒋介石的老家，真是孤陋寡闻啊！这里还真是个"灼灼其华"的桃花园哪！想到这里，"在那桃花盛开的地方"飘然而起，我一时浸在其中了。

回过神来，我们已身在"天下第一桃园"即奉化萧王庙街道的林家村繁盛的路边。这里东靠同山，北临泉溪，据说是当地观赏桃花的最佳地点。抬头所见，漫山遍野全是粉红色的桃花，在蓝天白云的映衬下，仿佛是到了人间少有的别一境界。我们沿着宽阔的赏花大道前行，只见山坡上、田野里，处处绯红染遍，霞帔流彩。

面对这"桃花盛开的"真实情境，除了摄影留念，当然还要载歌载诗啊！歌，当然还是那首最恰切于此的中国名曲"在那桃花盛开的地方"了：不宜大声唱，可在心中歌啊；一遍，一遍，又一遍……至于诗，触景生情，能不张口就来吗？且一首不行，还得一首接一首啊：杜甫的"桃花一簇开无主，可爱深红爱浅红"，还有元稹的"桃花浅深处，似匀深浅妆"，还有刘禹锡的"山上层层桃李花，云间烟火是人家"……就这样，身在"桃花源"中，"乃不知有汉，无论魏晋"，竟让一旁的当地姑娘小周情不自禁地取笑了："这回您可知道'桃花源'的厉害了吧？"是的，我当真是为眼前"忽然遇到一片桃花林"所迷醉，而竟然是有些忘乎所以了。

但花香幽幽，还是要食人间烟火。正在此时，春风起处，送来另一种异香。啊，原来这粉红色的桃花节上，还有一处"舌尖上的奉化"哩。

千层饼。据小周姑娘介绍，这种食品要经过十几道工序才能制成。它很讲究层高，有的饼高达二三十层，十分可观又美味。不但入口松脆，而且饼味甜中带咸，很独特，还有一种芝麻的香气呢！

酱烤猪肉。小周说，正如老婆饼里没有老婆，鱼香肉丝里没有鱼一样，酱烤猪肉同样是没有猪肉。它实际上是用薄脆的咸光饼裹上熬成焦黄的糖浆，当筷子夹起来的时候，是拉扯不断的糖丝，甜甜蜜蜜的，十分好吃！

这些甜食还是更适合你们姑娘家吃，我更喜欢吃些面食。有吗？我对小周说。

有呀，向您推荐我们奉化的牛肉干面。说着，小周引我来到一个摊档前坐下。她接着说，牛肉干面是奉化最出名的美食之一。它的粉丝是用番薯粉制成的，浇上用牛骨头慢炖而成的汤底，自助添加想要吃的牛肉部位，然后，热腾腾的牛肉干面嗦上一口，会满嘴留香的……

好，来一碗。不，来两碗！

不，您尝吧！我再给您讲讲水蜜桃。

对，我正想听哪！

我们这儿的水蜜桃品种甚多，主要有玉露桃、黄金桃、玉露蟠桃等五六十种。其中最有名的要数玉露桃，它皮色鲜艳而有红色的细点，果肉呈蜜白色，柔软多汁，又甜又香。很多人都称这种桃子为瑶池珍品，好似琼浆玉露呢！

好像在王母娘娘的蟠桃宴上见过。我心欢喜，不禁开玩笑说。又问：这儿的水蜜桃什么时候成熟呢？

因为品种多，我们这儿的水蜜桃成熟期有先有后，大约从6月下旬开始到8月下旬乃至9月上旬都有应市。到时候欢迎您再来啊！

我笑了，好。也更好奇了：奉化水蜜桃号称天下第一，真的吗？

小周也笑了。她自信满满地说，我们奉化栽培水蜜桃已有上百年的历史。早在清朝光绪年间，我们溪口镇东岙三十六湾就有一个叫张银崇的园圃老人，开始从上海引入龙华水蜜桃的果苗。到1919年的时候，我们奉化栽种水蜜桃已经蔚然成风，远近闻名了。至今在海外的南洋一带，如果提起奉化的水蜜桃罐头，起码在当地的华人当中，不但人人皆知，而且有口皆碑！您信不信？

信，我当然信了。于右任老人也曾有诗称道："湖光远带锦溪水，春色好在桃源家。"这种称道中，当然也包括我今天没有吃到的奉化水蜜桃啊！我由衷地说。

欢迎您再来呀！可爱的奉化姑娘小周笑得很爽朗，很热情，也很真诚。

"那是一定的。"放下恰好吃完的一碗牛肉干面，我意犹未尽地说。这时候，"在那桃花盛开的地方"，又隐隐传来美妙的歌声。我知道，这是奉化桃亦歌。

情怡翡翠湾

天下海湾何其多，但是，只有不久前我曾身临其境的翡翠湾独美其美，至今我还有美不胜收之感。是的，美是不能忘记的，此时身处京华，我又情怡那遥远的美景历历了……

相比较翡翠湾来说，可能象山港的名字更广为人知。它北临杭州湾，东望舟山群岛，地处海道要冲，可谓镶嵌在祖国蓝色海岸线上的一颗明珠。据历史记载，早在汉武帝时，朝廷即在象山港的北岸设立鲒埼亭——亭是汉代县以下的行政单位，如今其"行政单位"即改称宁波市奉化区莼湖镇了。

独美在莼湖古镇一隅的翡翠湾，其芳名也是颇有底蕴：象山港是一个非常独特的港湾，是太平洋深入中国沿海陆地最深的一处港湾，因此，这片独美其美的海域就被人们称为祖国的"东海翡翠"——而"翡翠湾"这个美丽的名字，显然就是其熠熠闪光的一湾"名片"。

从鲒埼亭到翡翠湾，记忆中的那天很神奇，很独特，很美好。虽然时光熠熠不可留，但悠悠的记忆可重返。

那天，从我们客居的溪口银风度假村去翡翠湾的路上，其实一直下着小雨。在湿漉漉的回忆中，还没到达翡翠湾之前，我们先是在一个叫"马头"的小村喝了些热茶。没想到，就在这个古代鲒埼亭的地界里，竟品出了今天莼湖镇的一番大滋味来。据当地人说，马头村是从翡翠湾飞来的一只水鸟——

原来我们当时所在的一座祠堂里，其匾额上写着"鸂鶒祠"三个大字哩！一下子，杜甫的诗句"雀啄江头杨柳花，鸂鶒鸂鶒满晴沙"涌上心头，莫非……"的确，我们这里从唐朝天佑二年（905年）就有先民居住，那时的村名就取自杜诗叫鸂鶒村。后来，我们这里设渡，成为鄞奉地区含翡翠湾和隔海的象山县之间水运热线上的一个重要节点，而且因为村东南有一座山名叫马头山，这个渡口逐渐改成码头渡了。到了清代中叶，这里又设码头浦，村名也就改成马头了。"一个当地人好像看出了我当时的心思所在，竟然极有针对性地做了这样一番讲解。我不禁对眼前的"当地人们"刮目相看了。"现在我们这个村名虽然叫马头，但那只美丽的鸂鶒（水鸟名，鹭鸶的一种）还高高地站立于古老的祠堂之上，时时刻刻想飞回到他们曾经晴沙满地的翡翠湾呢！"又一个当地人这样说。我手中的一杯热茶，真是越品越有滋味儿了。这些当地人其来有自，真是很神奇，又很独特呢！

这时候，淅淅沥沥的小雨暂有停歇。我们沿着马头村很多"鸡鹍们"热情告白的路向前行——却原来这还是一条"海韵渔歌风景线"哩：有"横江湿地"的清新弥漫空中，有"黄贤森林"的浓绿如梦似幻，有"桐照桅影"的渔歌隐隐入耳，当然，还有美丽的宁波湾——它是象山港的一面镜子，又何尝不是翡翠湾的一片帆影？

就在奉化籍司机如此介绍的美妙感受中，我们已经身在莼湖镇栖凤村的"游客集散中心"了。很显然，这里是面向翡翠湾的一个"锚点"。往常，每一个"到此一游"的人都是从这里"租船"去畅享翡翠湾的，但是今时今刻，雨后风云又起，很不幸，这里已经"闭船"了！

但是，殷勤好客的翡翠湾竟然伸出了一条长长的栈桥，来承接我们了！真是很神奇。我们当然健步其上！在摇摇晃晃地前行中，感受真是很独特，尤其是当栈桥两侧还风起云涌着雪亮的海浪花——这时候，我身边的一个当地人紧声地对我说："注意安全！往前走，小心点儿！"顺手，他还把自己头上的一顶布帽戴到了我的光头上，又暖暖地说："风太大了，还是您带上它吧！"这时候，谁能够没有一种"很美好"的感触呢？一刹那间，任谁都可能会联想到，还有那些马头村的当地人，他们岂不都是翡翠湾所孕育出的很平常又很独特的浪花朵朵？

想到这里，我们已经身在栈桥连接的一大片船阵之上了。虽然风浪很大，此时的渔船都没有出海，但我看到它们紧紧地连接在一起，仿佛就像一个罕见的命运共同体那样面对着我，仿佛在叙说着什么，令我感到很安心，很安定。又听几个正在一只船上休闲的渔民讲，平常来这里体验海上生活的人很多，每艘船可载10人出海两三个小时，在海上每人还可以享受一餐新鲜的海味，"虽然挣得不算多，每人才收费180块，但我们都很满足，这比过去只靠打渔为生，真是好得太多了！"闻此一说，我对这些不期而遇的当地人越发起敬了。在他们直白的倾诉中，没有日日的出海风波，只有风平浪静的一种安详与满足。我不知道这是否也可算"很神奇，很独特，很美好"的不期而遇，只觉得要是设身处地，我可能会嫌那每人收费180块究竟是有点少呢！"真不巧，你们远道而来，今天不能请你们吃海鲜了。但岸上有很多海鲜卖家，你们可以尽量地去品尝。我们翡翠湾的海货，都是最新鲜的！""谢谢，谢谢！我们知道，我们知道！能否跟各位在这里留个影呢？""当然可以！""好啊！好啊！"那天的船老大们纷纷配合，兴奋异常。

就这样，一帧"情怡翡翠湾"的合影，如今就常立在我的案头了。那些当地人难忘的笑容，即使在猎猎的海风中，仍然是那样的灿烂与安详。还有那无比美味的海鲜，如今又透过眼前的这帧合影，分明地前来诱惑我了——

那天上岸以后，在一家名为"一帆海鲜"的大排档里，我们真是生平第一次吃到了那么多最新鲜的海货！别梦依稀，隐隐记得有叫"弹胡"的，有叫"望潮"的，还有泥涂虾姑，有奉蚶，有海鲜米豆腐，有莼菜鲈鱼羹……还有些什么美味呢？一时真想不起来了——但我永远也不会忘记，那个神奇、独特、美好的地方，叫翡翠湾！

是的，翡翠湾，你这颗东海明珠上的璀璨一隅，将永远在我记忆中闪光，通透，晶莹。

寻迹天姥山

不久前的"神仙居"旅踪，至今仍然通往诗仙李白那首旷世奇作《梦游天姥吟留别》。

是的，别梦依依，寻迹历历。今天我又来到了这"神山秀水"之地，来到了这兼有"天台幽深，雁荡奇崛"的浩浩天姥山……

但"太白梦游处，寻迹觅其幽"又谈何容易？实非"走马"之人唾手可得之。这时候，细心又贴心的当地主人陈子干先生派来的一位导游姑娘已经亭亭玉立于前。还没等我们相问，她便落落大方地开口了：

"我名字叫仙居，请各位老师就叫我仙居姑娘好了。"

好，真爽快！莫非这是"太白梦游处，'爽'居天地间"使然？联想至此，浩浩天姥山已然"爽"越千年，倏忽而至。

"我们这个国家5A级景区，现名神仙居，古称天姥山。一提天姥山，大家一定就会想到李太白那首《梦游天姥吟留别》。各位都是专家老师，现在有谁能给大家背诵一下这首名篇么？""海客谈瀛洲，烟涛微茫信难求；越人语天姥，云霞明灭或可睹。天姥连天向天横，势拔五岳掩赤城。天台四万八千丈，对此欲倒东南倾。我欲因之梦吴越，一夜飞度镜湖月……"仙居姑娘的话音未落，我们一行人中的诗词大家朱小平应声而起，已然朗朗出口。这水乳交融的新天姥一景，不由得令人惊艳，也即刻让每一个人都感受到了一种难得的愉悦。刹那间，静静的天姥山，也仿佛又见故人来，很高兴地向我们洞开了她的幽深之门。

灵动的仙居姑娘一边引领我们走进天姥山的怀抱，一边又启发式地相问了："各位老师，你们可知道李白是否真的来过天姥山？""没来过。他是'梦游'天姥山，做梦来过。"有人即答。姑娘笑了，她未置可否地说："你们知道李白有一个族叔叫李阳冰么？他也是唐代一个有名的文学家，曾经为李白作过《草堂集序》。这位李白的叔叔，当时任职现浙江省丽水市的缙云县令。李白在长安仕途受挫，落魄而别后，曾到此投靠他这个叔叔八年之久。而现在我们仙居县的李村，就在当时缙云县的左近。李白曾在这一地域畅游吟诗，应该是确定无疑的。现存李白的诗作中，即有写缙云的三四十首，可为一证。至于李白是否真的到过天姥山，缘此或许勿言自明。"聪慧的仙居姑娘说得有保留，但也许正因为此，反倒激起了大家更热忱的"天姥山猜想"。著名的历史学家毛佩琦先生说："天姥，就是神话传说中的王母，也叫西王母，王母娘娘。她是中国本土神化世界中至高无上的神祇。而从小就信奉道教、惯有游仙之志的李白，曾经流连于此并有所吟咏，当然是完全有可能的。"毛教授的专家之论，虽然未武断，但却是更加令人信服了。就连此专业的仙居姑娘，也情不自禁地又点了点头。接着，她不失时机地进一步点拨大家："寻迹天姥山，好戏还在前面哪！"

果然，有一块单门式石坊骤立于前，其额题醒目为吴昌硕篆书"太白梦游处"。于此定睛，只见神仙居裸露的岩峰，经千万年的流水切割和风雨打磨，已经形成了很多惟妙惟肖的神奇景观，如来佛祖、观音娘娘、还有天姥奇峰等均栩栩如生。身处云中列仙处，顿感"霓为衣兮风为马，云之君兮纷纷而来下。虎鼓瑟兮鸾回车，仙之人兮列如麻"！尚且"云雾多变尽其观"——忽而"云青青兮欲雨，水澹澹兮生烟"……此情此景，真是"梦游"可以感知的吗？真是"吟留别"所曾经见过的吗？我们完全被迷惑其中了；又陶然于世外，竟不觉"岩泉"两个大字又突兀于前了。

这是跨过一座石桥之后，唐代大书法家柳公权的题刻壁立岩上。"熊咆龙吟殷岩泉！"我们一行中立有解者脱口而出。原来是著名诗人张庆和有识。众人齐夸"好眼力"！聪慧的仙居姑娘更是为之感佩："看来各位老师都是诗仙太白的知音啊！"

复往前行，"寻迹天姥山"已然"乱花渐欲迷人眼"，我们却是咬定"吟别"情愈炽！

在神仙居南线的登巾道，分明就是"脚著谢公屐，身登青云梯"！大家为这"有所发现"而纷纷感谢李白，要不是他有先见之明的示引，我们又怎能够尽享"青云梯"一阶又一阶的悠攀之乐呢？

在神仙居的佛海梵音景区，真个是"青冥浩荡不见底，日月照耀金银台"！大家纷纷遥想当年，李太白曾于此揽月、摘星——或摘云雾，摘日出，摘晚霞……此时情自胸臆出，不知是哪一位作家朗声明言："'梦游'乎？非矣哉！"

在神仙居"听经台"对面的岩壁上，分明可见一着唐装衣带而神情闲适的文者，仙居姑娘指为李太白也。众皆惊叹：世人皆知李白梦游天姥，却原来其真面早已坐壁为实、生生不息矣。此"太白岩"可为明证！

在神仙居的"微信亭"，不能不令人联想到李白《梦游天姥吟留别》的首句："海客谈瀛洲，烟涛微茫信难求。"但仙居姑娘说，她们的董事长于此"信"字还有一解——"微信的信？"有人即问。仙居姑娘立答："您说对了。如今谁没有微信呀？故我们神仙居景区特在此设立了一个微信亭，一方面可引发游人们思古之幽情，另一方面，也可供游人们于此小憩时，还可以玩玩手机。"真是个好主意，巧设施！我们中著名的散文家马力先生不禁有赞："一'信难求'引来万'信'无忧。甚好！"我也甚有共鸣，禁不住为众神仙居人这神来一笔心中有赞："曾坐微信身半空，群山惊异莫以应。如许神奇当落地，且把新誉作回声。"

就要出神仙居北门而返了。离北索道行走中，忽又逢见一巨石，上面凿刻着四个大字：梦游天姥。只见每个字均高1米不止，甚是盛大气派。又见其落款为"瑞图"，正待有问，知人善解的仙居姑娘开口了："这瑞图姓张，是明代一位著名的书画家。于此可见，起码自明代始，我们今天的神仙居这里，确凿无疑即为'李白梦游处'了。"众皆赞同此说。还有一位作家又补充道："石重如铁。'李白梦游处'就在这里，天姥山别无分号。"

及至出得景区大门，董事长陈先生已经于此相候多时了。他很热情，也很健谈。听其一席"天姥山别裁"，我们仿佛又于刚所由来的路上，意外有得一方更启人深觅的"确凿"。

他说："我们这个地方，姓李的特别多；而且是耕读传家久，诗书继世长。例如在我们仙居县的田市镇，有一个被国家批准为'首批中国传统村落'（之一）的李宅村。早在南明的时候，这个村落就出现过'一门六进士'的盛况。直到今天，这个村落还保有很多古建筑，计有聚奎亭、都宪公祠、李氏宗祠、古戏台及三透九门堂等古典民居，十分恢宏典雅。"听到这里，我们一行中有的人吃惊了，不由得感言："没想到李姓在此的底蕴如此深厚！"闻听此言，子干先生含笑有顷，然后他接着说："李姓在我们这个地方确实非同小可。除了李宅村以外，我们这还有个李姓聚集地在管山。那里对诗书的重视更甚，历史上曾经把整个村落设定为文房四宝的格局，因而构造成一个耕读为本、读书为荣的聚落意象，既鲜明，又蕴藉，文化含量非常高。"

"难道这里的李姓后人真个得传了李太白的文化基因？"我们中心有灵犀者终于发问了。

"不知道。但诗仙李白自有先见之明，他确曾为此自豪过。有诗为证：我李百万叶，柯条布中州。天开青云器，日为苍生忧。"

子干先生明确作答后，见大家意犹未尽，便又遥指远处一座依稀可辨的山峦说："那座仅与天姥山一溪之隔的山，原来叫竹山，后来唐明皇改名叫紫箨山了。说起来这事也很有意思。有一天夜里，唐明皇李隆基做了一个奇怪的梦。他梦见有一位自称竹山的神仙来敬献祥瑞凤凰。第二天醒来，他听从随侍文生的解梦建议，着人查阅地舆图志，很快落定在我们这原称乐安县的天姥山侧，确有一山名竹山。于是，唐明皇立刻下诏改此竹山名为紫箨山。这个沿用至今的山名，显有身着紫色朝服的竹山神仙进殿来拜之解。"讲到此处，子干先生进一步画龙点睛了，"现在我们不解的是，当时是哪一位文生，在唐明皇身边，巧作此梦之解？甚或建言'竹山'之改？"

"难道是李白？他当时正在李隆基身边司职'前翰林供奉'啊！"

毛教授果然学识渊博！

子干先生微微颔首："毕竟是传说。"

"寻迹天姥山，几无穷尽处。"朱小平先生的这一联感慨，道出了众人共同的心声，立刻博得大家的一片喝彩！

"梦游天姥吟留别，且待迈步从头越。"情不自禁，我也凑了一份子。

在"叔叔"的草原

可能很少有人注意，在我们中国，以人的名字命名的县其实并不鲜见，例如山西左权县、陕西志丹县、吉林靖宇县、河北黄骅县，等等；但若论起以人的亲属称谓命名的行政区属，据我所知，那就不仅在中国，而且在全世界，恐怕也只有一个淡泊在内蒙古腹地的锡林郭勒盟阿巴嘎旗了。

"阿巴嘎"系蒙语音译，即汉语"叔叔"的意思。这位"叔叔"可是大有来头，在阿巴嘎旗政府所在地的别力古台镇，无论是在民族风情园的广场上，还是在任何一家星级宾馆的大堂里，你都可以看到他目光炯炯、双手叉腰、背衬一匹昂然啸天骏马的英武雄姿。实际上，"别力古台"就是这位"叔叔"的不朽名字。他不仅是元太祖成吉思汗的同父异母弟，而且是蒙古汗国国相，还是一位极负众望的"草原跤王"，因此，蒙古族后人不仅尊称其曾统帅的部落为"阿巴嘎"，而且以其名字命名了这个部落所在地为"别力古台"。

你如果不身临其境，又怎么能够知道在"叔叔"的草原，竟然有这么深邃的称谓意涵啊！特别是对一个身居北京的汉人来说，你可能知道这里汉为上谷郡北境、晋为拓跋氏居地、隋唐时为突厥所居、辽为上京道西境、金属北京路西北境、元属上都路、明为察哈尔万户地、清设札萨克制，等等，但你来到这里以后，你一定会发现自己其实什么也不知道。

实际上，从北京出发，一过张北，愈接近"叔叔"的草原，你就会愈发意乱而情迷了。你看那云，真与寡云之北京有霄壤之别。它们团团裹裹地、不断地在浩渺无际的蓝天上呈现，恰如一幅又一幅无尽无休的云图，有的宛若一只洁白的小羊羔，有的恰如一对慈眉善目的老夫妇，而有的好似一条云中小河，虚无缥缈又近在眼前……快到"别力古台"时，草原尽头与远天的衔接处，又宛若一条巨河之此岸了。彼岸之上则是连峰座座，群岭逶迤。一轮巨大的落日，含蕴其中，时隐时现，弄得硕大无际的草原上，时明时暗，如梦如幻。但很快地，这无比可爱的巨阳明显在沉落，一会儿便隐然下坠了。这时候，眼前横流的一条巨河悄静无声，而其两岸虚拟的美丽幻象，也仿佛定格为伟大现实之一种了。霎时间，你会惊觉：在"叔叔"的草原，他送给你的每一种礼物都可能是神奇的。

　　果然，在别力古台西北35公里处，我们又目睹了一个鬼斧神工的大自然奇观。这是一座山，一座圣山。它不但突兀挺拔，而且沉雄安稳。面对此山，任何人从东向西望去，都会清晰可见其山势犹如"一代天骄"成吉思汗的仰面头像，其额，其眼，其眉毛、鼻子、嘴巴及胡须等都十分鲜明，神态逼真、形象，恰似这位"昔日王者"在仰面沉思。他究竟在"沉思"什么呢？任何人来到这里，都会升发思古之幽情，不由自主地问天、问地、问自己。但长空浩浩，圣山巍魏，在这"叔叔"的草原，谁又能给出一个比"别力古台"更确切的答案呢？

　　于是我们来到阿巴嘎博物馆。在"叔叔"的草原上，所有的谜底皆蕴其中。从外表看，坐落在别力古台文体活动中心的这座醒目建筑恰似一个蒙古族人常用的火撑，呈圆形，金碧辉煌，意味祭火熊熊。进入其内，一座汉白玉的成吉思汗雕像坐落展厅主台，环伺其侧的，是一个激荡着民族雄风的先祖画像群。"叔叔"别力古台自是其中的主要人物，但他像圣山上的兄长一样，也在这里作沉思状。是的，历史在这里沉思，谁又能贸然打破这现实中的宁静呢？

　　我们看。我们一件一件展品仔仔细细地看。一座铸铁古钟于乾隆五十八年（1793）在山西大同府铸造，其铭既有汉文顺时读诵，又有蒙文逆时读诵。这说明什么呢？有两块光绪年间（1878）的石刻经文，是藏传佛教在本地流传的历史见证。这又说明什么呢？一个工艺极其讲究的王府火炉铸造于道光至咸丰年间，它的风格竟然显具西方色彩，这是为什么？一座线条流畅、造型逼真的突厥石人像，实为隋唐时期的墓前殉葬品，它又透露出怎样的文化信息？

　　叩问连连而惊喜不断。在这阿巴嘎博物馆里，最珍贵的一件展品是别力古台的寰椎骨，可谓镇馆之宝。这件"展品"最早供奉于漠北，元朝时供奉于上都城，其后几经辗转流离，终至安奉于今"叔叔"的草原。其间在蒙古大地上的"供奉史"长达700余年，充分说明蒙古后人对别力古台"叔叔"是多么景仰与厚爱！一直到今天，在阿巴嘎旗，略有一些名气的搏克手（摔跤手）去外地进行比赛时，仍要到博物馆这里虔诚地祭拜这件"镇馆之宝"，祈祷先祖别力古台赐予他们神力与智慧。由此可知，蒙古民族是一个敬仰英雄、注重传统的民族，同时又是一个与汉民族渊源颇深、十分注重"对外开放"的民族，因此，这是一个具有优良历史传统、生命力十分强大的民族。这不仅是成吉思汗与别力古台兄弟的永久"沉思"，而且是蒙古族兄弟姊妹们在中华民族大家庭中的融洽呈现。

你看，为了欢迎我们的到来，安居于"叔叔"草原一隅的"黑马山庄"沸腾了。鲜美的奶茶和马奶子端上来，令人陶醉；蓝色的哈达献上来，还有两个美丽的蒙古族姑娘迎着你的脸庞唱起动人的蒙古语迎宾歌，怎不令人感动万分？这时候，刚煮好的香喷喷的羊肉又端上来了，马头琴的悠扬歌声也一下子响起来了……眼前的这个"黑马山庄"，可是在"叔叔"的草原上一个闻名遐迩的所在。热情的主人相告：所谓黑马，是与克什克腾铁蹄马、鄂尔多斯乌审马、乌珠穆沁白马并称的四大名马之一；其历史非常悠久，别力古台曾跟随太祖"平诸部落，掌从马"（《元史》1369年），相传他非常喜爱这种健壮、四肢发达、背腰长、奔跑速度快且耐力极强的纯黑色骏马。时至今日，在"叔叔"的草原还有一支"黑马连"声名远播，它驻守在阿巴嘎旗与外蒙古接壤的175公里的边境线上，英姿不减当年。1959年"八一"建军节时，刚成立不久的这支"黑马连"曾参与过电影《草原晨曲》的拍摄；其首任连长亦曾于1960年参加全国民兵代表大会时，受到过毛泽东、周恩来等党和国家领导人的亲切接见。

愈听愈令人兴奋。这时候，主人们又盛情相邀，于是，我们来到山庄附近一片清亮亮的湖水旁，正有上百匹黑亮亮的骏马在反复踏水或奔或嬉，我们不由得喜出望外，纷纷把闪着晶莹剔透水浪花的"黑马"闪电般收入镜头，收入我们兴奋至极的永久记忆……

在"叔叔"的草原，你总能感受到一种亲人般的至真至诚。离开黑马山庄未久，我们又幸运地置身在旗里特意为7个北京知青再次归来而举办的一个"那达慕"盛会之中了。据知，"那达慕"系蒙古语"游艺活动"之意，传统上是以赛马、摔跤、射箭为主要内容，后又增加了文艺演出、商业活动、表彰模范等，是牧民们非常喜爱的草原盛会。我们赶到那里时，只见旗领导正在大会上向当年——数十年前曾在这里劳动、生活过的"异乡人"郑重地颁发纪念品，并热情洋溢地欢迎他们再一次光临草原！而那几个北京知青也一一上台讲话，道不尽的当年情，说不完的"故乡"爱。一刹那间，过去与现在水乳交融，仿佛"不知有汉，无论魏晋"，又仿佛蒙汉两族人民亲密无间共吟"父亲的草原母亲的河"，还有那"北京与草原万里情谊一线牵"的种种情感涌上心头，我们不禁又一次感到"躬逢此时"的幸运，而且再一次深感"与有荣焉"。接着，我们与当地友人一起观看场上的摔跤比赛。阿巴嘎搏克手的跤服十分讲究，是由护身结、跤服、彩带、套裤、"班扎拉"、绑腿、护腿、靴子、靴帮捆绳等"九宝"组成。看他们在场上一招一式地角逐，既能感受到一种力的劲道，又能享受到一种服饰美的盛宴。的确，在"叔叔"的草原，阿巴嘎人的民族服饰实在是美轮美奂，除传统的蒙古长袍外，尚有多种多样色彩鲜明的帽、围腰、蹄袖、围脖、护腕、夹袄、坎肩、光皮大衣、"合布努格"（毡制雨雪衣）、单衫、襁褓，等等；至若手针缝纫的工艺，其针法则有攻针、寨针、缲针、绗针、纳针、缉针、驱针、分针、盘针、缴针、锁边针，等等；又如饰品类，女性多耳坠、连垂、额箍等，男子则有褡裢、鼻烟壶、火镰等。在这次"那达慕"的盛会上，一边看彩色的摔跤比赛，一边听当地友人陆续介绍这么多蒙古族服饰知识，我们时而感到新鲜甚至吃惊，时而又悠悠地陷入别力古台甚或成吉思汗式的"历史性沉思"，这是一个连服饰都具有悠久文化的美丽民族，过去是这样，今天还是这样！

在"叔叔"的草原，就是这样充满了美的色彩和历史的味道。那日归途，"夕辉笼四野，天地任我行。草原美入心，化作夜长明"。第二天一早，当我们踏上归途的时候，迎面是明媚的早霞，那首遥远遥远的捷克民歌情不自禁地脱口而出："朝霞里牧童在吹小笛，露珠儿洒满了青草地。我跟着朝霞一块儿起床，赶着那小牛儿上牧场……"

在"叔叔"的草原，久违的快乐一定会充溢你的身心。无论是"圣山"巍巍，还是"火撑"熊熊；也无论是"黑马"生生不息，抑或是"那达慕"的服饰美轮美奂，这里的一切，都是神奇而令人惊异的。但你只有身临其境，才能够尽享这淡泊在内蒙古腹地的"大美无言"。

楠园女儿情

不久前离别楠园，至今仍在念中。那是为人父者独享的一种女儿情，可遇而不可求；至今想来，那真可谓是天赐良"园"啊。

我曾经在云南生活过，昆明更是多进多出。举凡西山龙门看日出、滇池海埂戏海鸥，抑或是大观楼观长联品味孙髯翁，或者是在鸣凤山下登金殿观赏吴三桂曾经用过的那把战刀，等等，我都经历过了。甚至也可以说，我都"享受"过了。但在遇到楠园之前，这些享受都只能说是"群享"，而不能说是"独享"。为什么呢？楠园女儿情，当然是独享啊。

现在来说我的女儿。我的女儿刚出生时，为给她起个好名字，可是让我这个初为人父者绞尽了脑汁。记得当时我曾像着了迷也似着了魔一样，经常趴在床上，或站在晾晒的尿布片子下，认真地翻看辞典、字典，还翻遍了《唐诗三百首》、《词综》、《南唐二主词校订》、《陶渊明集》等等，先后给她起了100多个名字，写满了一张牛皮纸的正反面。但这么多名字起完之后，我竟然更没了定夺，反而听同办公室一人说了一个"楠"字，便欲给女儿起名叫"李楠"了。当时其他同事也都推崇这一个"楠"字，但不管别人怎么说，我还是有点儿不放心，回家以后便又翻字典。原来楠是一种结实、贵重的木；楠木是木料之冠，略有香味儿，具有防潮抗腐的特性。而几乎与此同时，我还发现当日的《北京日报》三版下刊有一文《长陵的楠木大殿》，细读之，说的是明十三陵首陵——长陵的楠木大柱共有60根，皆为整材；最粗的直径为1.17米，两人合抱不能交手。而且，此楠木大殿近600年了，国内无双，比故宫太和殿的柱子还好。太和殿柱外涂朱色，而长陵楠柱外不涂色，毫无掩饰，游人见之常惊叹。仿佛是与此报道相呼应，妻当时也说道，前不久《文汇报》上公布上海中学生数学竞赛前几名的名单，就有一个女孩儿的名字叫李楠哪！真的吗？听孩儿她妈这么赞同地说，虽有重名之虞，但上海离北京何其远也，就这么定了吧，也图个好兆头！

真是"一名之立，旬月踟蹰"。后来的漫长岁月也充分证明了兹事体大，影响深远。比如说吧，自从有了"李楠"之后，我竟然变成了一个炽热的"楠"字爱好者！不管何时何地何种景况，我几乎是见到"楠"字就为之热爱，不胜痴迷——特别是后来女儿出国留学并定居海外以后，"楠"字在我眼前，仿佛就是我宝贝女儿的化身，每一见之，顿感亲切！恰如春风拂面，浑身舒畅！

因此，我曾经在有售金丝楠木手串儿的地方必有入手，家中也多有收藏楠木雅玩如笔筒、小碗等；我还幻想过搬到楠溪江边住，也曾在福建偶遇的一棵古楠树下流连忘返；甚至，有一次在某地听闻某大型商业中心展售金丝楠木家具，便急急赶去——我至今还记得，那时候的囊中羞涩，曾经让我无地自容……

终于，可遇不可求的机缘又来到了昆明，又来到了那奇迹般的一天。

就要告别云南飞回北京了。飞机票都已经买好了，后天走。本来当天是要和同伴儿一起去翠湖公园和红嘴鸥告别的，但临时有篇稿子当地某家报纸急索，便只好留在宾馆"完成任务"，任由伙伴儿独行了。稿子不难，中午便了断了此事。于是出门信步，沿街向前走去。四月的昆明，更是春和景明，怡情满目。

忽然发现曾经过多次的潘家湾却原来是个卖旧书的所在，原来以为里面只是个卖电器等的旧货市场呢！

兴奋之情，难以言表。于是逛，细细地逛。于是买，少买地买。就这样，细逛加少买，半天时间转瞬即过，我的少买之书在手仍然有七八本之多，怎么办？好在不远处即有收快递的——但哪本精挑细选的书都可以寄，唯有这一本不能寄，必留在手，必即阅之！

为什么？这可是潘家湾今日给我的意外惊喜，这可是可遇而不可求的一本天赐良"园"啊！

这本书的名字叫《楠园题咏》，其勒口处的内容简介为："楠园，位于四季如春之昆明市属安宁县城，独具江南古典园林风格，是经著名建筑专家陈从周设计营建而成。园中厅轩亭阁及家具，全用楠木，且植楠林，景色奇雅，甚博殊荣。"而翻览全书凡184页，又可知其为"安宁楠园云路诗社"编辑出版，于"一九九三年八月第一版"，这显然不是一本近著，而这亲切的楠园也显然就不可能是一座近筑了。可我为什么从来就没有听说过她呢？云南，真是秘境多多；昆明，真是百闻不如一见！

第二天，恰巧我的同伴儿又有别的事了，于是我便一个人前往那切近的、同时也尚属神秘的楠园去独享。

当我先去宾馆餐厅吃美味卷粉时，竟然食不知味。这是因为我又一次被手不释卷的《楠园题咏》深深吸引了。特别是曾有《说园》一著隆誉天下的陈从周教授又在书中《楠园小记》一文中夫子自道，"为爱滇南山水好，古稀千里筑楠园"，读来令人钦敬不已。陈老接下来的文字也十分养眼："园有水一泓，倚山垒石，亭馆参列。材采楠木为之，故曰楠园。园可以闲吟，可以度曲，更容雅集举觞。秋月春风，山影波光，游者情自得之……"

真是个好地方！可上路之后，不断有昆明友人电询我今天怎么安排？他们都是知晓我即将于明日返京的"老昆明"，但当我一一告知"正往楠园一游"的时候，他们竟然都没有听说过这个楠园！当我进一步告知这个楠园是在"安宁县城"时，他们竟不约而同地反应"是吗"？这真是不可思议的一件事！莫非是昆明胜景多多，好多昆明人已经充耳不闻了？未见楠园，我已经先自为楠园惋惜起来。以我所见"楠"之多，以我所涉"楠"之众，此楠园应为世无所双，此地独有啊！为何此地的朋友们鲜有人知呢？

其实，这个"踏破铁鞋无觅处，得来全不费功夫"的大隐所在即处于安宁县城的一条街道里侧。在街边盛开的一片粉红色桃林的掩映中，从周先生题额"楠园"的一块门匾耀人眼目，门侧则有两座石狮镇守于前，当门可见内里修竹参天，曲径通幽。至此，我的心安然静然，一路上的觅途劳顿荡然无存，只想在这终至眼前的"楠园"匾额下留影一帧，尽快在微信上传给远方的女儿一看，告诉她：此时此刻，爸爸与楠（园）在一起！

真是心想事成。恰在此时，空无一人的门前又来了一位上了些年纪的大姐，还没等我开口，她便善解人意地主动上前来帮忙了。而且她似乎熟于此道，当快门响过，我自视她给我接连拍的几帧"与楠照"都没得挑，张张可传存于久远。只是帮我"留此存照"之后，这位似乎熟于此道的大姐并未进入楠园，而是在我观览照片时即转身离去了。当我一边向她道谢一边看她没入那片耀眼的桃林时，又不禁想到：难道她不是游客，而是个当地人？

进得楠园，仿佛一下子由云南而至江南了。粉墙黛瓦，紫藤萝蔓，有春苏轩豁然开朗。左转春影廊，旁有楠亭矗立于一泓池水之上，天影倒涵，如临仙境。绕经随宜轩，达鸳鸯厅，即见一大理石屏其上有俞振飞所题"春花秋月馆"。驻足其下，你不禁会想到"若到江南赶上春，千万和春驻"那般名句。面北则有顾廷龙所题"小山流水轩"；另有池畔石山与长廊相对，有巨石为从周先生亲题之"音谷"，暗寓这里有流泉泄过山巅之谷。触目庭院所及之处，虚实相间，清香四溢；园西北角高阜上有春润亭，东北角假山巅则有安宁阁，观之颇有园内有园或园外有园之感。此楠园真是难能可贵，虽多人工点缀，却不损其天然之美与山水之真，其设计之精巧，技艺之神奇，非胸有万千丘壑而功力非凡者，不能配合得如此天真自然。特别是身在那一片罕见的楠木林中时，万籁俱寂，心中的诗情却一再地翻涌，终至凝结成了这样一首小诗：

情有独钟访楠园，

深度昆明又一款。

宝地从来不世出，

窝在红尘枉为仙。

哈哈，这首诗吟出，未及步出楠林，我便急急在微信上传给遥远遥远的女儿了。如今时代自有神助，我刚刚步出馨香的楠木林外，微信上便出现了女儿那厢"非常快乐"的表情符号，然后是巨得意的"哈哈"，再之后就是完美会意了我的藏头诗句了："情深宝窝！"

啊，世界上有个称谓只有我们知道！而我们之间的"心有灵犀"又是多么的出乎意料又在情理之中啊——

是的，至今思想起，犹在楠园中。那是普天下的父母都会有的一种儿女情啊！

在南中国一角（外一篇）

香港居，大不易。好在这里有喝早茶的条件，每天早晨，到处都有的茶楼里，处处都有当地人——或街坊邻居，或亲朋好友，在一起边吃各种小食，边喝茶聊天。这是他们的习惯，也是他们脱离局促的家而在宽阔热闹的店堂里开始每一天的生活方式之一。

我与妻今天亦如此。女儿家这里，生活真是方便，前后左右的各种摊店小馆应有尽有，当然也有吃早茶的好去处。仅费45元，我与妻便享用了一壶铁观音并吃了四种南国小食。

　　而后，我们顺路向上，先考察了一家新冒出来的三星级宾馆，又去已冒出一年的另一家三星级宾馆考察。女儿曾几次在电话中告知，在"南中国一角"这个地方，人比以前多了，因不断有内地旅游团的人在活动。果然如此。原先偏居香港一隅的这个静谧之地，也终于刮来了"大陆风"。

　　接着，我们又在缓坡的山路上信步，经过很小的一块楼间空地时，发现内置一石凳仅可供小憩而已，绿栅门上竟也标有开闭门的"公共时间"，真佩服港人进行公共空间管理的细致与周到！另有一间中学校，从其置于外墙上的各种宣传资料可知，他们正在招小学升初中的学生并公告有多种优惠待遇，如每人给500块补助，等等。于此"一斑"，可知香港教育生态的"全貌"种种。不过那是专门家的事，我与妻又"勿费思量"地信步而去了。

　　一切都是那么清洁、有序，到处都是方便、周到，这是一个成熟的生活之地。我们又拐进那个曾经去过的游乐场。这里其实就是一个临近公路的街边小公园，内中极少有人，极安静。但这个小游乐场里面却应有尽有，甚至还有一小片瀑布，静水长流；甚至在这一小片瀑布旁边的墙上还悬有一个静静的救生圈，以防孩童戏水之不测，这真令人感慨万端。我对这"南中国一角"的印象甚佳，可惜无笔在身而有妻在侧，否则真要静静地写一首诗了。

　　离开这小公园以后，跨过一座过街天桥，我们很快就置身在一处海湾了。有很多的渔船泊在其中。每条船都牵牵扯扯着一些小船、小艇，甚至牵扯着一些皮球、轮胎、救生圈等。有船女在上岸买东西折回，有船娘正在船上烧饭，也可见水鸟在船间扑翅。我与妻沐浴在温暖的阳光中，细细地、静静地看着这近在眼前的蓝色港湾一切的一切。我们均感到十分惬意。

　　偶一回头，在海边一棵大榕树下，竟有一个做工的小伙子在喂七八只流浪猫，他手里还捧着饭盒哪。我们走过去一看，那些猫们基本上长得一个样，大约是一家子，起码也是一个家族的。看得出来，它们是久居于此且能够"定点"享受美食的；而那显见是附近一做工者的小伙子，则见我们到来时即默默地离去了。这里似乎是很少人来的一个隐秘所在，无意间却被我们撞见了这很可能日日上演的人猫一幕，实在令人喜出望外。我们决定回家以后即告诉女儿，尽管她日日从这附近上桥、下桥，很可能却从不知晓就在这街桥畔尚有一温情小世界。

就在这南中国的一角，有我女儿的家。因之，我与妻在这附近逛得有滋有味儿。在回家的路上，我们又发现有两家新开的小店，一家有来自世界很多国家的各种食品或用品，另一家则有来自意大利和马来西亚两国的巧克力。我们在每一家店里都听热情的小姐细细介绍，并在后一家巧克力专卖店里费165港币买了200克一种的意大利无糖巧克力。这盒巧克力大约有20块，算起来一小块儿就8块多钱，贵是贵了点儿，但我与妻均确信这是真的意品。香港这些吃食是不可能有假冒的，这一点确信无疑。

最后是又在街角那家便利店买了份报纸回家。昨天是《明报》，今天是《太阳报》。准备在香港的这段日子里，每天看一种报纸。这里的各种报刊很多很多，声音自然也是多种多样的，有助于我们"兼听则明"。

赤柱与兰桂坊

上午吃过早茶后，"我们仨"乘车去赤柱小镇。一路沿海行，多见豪宅闪现。海水一路在眼，感觉好极了。又见路窄、街静、人稀；而公车上，永远是有座位的，也绝无任何不讲卫生的，真是好极了。

赤柱小镇是香港的一个旅游热点。久居于此的女儿说这里是"香港的秀水",不仅到处都是买衣饰鞋帽的,而且外国人特别多。我们身在其中,自是立刻有了在北京逛"秀水"的感觉。但妻看了几次衣服均未购成,我却乱七八糟地买了一件T恤、一个"狗咬球"的玩具、一册有金毛巡回猎犬封面的大笔记本,后来一算,总共才费33港币,真是不贵。

天空时有微雨。"我们仨"在这海边小镇上随心购物,自由闲逛,真是十分惬意。后来,我们觅得赤柱广场三楼一家可观海景的西餐厅小憩。这家餐厅不仅有欧陆大餐,还有东南亚美食。我们决定"开吃",各点所好。根据精美的菜单儿,我要了一款"是日厨师特式精选"费49元,妻要了款"羊仔柳酿香草及意大利风干火腿红花意大利面"费79元,女儿则要了款最好的"澳洲牛柳、三文鱼扒伴烧薯"费88元。等这顿"赤柱大餐"一下子上齐以后,这才发现,原来我那份美食不过是点儿炸薯条和两块炸鱼,她们二位也分明没什么好吃的,且量都很少,真是一顿宰人之西餐!好在此前每人均有一份开胃红汤(罗宋汤)并一个小面包,此后还有每人一杯咖啡,也就凑合了,何况还有满目的海景一直伴我们入餐呢。但结账时,还要加收10%的服务费,这顿"赤柱海景餐"共费236港币,终觉物非所值。

但这"小账"不会影响我们的好心情。饭后,"我们仨"在清幽的海边漫步,其时小雨霏霏而海平如镜。我们回首望谈这闻名遐迩的赤柱小镇,突出的感觉是,这里虽有居民楼却居民踪影全无。后来,在一棵青绿的大榕树下,"我们仨"坐在一张长凳上暂避细雨。我们无语,均看对面楼上一敞开的窗台,正有一只小猫扒向外望,似乎其下之室内尚有小猫亦正与其呼应。不知它们二位正在交流什么,不过女儿说,它们肯定是想去兰桂坊了。

于是,我们去兰桂坊。这其实早在我们今天的行程安排之内。

有人说，兰桂坊是中环的一颗明珠，而中环——谁到香港不去那里沾些"高贵气息"呢？

但兰桂坊真是百闻不如一见，不过就是一些洋酒吧而已。这些洋味儿十足的大小酒吧，虽然身居闹市，却是散点而落，并非我想象中的一条热闹街道。倒是中环这里确如女儿所说——她总是把香港的某地比作北京的某地，这大约因为她是一位"双城女儿"的缘故吧——这里是北京的CBD。的确，中环这里写字楼甚多，白领甚多，商场等也都比铜锣湾又高了一个档次。我们路见一处银行总部，真是气派非凡，蔚为大观。

可惜我们没有时间再探其中之堂奥了。

在美国问路

不久前随中国作家企业家代表团访问美国时，我曾一再目睹司机朋友问路时的情景，常常为之心动。

那一天，我们从旧金山乘车去西北理工大学拜望热心于中美交流的谢佐齐校长。依依惜别时，已是晚上9时30分了。于是谢校长的朋友戚珂先生就不辞辛苦地开车送我们赶往圣荷西市的红狮子旅馆。但戚先生对去旅馆的路不熟悉，车行驶了20分钟，终于不知所行了。这时，路经一个商店，他把车子拐到了灯光明亮的商店前去问路。不一会儿，他从商店里走出来，身后还紧跟出一位衣着随意的美国老太太。只见他们二位伏在相邻的一辆汽车后背上，老太太给戚先生画起路线图来。在商店灯光的照明下，我看到那图画得虽然较复杂，但没有一线长笔道，估计红狮子旅馆就在附近，只是路不熟者难以找到而已。戚先生释然地回到车上。热心助人的美国老太太不见了。我问，那位老太太是否售货员，他说不是，是正在买东西的人。汽车行驶中，忽有一辆小车超过我们车子前面，就在平行的霎那间，我清晰地看到那位老太太一手驾车，一手伸向车窗向我们喊："follow me！"我不知她喊什么，戚先生会意了："她说，跟我来！"我心中不由得涌起一种新鲜的情感。这沉沉黯夜中的美国公路，仿佛一下子亮了许多。这是一片曾经陌生却使人顿感亲切的土地。最美妙的，是前车中陌生而亲切的老太太所操纵的后尾灯，她亮左，我们便随她往左拐；她亮右，我们便随她往右行。我忽然想到，用不着说英语，也用不着讲中文，人类之间在某一时刻的会意竟是这样简单，这样融洽而美妙。

还有更美妙的情景。老太太终于前引我们驶到了一座富丽堂皇的旅馆大门前，她车未停，头未回，只是从左前窗横挥了一下手，便潇洒地前去了。那一刻未停的小小车子，显然从未想过要载去我们显然应该具有的大大感激之心。戚先生久居此地，仿佛习以为常了，他只淡淡地对我说："这就是美国人！""这老太太买完东西了吗？"戚先生耸了耸肩膀。"她是否还要回去买东西？""她引领我们是顺路吗？"对于我的一再发问，戚先生只是一再地耸肩膀。我终于不知道再问什么好了，只是突然回忆起那位和蔼可敬的老太太的嘴里，似乎一直还嚼着口香糖……

当我们又一天从洛杉矶东行去参观幽静的亨廷顿公园时，圣荷西老太太的同胞们一波又一波地映入眼帘。

在坦荡的高速公路上驱车至东洛杉矶最好的城市圣马力诺以后，我们的司机朋友、中美交流集团总裁程豪先生就是找不到著名公园之所在。我们认为这种情况并非不可思议，因为美国有不少城市的绿化搞得根本让你弄不清哪是公园里，哪是公园外。时值午后，他先驱车赶上前行于路旁青草地上的一家人询问，其中一青年男子听他问完就开口"ok！"，然后上前一步相告，他的全家长幼也都上前不时地比画着补充什么。当我们离去时，可能是那男子的父亲还亲迎着我们的感谢目光再一次伸臂做怎样拐弯的手势。可惜的是，程豪先生在棋盘似的绿地与花木中又不知拐向何方了。他只能又拐回一个小十字路口，见邻近一车而按响自己的喇叭。邻车中是一位装束入时的中年女士，她侧过脸，旋下右窗，听程先生询问后，说了一句什么，然后开车先行过了路口。程先生开车紧随其后。二车停好车位后，果然又像那位圣荷西的老太太一样，漂亮的中年女士下得车来，然后便与程先生朋友般伏在了其后车背上。不过这一次她没有用笔和纸，而是用她从自己车中带下的一张地图。那地图较大，很密，我猜想那是一幅美国地图，一定很详细。

Thank you very much！这是我在美利坚土地上学得最心仪的一句英语。"非常感谢您！"

涛声中的沙美岛

涛声近在眼前，有翡翠般的海水汹涌而至。最前排的，是雪一样的浪花，它们强劲地冲上沙滩，又圆润地退潮而去。就这样周而复始，这是节奏，这是轮回，这是大自然的交响。

遥远的海平面上，一轮红色的朝阳正在冉冉升起。渐渐地，它变成金色了。金光漫散，海平面上有一条金鳞闪烁的长龙娜曳而来，仿佛在向我伸展优美的舞姿。

呵，这无声的、大自然的美景令人陶醉。

细软的沙滩上，有丛丛的绿树紧抱大地。它们一律地倾向大海，做欲倒还立状，像极了一个运动场上，一处又一处动态的群姿；又宛若一丛又一丛绿色的群像，引人做运动的遐想。

涛声依然轰响。金色的太阳已然闪耀得我不能迎视，低首处，广阔的海平面上也已经光灿灿、白花花了。

这是温暖着有六千多万子民的泰王国海岸的太平洋之水，并且它联接着我遥远祖国那可想而知的漫长海岸线。身在此，心在彼，这一瞬间，拜伟大的太平洋之赐，我深感自己和他们拥有同一个美好的地球。

这种感觉，其实昨天在美丽的芭堤雅海滨就已然滋生。当时，"我们仨"悠闲在遮阳伞下的舒适躺椅上，另二位已然不觉，我则看着近在眼前的海潮中，正有几个肤色比中国人显然更深一些的泰国小男孩、小女孩在起劲儿地折腾。男孩们互相推击着海水，或向着大海做"前滚翻"，女孩们则不断地深刨着她们的沙窝，而不惧其一次又一次被汹涌的海水所深埋。这时候，你怎能不情陷其中而豁然有悟，也许，他们与我们拥有不一样的童年，却显而易见地拥有同样的大海。

由此想到，大海是我们全人类的温柔之海、温暖之海，正如这幽静沙美岛的眼前之海一样。

涛声依然轰响。很奇怪，泰国这里的沙滩怎么都这般窄。昨天在芭堤雅，一条热闹繁华的大街其实就紧傍着美丽的大海，所谓沙滩，不过就是美丽大街所镶嵌的一道金黄色的细边而已。今天在这罗勇口岸海中的沙美岛，又是这样。我们所居的一座度假小屋近在海边，所谓海滩，不过是我们小屋前面所置放的一块银白色的脚垫而已。

因之，我们昨夜是枕着大海入眠的，有节奏的涛声其实就是我们入眠后的蓝色交响。

曼谷历险记

"Holiday Inn"是国际连锁的一家四星级酒店，它坐落在曼谷市中心著名的"四面佛"附近。入住这里以后，我们决定立刻去湄南河坐船,首先去领略泰国的"故宫"——大王宫的神采。经查，乘船要去中央码头，于是我们下楼。

泰国的嘟嘟车我们已经坐过了，虽不知从酒店到中央码头究竟有多远，但一出酒店，早有一辆"趴活儿"的嘟嘟车迎上前来，那司机说去码头十泰铢即可。我们乐得一边上车，一边还有点不敢相信，因为十个铢也就折合人民币两块多啊，怎么这么便宜?

前行复前行，去码头的路显然不近，而嘟嘟车司机径顾驾着方向盘，偶尔还腾出一只手来向我们指点着路边的什么事物，仿佛有些兴奋。我们仨这贪小便宜的主儿，自是比他更兴奋。

从街面拐进去一处，竟然就是码头了。我们怀疑，司机肯定。向一中等模样的小门登阶而上，竟然一下子望见了里面的湄南河，及河上的一些木船。当然，把门处即一柜台，有卖船票的。先是一女士举起图片推销，后是一男士用国语告知，说我们仨可以包一条船去大王宫，中间可停靠郑王庙，停靠二十分钟……听着不错，问其价钱，他说每人五百，共一千五百泰铢。真是吓死人，旅游书上说每人七十五泰铢即可，共停十个渡口，沿途还可以自由上下，终日有效——肯定不是这种船、这个码头了。问其有无另外的船、另外的码头? 他说没有。我们无奈，却也只能退出。

退出后，见那来时司机已安然又在路边"趴活儿"了。问其是否搞错了我们要去的码头，还再一次举旅游书上那中央码头照片给他看，他连连又肯定地说："没错，就是这码头!"我们不信，自是转身就走。

结果，边走边打听，就在很近的一处街面拐进去，分明就是人来熙往的中央码头了。其上横亘着一座郑王大桥，肯定就是这里了，没错。进得前去，又糟糕了。处处是柜台，到处卖船票，究竟哪一家是正宗？这不是和前天去沙美岛时在罗勇码头的局面一样了么？那次多花了不少船票钱，这次决定吸取教训，一定要找出个正宗卖票的才买，这么正宗的中央码头，肯定有！

还真让我们找着了。在最里面有一座很正规的小房子，柜台里外有几个着统一服装的工作人员，标版什么的也都很规范，肯定是正宗了，一问之，果然是。但一女工作人员热情相告，我们三个可买全天的通票，每人一百五十，共四百五十泰铢，这价钱比书上又贵了一倍，而且经过刚才的"误入歧途"，离"全日"已剩时刻不多了，哪能进行全天式的沿河游览？这位从业者显然没有为我们考虑，而只考虑他们的泰铢了。问其有否直接乘到大王宫就下的船，这次她倒是规规矩矩说有，且告每人十三泰铢，啊，这船钱可真是相差悬殊，在曼谷，真是要小心自己的钱包。我们仨又议到前面那位嘟嘟车司机，并严格进行了自我批判，他那十个铢的廉资分明是"诱饵"，向那"国人"船主拿提成才是大头儿；而那船主，肯定经营的是黑船，宰一个是一个，管他什么"国"不"国"呢！

但中国人确实不是那么容易被宰的，哪怕是在异国他乡。此话怎讲？且听继续分解。

至大王宫，我们下船。人行道上，一摊又一摊，煞是热闹。我们正流连，有人上前指路了，还一指再指：往那边，大门在那边。我们以为他所指的是大王宫的售票处，自是顺其手指前行。但女儿发现，他不但指引我们，还似乎在身后"跟随"，仿佛生怕我们走错路似的。女儿自是感觉有点奇怪，却也没有放在心上；我与妻则一直被路边小摊上那些奇珍异宝所吸引，一再地欣赏着。忽然，有一长相酷似我国台湾地区名导李安却比李安黝黑很多的泰国人跟女儿搭讪了。他身穿制服，胸前别有徽章，脖子上还挂着一个写有"警察"字样的标牌。他主动地提醒我们要注意扒手，说这里骗子很多。感激之余，女儿就便问起哪有洗手间，他一听，马上热情前引，带我们拐至一家小宾馆。进门后，迎面柜台那位服务小姐是立即起身相迎的，只是面部肌肉紧绷而没有丝毫笑容。虽然她顺警察之意为我们打开洗手间门的锁让我们用，但自始至终什么也没说。而她与那"警察"的关系，仿佛是"熟悉的陌生人"。当然，这是我们后来"三人会议"讨论的认识，当时的感觉都很正常。那位泰国"警察"是多么热情啊，而那位宾馆小姐是多么支持"人民警察"的工作啊，等等。实际上，我们当时倒不一定是把泰国警察当成中国警察了，而是错把假警察当成真警察了。此话怎讲？

出得门来，那"警察"又热情相告，并在女儿的地图上画了一处又一处，大意是时间已晚，大王宫已经不卖门票了，而且我们的着装也不符合参观大王宫的要求，那里是不许穿短裤入内的；而附近有一座皇家庙宇，每年只有今天对外开放，免费参观，也有大王宫那样的金佛可以去看看。看完那里以后，还有另一处皇家工厂今天也对外开放，里面的东西非常便宜，你们应该去买点儿。听他如此相告，那么热情又周到，我们自是有些心动。而此时，他已引我们走到街头，指向一位开嘟嘟车的司机进行交代，让他拉我们去，车资十个铢。此等交代似乎不用商量，那司机听从，我们仨也竟然不由自主地顺从了。

又是之前乘嘟嘟车时的那种感觉，路是如此的长，而十个铢的车钱也就两块多人民币，实在是太值了。谁知更"值"的还在后面呢……

在临街的一处庙前，正有几个小学生进出，我们也是自由进入。但迎面的窄道上，有一比那黑"警察"更胖一点儿的黄皮肤的"警察"似乎正在相候，但他"候上"我们的方式却是极其自然而热情的，"你们是中国来的吧"——由此，他就成了我们"踏破铁鞋无觅处"的中文向导。

他首先说，自己是泰国王室的工作人员，已经为王室服务二十多年了。今天这里仅开放一天，上午有很多人来献花，现在是下午，人少多了，正好可以带我们四处看看。接着，他问我们怎么知道恰好今天免费开放的这个供有真金之佛的皇家庙宇的呢？我们说是个警察告知的，他说，怪不得你们来了呢，原来是碰到贵人了。一边走，一边聊，我们不但知道了所看到的一座又一座大大小小的佛像都是真金所铸，因而平日不对外开放，怕人偷窃，破坏；而且知道了，他母亲是潮州人，父亲是泰国人；他虽是泰籍华人，却热爱中国，曾去过广州、上海，还到北京看过奥运会，等等。其间，感其盛情，我们仨还与其合影一二，他都热情地配合了（他居然不怕我们据此"举报"他个真身，可见"艺高人胆大"这句话的厉害了）。

当我们似乎已成为朋友的时刻，他以王室人员的身份相告，附近还有间皇家工厂，平常都是专为王室服务的，已经三十三年了，只有今天才破例为普通民众开放一天，卖些泰国特产的蓝宝石红宝石等，你们真是太运气了，很便宜，很增值，你们可以去买一些，不要买了就去卖，要留着，不断增值，再卖……不能多买，每人最多可以买四件（说到此时，他熟练地往脖子上、手腕上比画了一圈）……接着，他还问我们有没有带信用卡，说可以"刷卡"等等。

有这等好事我们还能不去？而门外，载我们来的那位嘟嘟车司机还在，除他之外，似乎也还有另外一位同类。大街冷清，华人同胞之热情令人感动，我们鬼使神差般地上了他为我们准备好的那辆来时之嘟嘟车。他并且两方相告，车费五十铢（这回多了四十铢）。车开了，年轻而又见多识广的女儿忽然提醒已然跃跃欲购的妻：妈，你别冲动，这也许是个骗局呢！

真是一语惊醒梦中人。我立刻觉得好女儿说的有些道理，刚才随妻高涨的冲动有所消退。当时我的初步反应是，这骗局之说有百分之六十的可能，妻也立时觉得女儿的提醒很及时、很重要。车继续前行，目的地是完全陌生而不可测的，一种茫然感袭来，让我更觉得女儿说得很对，便对妻与女儿说，咱们去邦兰铺吧，这是我们出宾馆时原拟参观大王宫后的第二站，那里是背包族购旅游纪念品的天堂。妻与女儿皆无异议，这也就是说，此时我们仨都已认定可疑的前方目的地不能去也不必去了。于是，我叫停司机，指着旅游书邦兰铺的英文名字告诉他"改去这里"。他当然是听懂了，但却扭过头去，依旧前行。妻还以为他要再前行一点靠边停呢，故阻我立时再叫他停，谁知他却向既定的前路加快开去，竟然对我的"转向指令"不管不顾。我立时气了，厉声喝他停车，他不仅置若罔闻，而且益发开快起来，嘟嘟车似乎要飞起来了。这还了得，我立拍车栏，怒喝其止。他明显地一下子害怕起来，疾把车子停向路边，我一边让妻与女儿快下车，一边义正词严地怒斥他怎这般的"不听招呼"。但我的中文他未必听得懂，只是在我也迅捷下车后一溜烟地跑了。看他屁滚尿流、落荒而逃的样子，恰是为这场精心设置的连环骗局做了最后也是最好的剖析。不过我们三人一致觉得，这位黑司机也未必清楚那黑黄二"警察"的全部勾当，只是跟着配合，谋点小钱罢了，言及至此，我们仨倒是对他连车钱也顾不得要而只管逃之夭夭而有所恻隐了。

事已至此，我们完全清醒过来。女儿说，那黑"警察"虽有警徽，但也好得太过分了；妻说，怎么就那么巧，他们说的这两个地方都是全年只开放一天，而恰巧就被我们今天赶上了；我说，那黑司机来时跟之前咱们去中央码头遇到的那黑司机一样，都是以极廉的十泰铢诱咱们入圈套，只不过后十铢是那假警察的指定安排，而前者只不过是那贪吃回扣的司机自行惯例而已。女儿说，这泰国怎么这么复杂啊？妻说，在曼谷真是要小心自己的钱包。我说，没错，要不是今天女儿警惕性高，我们搞不好会有去无回了。女儿说，那倒不一定，车到山前必有路。妻也信心满满，真金不怕火来炼。我说，二位说得真不错……

笑声，洒满美丽曼谷的无名大街。

特别呈现褚橙庄园初现

后来我才知道，当我最近一次，也就是2014年11月22日从北京去云南见褚时健的时候，不仅是他近些年最忙碌的时候，也是他以87岁高龄又喜迎"褚橙庄园"开张的最初时刻。

那是一个后来在互联网上尽人皆知的盛况。就在三天以前的19日下午四时许，褚时健缓慢地迈开脚步，沉稳地走上"褚橙庄园"开业庆典的隆重礼台，他说："11年前，我们没有油，没有米，开始了我们人生的第二次创业。多年辛苦到今天，没有亲身经历的人，无法想象其中的艰辛。这里的每一寸土地，都洒下过我们的汗水；这里的每一片树林，都曾留下过我们的身影。经过这么多年的努力，我们把这里的荒山变成了果园。这片曾经贫瘠的土地，现在已经变成了取之不尽的财富。这么大的变化，证明了我们的人生能够不断地进行自我超越。"说到这里，台下的各级领导、当地百姓和来自全国各地的很多嘉宾均报以热烈的掌声。静悄悄的嘎洒基地里，一枚枚熟透的橙果也纷纷点头颔首，微微而笑。

是的，这是一个喜庆的日子。2013年，为了响应省委省府要在全省发展"庄园经济"的号召，在玉溪市新平县嘎洒镇各级政府及其部门的大力支持下，褚时健的金泰果品有限公司进一步启动了"褚橙庄园"的建设。经过一年多的不懈奋斗，今年终于实现了这个于"褚橙"品牌建设大有裨益的"褚橙庄园"的落成典礼，怎不令人高兴万分？据知，新建成的褚橙庄园分为宾馆区、农家乐区、生态养殖区、休闲垂钓区、果园区5个部分，其中，宾馆、农家乐和休闲垂钓三个区为重点建设区域。如今，山顶新楼可提供商务会议场所和接待高端游客，最多能同时满足80人食宿。山腰部分是一个以农家乐为主的饭店，每一道菜品的原材都选自哀牢山的自然环境之中。总体来说，褚橙庄园在进一步的完善中，最终将建设成为一个集文化展示、会务接待、旅游培训、休闲观光等功能于一体的生态旅游景点。

褚时健的夫人、年已82岁的马静芬老师接着上台讲话。她身穿一件旗袍，显得格外地精神。会前她曾对人说过，她的人生记忆是从8岁开始的，至今她还能想起自己当时身穿旗袍的样子。所以，这次开业庆典，她要回到自己8岁时的样子，以这种特殊的方式，庆祝自己再一次的新生。蓄念如此，马老师在讲话中自是有些激动，甚至数度哽咽了。她说："在建设褚橙庄园的一年中，自是又遇到很多新的挑战。我曾想过不管了，全交给老头子去干算了，但都是想过而已。现在一切都过去了，我庆幸自己能够坚持再坚持，今天开业，证明了我的坚持是对的。其实，要做好一件事情，除了要坚持，还能有什么办法呢？"

对马老师这样朴实无华的真情流露，台下的人们自然又报以热烈的掌声。掌声经久未息，仿佛是对马老师和褚时健这对非凡的老夫老妻、这对世界上最老的创业者，一再地致以最崇高的敬礼！

我是临时被签约出版社安排去云南见褚时健的。行前虽然对他与马老师的景况时有所闻，但毕竟远隔千山万水，况且一别经年，我对他们的情况也未必全有所知。一路上，褚时健的一个年轻粉丝，也是我的一个忘年同伴小王，总是向我一再地"问褚"，我都尽情所答而终究不知"褚橙庄园"已于日前举办过"开业盛典"了。其实，我当时也并非全无异感，褚时健那里有些忙碌甚至不同寻常，只是没有料想到风闻中的"褚橙庄园"竟然这样快、这样顺风顺水地就办起"开业盛典"了！说起来在世人——甚至很多著名企业家眼中"愈老愈红"的褚时健，的确常常"红"得有些出人意表。但我深知，在其"大红大紫"的"意表"之下，他的最客观的形象定位应该是"大成若缺"。此语出自老子的《道德经》四十五章，原文为"大成若缺，其用不弊"，意谓最完美的事物好像还存在缺陷，但其实际效用永不衰竭。此语恰与那个被咬了一口的"乔布斯苹果"异曲同工。

11月21日晚，在北京家中，我曾电告褚时健将去看他事。他说自己还在山上，要到第二天中午才能（自新平县嘎洒小镇"褚橙"基地）回到玉溪（家中），他歉意地让我"找个车子过来吧"。

11月22日下午4时多，我与小王抵达玉溪并入住一家宾馆后，即曾电褚。他当时已回到家中，可能是有些疲累，也有些耳背，让我过去谈。我希望他最好先休息一下为佳，便告知晚饭后再过去。后来我又致电老褚的司机小张，约好6时半他来车接我们。谁知彼时到其家，（87岁的）老褚却被（可能是来参加"开业盛典"的）什么人拉去吃饭了。其外孙女园园即刻与之联系，他说让其先安排我们住下，他可能回来要晚一些。我则告知园园早已

125

先行觅定宾馆住下了。园园也只好又电唤已行离走的张师傅速回，送我们再回宾馆休息。如此"不同寻常"，自是我始料未及，也只好把照例从北京带来的一些吃食托给园园转奉，正如他曾在新平集市特意给我买酸菜一样。

一路上，小张师傅告诉我，褚厂长（他还是照例的、一贯地称褚时健为"褚厂长"，尽管"褚厂长"早已不是褚厂长了）最近确实很忙，正赶上"开业典礼"，一下子山上来了五六百人呢！平常，他要应付的人和事也越来越多了。总是有从全国各地来的一些人，就在附近找个地方住下，为的就是要见上褚厂长一面。曾经有一个年轻人，见到褚厂长就下跪，说要求得发财成功的秘方，唉，当时弄得褚厂长哭笑不得。

小张还聊到一则往事。某位国家领导人曾来过厂里，跟褚厂长深谈过3小时。并让相关部门照顾好他的生活……

11月23日早晨醒来后，窗外的天空有些阴沉，但静寂的玉溪小城尽收眼底。没有人声，甚至没有鸡鸣。如此这般的静，甚至能听到自己心跳的声音，令人惊喜不已。这时候，同住的小王已经醒来，他也惊喜地跳下床，拿起相机，一再地把这令人感动的玉溪清景摄入自己的镜头，他甚至有些心动地又开始询我："这般的静，是否与玉溪这个地方不是旅游城市有关呢？"我说："你怎么忘了，褚时健就是这里最耐人寻味的风景。"

对于我的所答非所问，小王也表示认可地又陷入沉思。

我又想起了昨天晚上小张师傅送我们回来时所说的话："据专门有人研究，世界上有记录的最老的创业者是70岁，但褚厂长二次创业时已近76岁了。他今年已87岁，仅仅用了11年时间，他就从一个巅峰下来，又创造了一个巅峰，真是了不起！而且他现在创造的这个'褚橙'巅峰，比过去那个'红塔山'巅峰，更显辉煌，因为他是当今世界上最老的一个创业者！"对于小张师傅的由衷之言，当时也在车里的小王颇受感染。后来我曾又向他介绍说，小张师傅一直是老褚最亲近的人之一，他已经给老褚开车几十年了，当然对他知之甚深。小王闻此也由衷地说："张师傅真是个忠诚的人啊！"

又想起了马老师。昨天下午也曾与之通了电话，她说还在山上（的褚橙庄园），还有很多事（要处理），一时回不来。她说："你要想见我就只能上山来了，或者你在家里等着我。"我说，这回可能没时间了，并希望她保重身体。她说："我不是跟你说过吗？活到100不封顶！"真是一个非凡的老人！而作为一个女人，今年已经82岁的马静芬老师，是否也可比肩褚时健，堪称"世界上最老的创业者"之最佳伴侣呢！

上午8时许，小张来车接我们去见褚时健。其侧尚有一健硕英挺的小伙儿，原来是老褚后来的秘书小丁。小张说，原来我较熟悉的秘书小罗，"换岗"去种橙子了。噢。

到褚家后，老褚正居于宏室一隅相候。他的膝盖上分明地盖着一条毛毯。我与小王在其侧坐下后，感觉有些风凉。小王发现侧门开着，原来如此。但这似乎是老褚的既定处置，大约是他更喜爱自然之风吧。又是几年未见，他毕竟还是有了些变化。他静静地坐着，告我，现在腿不灵便了。又问我们吃过早饭没有？我指着桌上还留有的那些北京吃食说："这是带给您的。"他说"什么也不用带"，紧接着其神色骤然明亮起来，清语曰："你们北京人真笨！"凭我多年对他的了解，虽闻之稍有意外，但亦立即省悟，他是在说这些"北京吃食"多少年一贯制，从包装形貌，到口感口味等，年复一年，怎么就没有"北京人"有想法改变它呢？此意虽微，但骤然出自老褚的清亮之口，不仅是对于他，还是对于如我之"一切北京人"来说，其含义仍然是巨大的。事实上，老褚之意，我也并非没有过"睹物之思"，但囿

127

于并非此界中人，又能做些什么呢？现于此备忘，仅望借褚时健之语，北京及全国各地那些早应更新换代的产品都由此而获得新生吧！

接着聊起他的身体。在路上时小张曾告，他的糖尿病原打针，后改为"无痛注入"了，现血糖值控制在8或9，尚可。老褚也告，虽然他的糖尿病已经很多年了，但并无大碍，只是腿不行了，只好减少行动。接着他歉言"不能陪你们了"。我则直说："您不用陪，跟您说点事，明天我们俩就回去了。"又说："您现在这么大年纪了，要多保重，其他事儿都是小事，包括种橙子。"我甚至情不自禁地说："我跟您认识这么多年了，有话直说，多活几年最好，其他都是瞎掰。"

然后进入正题。当听我说明这次来看他要办的事以后，他说现在找他授权要写其传记的人有好几十个。这事他已想过，决定不给任何人签字，一律不再授权了，主要是怕影响不好。此意我已尽知，几年前他就亲口对我说过，怕有人说"王婆卖瓜"。而且来前我也知道，他已"独家授权"别人在先了——但于此他其实并无充分的思想准备，又询我"独家"是不是就不能再"授权"给别人出了？我说当然了，但这与我写您的书稿毫无关系。《我眼中的褚时健》这本书写的是我眼中的您，是独家的，不仅是独家视角，绝无第二，而且是客观、真实，绝无虚构的。或者也可以说，这部书稿不是给您写的传记，实际上它是一部长篇非虚构图文作品，它绝对是"独此一家，别无分店"的人生纪实。听我这样一说，老褚的注意力更集中了。我又按书稿目录向他大致讲了讲全书的内容都有哪些。他越听越进入了情况，面部表情也愈来愈温暖、生动、喜悦，最后他说："我看一点吧。"我说："您想看哪儿？我找给您。"他竟毫无理会地捧卷细翻起来。于是，我紧坐在其侧，眼见他时有停顿慢慢看，有时甚至停在某一页上若有所忆或所思……

终于，他翻阅完了全部书稿，掩卷后问我："现在咋个整？"我适时拿出了由出版社早已草拟好的一份"授权书"，让他签字（出版社如此慎重、专业的出版态度真是令人起敬，我只能以认真的全面配合来表达对他们的由衷敬意）。老褚还真很认真地看了，然后表态说，对这部书的内容无异议——这个说法其实是指这份授权书中最主要的内容，但对接下来所有的一些文字他认为都可不要。我说这话还没完呢，还是要有头有尾说全了才好。于是我在所携"确认书"上有删有加，弄得语意更完整了一些。褚时健看后，终于最后拍板了。他一边签字，还一边告诉我："年纪大了，手有些抖。"我说没关系，并看他一笔一画签完字后，还认真地在其后写上了年、月、日，禁不住心有所感：很小的时候，我曾看过一本外国小说，书名叫《从小要爱护名誉》，褚时健就是一个至"老"都非常爱护自己名誉的人。在签字前的闲聊中，其实他曾提到不久前在境外所出一本为他"翻案"的书，而该书和作者我也并不陌生，故老褚语不能不令我印象深刻："这家伙！他所说的那个事啊，多年以后，社会上自有公论。"

最后，他主动提出一起合个影吧，于是我们转至进门处较亮的地方，还有小王，分别与之合影留念。他又一次诚恳地说："不能陪你们了。"于是，我们告辞。

甫一返抵宾馆，我即在微信朋友圈里发了一则图文快讯："即时即刻，又见褚时健。这位以76岁大龄开始二次创业者，如今正以87岁高龄享受着他永远年轻的圆满果实。衷心祝福他：快乐！长寿！"

一时间，应者云集，点赞无数。

我们仨游天津

"我们仨"现在是一个品牌了，一个旅游品牌。但它的价值，只有我们仨心里最清楚：它无价。

秋高气爽。早晨8时半，我们仨乘公交车去北京南站。但此南站非彼南站，这点，我与女儿昨来买票时便已踏访清楚了。在"南站"下公交车又打一车，费10块钱才到新北京南站。在出租车内曾提醒妻，会被"震撼"的，因昨天我与女儿曾被"震撼"过。的确，在不起眼儿的南边儿，如今竟藏着一个"亚洲第一"的北京南站，它的崭新与宏伟，怎不令我们这些老北京人震撼？如今北京的变化真是太大了。那个老北京南站虽不在此，甚至已然从地球上消失，但它狭小、陈旧、多少年不变的样子，至今还在我们的心灵里挥之不去。如今，物换星移，沧桑巨变，我们仨都欣喜这新北京南站，这个新南站多漂亮！昨天，我与女儿已经在这里留影纪念了，今天自然还是要来一张"全家福"。我们非常珍重这历史性的一刻。

候车大厅宛若一个新世界。幸亏我和女儿昨天已来此购好了早票，现在这里卖得最早的票也是11点以后的了。我们昨天想买每列动车均有的8张特殊票，即在车头车尾透明部分的"特等舱"，据说景观甚佳，虽比一等舱贵30元，但还是作为我与女儿的首选，但可惜这8张票只是当天才卖，不能提前买。故今天一至南站，我们仨便到售票窗口询，想把昨天已买好的3张一等舱票换成特等舱的，可惜并未如愿。这多少令我们仨有点儿遗憾。但我们仨早已明了，任何遗憾其实都是人生旅途中必不可少的组成部分。

10点整，提前15分钟，我们经"安检"进站了。光鲜亮丽的"和谐号"近在眼前，人们纷纷靠向前去，与之合影留念。我们自是也不例外。当列车启动后，我们的车是沿边侧一列同样的车前行，因而可以从窗口看到二等舱与一等舱的区别，虽是多花了11块钱，一等舱显然更舒适而宜乘。

在车上，每人还发了一小瓶"西藏冰川矿泉水"。剥剥桔子，吃吃干果，再喝口矿泉水，长达120公里的天津很快就到了——可不是么，这"京津高铁"时速达300公里呢！

半小时就到。如今的北京和天津这两座世界名城，已然形成"一日生活圈儿"了。我们仨今天就是来亲身体验这一历史巨变并充分享受这一伟大成果的，谁让我们赶上了呢！

出车站，打一的。按事前看好的资料，我们先去"五大道"看昔日英租界的洋房。据说那里可谓一片欧式建筑的博物馆，且中外名人故居触目皆是，当然是我们仨游天津的首选。出车站前，我们曾询过车站工作人员，闻知从车站到五大道打车只需十几块，但那天津师傅一路侃一路左拐右拐，到"五大道"石柱下，竟然是26.7，显然是"过"了。但时间宝贵，我们不想与之耽误工夫（只是回到北京以后，才发现他撕的那张票背后，竟然有手写钢笔字"乘客指路"——这真是"此地无银300两"、闻所未闻、匪夷所思的一件事），径向"重庆道"而去。

据资料说，"五大道"系以西南名城重庆、成都、大理等为名的街道，共有各式小洋楼2000多座，总面积100多万平方米。其中有名人故居300多处，如民国时期的大总统曹锟、徐世昌以及7任内阁总理，还有美国第31届总统胡佛、前国务卿马歇尔等。幸运的是，这么好的地方，我们先后觅马车、三轮车欲乘之而均不如意，最后选一出租车却真个选对了。那是位就在当地出生、长大的天津师傅，他非常热情地带我们转遍了五大道，不但时而停车帮我们按快门儿，而且一路讲解各种当地知识，最后还如约把我们送到了南市食品街，总费才55元。这位"多面手"

的当地师傅，显然比之前那位"乘客指路"师傅"靠谱"多了，感谢上苍！

在著名的南市街，津门特产应有尽有，但我们又怎能舍"狗不理包子"而选其他？猪肉三鲜一盘15个20元，仅猪肉无三鲜的15元，我们还要了些海鲜如扇贝、蛤蜊等，饱餐一顿，所费不足百元，值！但这南市街的天津特产多是些大小麻花儿之类，特甜，且北京也有，故我们什么也没买即离去，手上无物自是一身轻。

我们又如计划奔向意大利风情街。打一车，起步价8块钱即到了。且这里距天津站已不远了，真可谓一石二鸟。至于意大利风情街，其实就是老的意租界，幢幢欧建临街而立，果然是风情别具。这里有梁启超纪念馆，还有尚未开馆的曹禺纪念馆等，但大多建筑都是空无一人，只有三两保安在不断巡视。一问，才知彼等建筑如此已然5年，主因是该国与我们讨要房产。但似乎又没这么简单，故可能就搁置了。一听此言，我们仨都很气愤，这些洋鬼子，当年不知掠走我们多少好东西，我们也可向他们追讨呀？再说，如果真是这么个问题，那类似的情况在上海等地多了去了，怎么办？

这个问题自是我们仨不能解决的。我们仨甚至不能断定这是不是个伪问题。最后，我们只能带着未能入曹禺之家一窥其堂奥的些许遗憾，步向一步之遥的火车站。

真个是：来时未乘特等仓，离去犹念曹公府。这双重遗憾，却也是我们仨再游天津卫的好由头。旅游事，总是了犹未了。

"秋游"白洋淀

再过几天就是冬至了，然而感觉尚在深秋。大街上的人们，甚至穿单衫的尚有——当然是小伙子了，而且大多是在北京谋生的南方人。

但今天去白洋淀，仍冠之以"秋游"。

其实这不是"秋游"，而是去看房。

北京国贸的"秋季房展"自30日开始，今天已是最后一天。一直耽于上班的妻今天（因休息）有了兴致，于是我们决定一起去看河北白洋淀的某楼盘。

这次房展有一半楼盘都是外地的，海南、山东、河北最多。而所有看房者，大多是只看不买，因为怕房价会跌，故人们大多在观望。

与其观望，莫若去旅游。反正看房的车一辆又一辆都在恭候，又不花任何费用，那"房地产"所在地的景致，与你旅游专去看的景致，其实并无二致。开展那天我曾去过国贸，有个山东某地的楼盘，从画页上看非常漂亮，大海近在咫尺，真是蓝天、白云、阳光、海滩，煞是迷人。负责那个楼盘推广的，是一个山东小伙子。他非常热情，一通儿猛介绍进而告曰：现在去看房，展会外就有车；来往交通、食宿，仅需100元，要是平常都是280块哪。听之，我当时有点儿动心，不仅是又便捷又便宜，更主要是那个楼盘所在地企业如雷贯耳，早有印象，很想深入其"地产"，一睹其大名鼎鼎之"芳颜"。可惜的是，妻要上班，我一个人去又没多大意思，只好作罢。

于是去白洋淀。孙犁的名篇《白洋淀纪事》早已深入脑际，在"房展"上又知它是与杭州西湖齐名的国家5A级景区，所以早就心向往之,今日得偿所愿,管它"看房"还是"秋游"呢,走!

40座的看房车很快便满员了。出北京上京开高速,至保津高速再横进,车行两个多小时,穿过某县县城,我们所要"秋游"的这个"楼盘"就到了。一下子恍若隔世。刚才经过的某县"脏、乱、差"不见了,眼前是一派"疑似江南,胜似江南"的楼景。以蓝天为背景,仿佛是一幅水墨画卷置立眼前,空气中也弥漫着江南的湿润,沁人心脾。哦,这就是"千里湖泊,乘竹筏一探芦苇深处;万点荷红,采莲看碧叶连天"的胜景之门了。

不过接下来的盒饭及讲沙盘均是败笔,不但质劣而且费时。我们径自离售楼处去探景儿,只见仅仅盖好七处的联排或独幢别墅相互牵连着一些小水,虽其均属白洋淀水系却实微不足道。只是在一处独幢别墅后面,有一横河水,似乎尚可钓鱼,且视野所及,是一大片芦苇,远处还有小桥横陈——夕阳正坠,令人浮想联翩。

并不严格的"分组看房"结束后,"置业顾问"们自然想"人盯人"。不过他们人数不够,来"看房"的一车又一车北京人又大多作若无其事状,或悄语,或闲聊。这样,整个售楼大厅的气氛有些尴尬。这也许就是当下楼市卖方与买方的微妙写照吧。

但这楼盘的销售者们也真是稚嫩得可爱,也许是河北人终究老实厚道吧,上了归途的大巴,他们才带大家又"参观"了一下附近,原来可爱的白洋淀码头就在附近的一条路里!好一大片的白洋淀水正在夕阳的辉耀下闪着金光,还有三三两两的"祥子"仍守着码头在等待乘客的到来。车子当然是不停的,虽惊鸿一瞥,但白洋淀的美景似乎已深刻心中,令你不能不怦然心动:要是伴此而居……

可惜这"最后的诱惑"一闪而过。当车子又闪过一处青青的高尔夫球场时,我们只能向可爱的白洋淀及其"开发商"们说声"再见"。

登八大处散记

今天是"九九"重阳节,正在北京的女儿提议带我与妻登"八大处",我们俩自是很高兴随女儿前往。其实,我们仨都是很想去香山的,但又觉得车不好走,且估计那里人一定很多,最后议定还不如去比较僻静的八大处呢。

我们三人先打车至游乐园,那里有958可直达目的地,票价才每人4元。不仅价廉,而且上车就有座儿——我们仨坐在最后一排,车行2小时,边行边聊。至于都聊了些什么,下车就全忘了。

因为要登山,自然要先填饱肚子。这自然又是女儿提议的,她和"我们俩"在一起时,总是想得很周到。然后就是觅饭馆了,正好离公园不远处有一家餐厅很相宜。其中不仅物洁、人静,而且不可思议地价廉:一个宫保鸡丁、一个烧茄子、一大盆酸辣汤、3碗米饭,才38元。女儿说,这也就是她在香港每天一餐的早点钱。

然后进公园。未料前行不久,即有一手持话筒的主持人欲采访我们。原来她们是澳门"亚卫"电视台的,主持人是毕业于原"广院"的一个北京女孩儿。当她听说女儿也是一个来自香港的北京女孩儿后,很兴奋,一边给女儿自己的名片,一边儿说要建立"港澳之交"。我们都笑了。就是在这样的气氛中,我们仨分别对着"亚卫"的镜头说了如下的由衷之言。我说:"今天是九九重阳节,女儿能陪我们来登山,我感到这真是人生的一大快事。"妻说:"我们的女儿是一个非常孝顺的女儿。我们一直为她而骄傲。"女儿说:"正好我在北京。不是重阳节也要带他们来玩儿的,这对他们的身体有好处。"主持人似乎对我们仨的简短之言都很满意,并热情相告,这个采访当晚就会在澳门播出,第二天还要重播。可惜我们看不到了。但女儿与主持人相约"一定再联系"。

忽然发现"登山"可乘缆车了，自是又一种意外之喜。因一车只可乘2人，妻独乘一车前行，我与女儿随后并给她摄影留念。在空中，这母女二人后呼前应，佳摄连连。我则担任女儿的安全护卫，十分警觉。其时，青山、蓝天，头上有白云，我们伫于"工作"中均很忘情，十分快乐。及至山顶"七处"时，我们一边下缆车，一边有所发现：原来这里专门设有工作人员给乘缆车而至的游客拍照片，仅费30元即可获取2张塑封的8寸大彩照。这种"不劳而获"的机会我们焉能错过，自是不惜破费而速收囊中。最起码，这里专设人员所摄照片比刚才女儿在空中所摄照片多俩人哪。

但女儿的相机还是我们身边的"利器"。不仅在七处，折返下山时，我们随机而摄，留影处处。无论是在袅袅香炉前敬香，还是在殷殷红叶前留情；或者是在曲径通幽时，骤见小鸟扑飞……均有相机作证。这是一种自在的快乐，这是一种共享的快乐，这是我们伫在一起的天伦之乐。

但在快乐中，还是有一种异感袭上心头。那就是久未如此动过腿脚了，本以为"下山容易上山难"，一进公园就选择了乘缆车速攀，其实抬腿下山又谈何容易？自七处下到六处尚可，再下行时，一级级台阶或一坡坡下途全是揪心之举。妻后来发明了倒着下即退步走，感觉稍好。

更好的是不知怎么的，从六处竟有路直接下到了"机车坪"，再一拐，就到了大门口。而出公园大门再一拐，一辆很空的958已经在等候我们伫上车了。

真好。

登景山

今年夏天，我们大抵都是在"防疫"中度过的。但是，在做好戴口罩、常洗手、保持社交距离等这些常规要求的基础上，我们也曾出门去登了一次景山……

说起来不好意思，那实在是一次"冒险"行为，当时在家日久，实在闷得慌，我们便出门儿了。

其实我们当时是想去什刹海沿海边走走的，认为那样也不会有什么病菌拦路，谁料想一到烟袋斜街东口，根本不让进。我爱人故意问人家："我们要拐到鼓楼西街上，有那么多小胡同哪！难道还不能钻一条到海边？"人家笑了。那守胡同口的一男一女先后说："您倒是门儿清！哪儿也进不去，什刹海全封闭了！只有凭小区出入证才让进。"这俩人说得我们一愣；我爱人的"阳谋"被粉碎，也很无奈。但人家很体贴，毕竟都是老北京，又坦诚相告："大老远来的，也别为这儿扫兴，可以去景山北海呀，都不远！"

好，于是我们决定去景山。也不过就是再坐回几站5路车的事。

到了景山西门，好家伙，一个人也没有！公园门口像迷魂阵似的，不但七拐八弯地被拦了好几道，而且多种告示间杂其侧，大抵都是各种注意事项及进门要求等等。这些倒也难不住我们。我们毕竟是有备而来，只要让进，可以进就行。

还真就进了，哎呀，想起来那天真是很不寻常，不但公园里很少见人，而且天气也很怪，毛毛细雨时有时无，有伞当然好，没伞其实也无碍。我们俩悠闲地走着，当然是直奔上山道路而去。

到景山，当然是为登山而来。在这样特殊情况下，佐以盛夏的细雨迷离，我们俩登山顶而一览天下景，虽说不一定能战胜什么，但一定可以一扫疫情袭来的块垒之气。天时不论，地利不错，人和呢！我和我爱人看法一致：今日登景山，要一个亭子一个亭子地看，说实在的，久居京华，当然知道景山逶迤，一共坐落着五个亭子，但这五个亭子究为何名，有何区别，却实在是模模糊糊的，其实是了无所知。当然，此不知以为知，也曾多次到处"学习"一番，但一想到这里平时游人如织，人满为患，不要说上亭台，就是到景山的念头都立刻打消了。

没想到这次来，竟然赶上了一个细雨迷离、游人空荡的好时机！

但上山的路在哪儿呢？每遇明显的道口，都有路牌挡着，或有绳子拦着。怎么办？当然是不虚此行，寻人打听了。可人在哪里？雨迷离，路空旷，人无见。好不容易，我们看到一个在公园一角打扫卫生的人，上前一请教，才知道前面不远处，有一敞道允许登山，余则不可。

好嘞，我们俩自是依指而去。果然，一处路口有"温馨提示"云云，大意是疫情防控期间，分流管理，保持间距，等等。我们清幽幽独自上山，尽享眼前道路的宽阔与湿润。

第一个亭子原来叫"周赏亭"，抬眼处有孔雀蓝琉璃瓦覆顶，有紫晶色琉璃瓦剪边，重檐攒尖，是个圆形古亭。据知亭中曾供奉一尊铸铜鎏金的"宝生佛"，但早就被"八国联军"掠去了！我爱人说，这"据知"，还是她小时候到这里游玩时，和同学们一起，听老师讲过的呢。

一晃不知多少年了，这"周赏亭"中空荡依旧。也好，这"无字之书"我们自当永不忘记！

再往上，第二个遇到的亭子叫"观妙亭"。这真是一个奇妙的亭子，景观自然也因为拔地愈显出众起来。在这里环视北京，当然还不是一览四处小，但那面北的故宫大门，即平日里熙熙攘攘的神武门前，异常地清晰而鲜明，似被迷离细雨刚刚洗过，更像是其大门前空旷的开阔，使人又想到当前疫情汹汹的可怖。

但身在景山，身在亲爱的景山之上，这一刹那的观感或联想，并没有影响我们的好兴致。我爱人甚至又庆幸地说，上中学时老师讲哲学，问一个人爬树什么时候最危险，同学们差不多都说是爬到最上边的树尖儿时，老师说"不对"，那里最危险，其实最安全……我忽然明白了他说这话的意思，我们今天偶然来此，反而是尽享"即出门"的难得之幸了？

我爱人颔首不语。身临"观妙亭"，难道有幸一"观妙"？哈哈！

景山公园自东向西依次有周赏亭、观妙亭、万春亭、辑芳亭和富览亭。这"五方亭"即为京华名胜之一景山的精华所在。当我们置身在五方亭的最高处万春亭时，北京中轴线的宏伟景观尽收眼底！

何止于此？听说北海公园白塔上那个顶端的楼阁早就封闭不让上了，这就造成次下的观景处多为树木遮挡，再不能尽享极目北京四处的快感了。若真如此，那就是景山最高处"万春亭"的当下，或可真成为"观北京"的老字号"独一处"哩！

立万春亭下，北京的四面八方静悄悄的。细雨迷蒙中，橙红色的众多古建筑挺拔俏丽，二者互有间杂，构成了边际广大、四面八方的今日北京，壮阔。是的，这就是我们可爱的北京！任风雨飘摇，壮美依旧！

离万春亭而下，自然就是辑芳亭了。这也是一个好听的名字！仿佛任谁到此，都可在群芳中尽情剪辑，非独送天下而不可。这是多么难得的一种雅致与周到呀！更令人喜悦的是，就在辑芳亭近旁，还辟有一个清净的所在：有两三条凳任人休憩，更有一座"景山"石碑供人观赏流连，或拍照留念。我们自是兼而有之，不亦乐乎！

富览亭则是在北海公园之外尽赏白塔之美的独特所在，令人别享一番情趣爱两园。是的，不仅是白塔，从这里看故宫，也仿佛矗立眼前了！这里真是一个"富览"之地；或者也可以说，"在疫中，登景山"，其实"富览"就是一种意外之喜吧！

当然，"富览"其华，恰在独特时，我们看到了北京静然其美的崇高之态。那天的返途，我们不仅未感觉疲惫不堪，反而身心中饱满了一种新蕴的力。

有幸重走云南路

1990：第二故乡寻梦记

烛花闪烁

很久没有点蜡烛了。此刻是在我曾经生活过五年半的地方——云南省澜沧县惠民农场（当时也叫云南生产建设兵团一师五团七营）。如今，我离开16年以后，又回到这里，这里已经不叫农场，而叫茶场了。我现在就伏在"国营惠民茶场"招待所的一张木桌上，面对着两束莹莹的烛光，来抓紧时间把前几天的行程简单回顾一下。写至此，地处祖国最西南边疆的惠民山刚刚啼起我曾经非常熟悉的第一声鸡鸣。窗外还是一片漆黑。静静的，不知为什么，我现在的心感到非常安宁。"我能离开您吗？您的名字永远写在我心中的履历表上了。"那组我曾写于一九八〇年的散文诗《西双版纳，我的乳娘》又情不自禁地涌上心头……

四天以前，即十七日晨五时许，未等前晚约好的服务员来叫，我便几乎一夜未睡地早早醒来。离开云南饭店212房间后，拐过艺术剧院不远，正有一辆早出的"的士"缓缓驶来，我便招手乘坐其中而去西站。感觉昆明市比北京小很多，我早起就是为了步行而去，可是路不太熟又渺人可询，还是乘车方便。很快便到了。这里我似乎来过，又肯定面目皆非，确确乎是一个长途汽车站了。没想到七时进站又乘车去南窑，约八时许才真乘上长途汽车去西双版纳首府——允景洪。这是一次曾经不以为然而今甚觉遥远的乘车行。车子似乎比当年还破旧。我坐14号位，正是三人座居中。两旁汉子均非滇人之瘦小，我则更其高大，三人并肩皆不舒服，只好极默契地有人自觉伏前椅背作小憩状。汽车在云贵高原的崇山峻岭中左盘右旋，也确令人极易昏昏然睡去。

车窗外是永远青绿的山林，间或有县、镇的农贸集市掠过。我曾多次在梦中渴盼的"第二故乡之行"，就这样于时昏时醒中开始了。这确乎是一辆比当年还破旧的车子，然而新入眼帘的，是两个来自大不列颠及北爱尔兰联合王国的白人青年。他们像我一样困坐在窄小的车座上，一路饱览着中国一隅的神秘景色。其中的一位金发女郎，还不时地向车窗外猎取镜头。可惜我不懂英语，要不然真想与他们交流一番。

十七日晚歇息在思茅专区元江县甘庄华侨农场，居二楼单间，有阳台可俯瞰楼下空场。此场是此庄唯一的热闹所在，有卖硕大芭蕉者3角钱1斤，还有卖紫皮甘蔗、绿皮木瓜的。空场对面是一排平房，有小吃店，有照相铺。我在无一顾客的照相铺内浏览时，一年轻老板正在伏案书写很考究的请柬。翻开已写好的几张，原来是此老板6岁女儿的生日将至，他正在邀请华侨农场的数十位朋友届时光临同贺。放下请柬，我油然而生一种宁静中的热闹感。身处僻野，这是一种我曾经多么熟悉的心态啊。至晚，甘庄青年们的追求更加令人感慨良多了。楼下左是舞厅，空场对面也突发彩光不停地闪烁旋转，两处音响爆起，流行歌充耳欲裂。然而一直到夜十二时，我多次俯据阳台注意观望，唯有七八男青年闲于舞厅门前，偌大的甘庄空场则像一方日历，早已闹中取静地睡去了。缩身于蚊帐之中，我那一夜却难以入睡。大自然是寂静的，然而青春的灵魂躁动于热血之中，她总要不顾一切地起舞，尽管这人生的小舞台在历史的大舞台中永远今是而昨非。

143

十八日早六时四十分离开甘庄，近午吃饭于墨江，傍晚至思茅。办好住宿后，我便沿街而下。约行2公里许至军区大门对面的武警支队宿舍，请问了两个路人，才摸到1968年把我们从北京接到边疆的老场长乔家。其时天色已黑，乔夫人老周正在院子里，刚一见我走近，脱口就呼出了我的名字，真是一见如故。老乔也在屋内惊异奔出，甚至有极喜而不知所措的失态，着实令我感到可亲可敬！悠悠16年，漫漫16年，他们待我一如既往，拉我坐下吃馄饨，又拿桔子又削苹果，我则拿出照相机给他们满堂子孙摄影留念。当年的小娃娃小华、小芬和老三均已成家立业。小华现在地区检察院预审科，老三在普洱当刑警队长，老乔自兵团解散后从惠民调到思茅公安处，现已退下来安享晚年。这是一个公安世家。置身其中，我也仿佛变得威武起来，临走时，老三还非要用车送我。老乔已经60多岁了，也非要送我回旅馆不可。送我到旅馆后，这爷儿俩又开车不知去什么地方取来两包茶叶，非要让我带回北京喝。一包是闻名于国内外的普洱茶，一包据说就是我们"惠民茶场"出的茶。后老三离思茅回普洱，老乔留下来又与我聊当年人事。看得出来，他一生中最美好的时光就是当年在惠民与我们北京知识青年一起度过的，我们对他也同样充满了亲切的情感。记得前几年他刚退休后的第一件事就是不远万里到北京看望当年的知青们，我们曾在天坛公园的青青草坪上热情欢迎他。提起那一次的难得相会，老乔至今津津乐道的还是："你们北京知青对我真好，北京的西瓜真甜！"我说："您对我们不是一直也都很好嘛！""哪里，哪里，当年太委屈你们了。"老乔喃喃地说着，那真诚的声音，就像是历史的回声。

十九日晨离思茅，在小勐养吃饭后，近午至允景洪。思茅一瞥已经令我有变化很大之感，允景洪新貌更令人慨叹改革开放的神功造化！商品经济的调节作用真是非同小可，如今人们挣钱的渠道多了，到处充满了生机与活力。流通一畅，市容骤变。农贸市场比过去的"街子天"热闹多了；旅游业的发展使这里时时可见来自世界各地的外国人；这个路那个路的，允景洪俨然一座亚热带的小城市了，棕榈大道气派、壮观，版纳宾馆、景洪宾馆风情别具，宾至如归，电视机、收录机等高档商品在接二连三的商店里比比皆是，特别是游戏机，在商店里乒乓作响，总有不少人驻足围观，其情状与各大城市毫无二致。不过，我毕竟是"旧地重游"，傣语"黎明之城"——允景洪像思茅一样，当年的素朴、恬静，如田园牧歌般的清新气息，如今已经所剩无几了。这不能不令人心中产生淡淡的悲情。另一种颤动于心弦的情感，是昔日满大街触目可见的知识青年们，如今已不再见。于是，交融于悲情的，尚有怅惘。不过，人活着不是为了走向失落，更何况我们失落的仅仅是升华中的吉光片羽。人生苦短，那些极富戏剧性的岁月虽然一去不复返了，但我们在历史舞台上毕竟扮演过引人注目的角色。

写至此，窗外仍漆黑一片，而桌与窗台上的两只蜡烛均已燃尽。窗台上的烛液流淌如难忘的桂林芦笛岩，桌上的烛液却摊若一小湖，它多么像1968年我们刚来此地时"撑筏浓雾里"那个小小的湖啊……

勐朗坝的清晨

这是我曾经非常熟悉的勐朗坝的清晨。台灯下，一方玻璃板上有柔和的澜沧之光。如今的县委招待所比以前规模大多了，正如这16年以后的澜沧县城一样。我现所居是环形房之一截，洁净、舒适。里外两间，外间是沙发、电视、角柜，里间是蚊帐、藤椅、长桌。澜沧变了。昨日午后从惠民至澜沧，又是52公里——但已不全是熟悉的红土路了，近澜约10公里处已铺就沥青。汽车驶下坝子不远，就是后来辟通的思澜公路桥头处。在这里，全体下来接受边防检查。听战士们说，如今从这里乘车去允景洪和思茅都是170多公里，差不多远。而我这次前来，还是循着思茅—允景洪—澜沧的老路，真个是"舍近求远"了。

廿一日午后二时许下客车，触眼纷杂。原街头三角花园一侧是李嘉得曾居住过的茅草房，如今已矗立起一座新楼；另一侧的小平房则变成了挺气派的"澜沧第二饭店"；只是三角花园对面一侧还是过去的那座旅馆，似乎变化不大。就在街头这里，我曾静静地听过中央人民广播电台的"社论"，也曾和胡克或谁聊过昔日同学的下落。就在那旅馆大楼的台阶上，我曾听一位上海女知青贬抑过当时风行的一部小说是模仿苏联文学之作。这里，曾经是多么宁静、清新啊，如今变得明显地人多、杂乱起来。谁也阻抑不住的现代化的触角已经伸延到这偏远的边疆小县了，新潮时装店、个体户餐馆，新一代年轻人的装束几与大城市无异。再往前走，街子比过去宽敞多了，不仅有了商业大楼，不是"街子天"还有若干摊档在做生意，路旁有干彩印的、卖梨子的，还有卖各种冷饮的。来不及细看，又步入街子那一端依然矗立的县政府大门，迎面还是那座办公大楼，但两侧花丛中各凸显着一座很大的白石芦笙，让人一见就会想到这里是"拉祜族自治县"，这是以前不曾有的。又上台阶，走进熟悉的办公大楼，到二层找县城建局长老余不在。没想到在对面一室内，刚开口说我原是惠民的北京知青时，猛地就被同坐一长椅上的李嘉得认出来了！我简直不敢相信，眼前这个鬓发泛白的人，就是当年的那个李嘉得吗？记得我们刚从北京来到惠民时，他曾遇到我们在查线所坡下的石上笨磨砍刀而热情相教。后来他成了我们的朋友，曾带我们到深山里砍回6根大毛竹，并帮我们扎成了第一个竹筏子。再后来，他就去当兵了。如今又见，喜不自禁。小叙别情后，他又帮我打电话给县体委的王保平，无人接。老余尚未至，于是他便先引我到招待所住下。此套间房每日才8元1角，边疆人确是淳朴、厚道。后来嘉得离去，我小憩后，恰老余来。近20年过去，他仍未老，虽言已53岁了，他的装束与神态均如过去一样，还是那样干练、精明。当年，他是县基建队的技术员，我则是农场的"全权代表"。他们基建队为我场承建房屋时，我们曾一起在迷蒙细雨中徒步走11公里到勐满去找石头，我们也曾一起住在78道班的茅草棚里砍木料后给基建队工人们作总结。记得他当时公布的伙食账一丝不苟，而坐我身侧的佤族工人鲍二则一袋又一袋地抽着地上的干树叶子，啊，往事悠悠……

老余到招待所食堂去了一趟以后，我又随他到办公室小坐。我细看着墙壁上的云南省地图和澜沧县地图，深感这里民族之众多以及离缅、老、越之近。随后保平来，比过去壮多了，没想到他也35岁了。他是澜沧县体委副主任，不久前曾到北京参观访问过，当时他不知我在北京哪里工作，故几次想找我却毫无办法，现在一见，格外亲热。他和我都清楚记得，不知有多少次，我受其父营教导员和老潘之托，带他及小荣从惠民至澜沧上学，或从澜沧至惠民把他们从学校带回家中。那时候，他们都在县中学读书，每周回52公里之遥的惠民过一个星期天。我当时在营部工作，经常出差去澜沧，所以和他们来往较多。他们和我这个"大哥哥"的关系一直很好。记得保平当时就极爱打篮球，三步上篮谁也防不住。如今他竟真的干上了体育工作，并且成了全县的领导成员之一了，可喜可贺！保平有很多话要跟我说，他决定先带我去县党校见他弟弟顺平，于是我和老余暂别。

县委党校大门依旧，只是一切都新起来。又见一方天井，相对四房，如四合院。老潘也在。她现在已经60多岁了，穿着厚厚的毛衣，虽近日正患感冒，但神态与声调一如往昔。她是我们营教导员的夫人，一个普普通通的傣族老妈妈。我当初在惠民时，她和今已故去的教导员一直待我很好。漫长的16个年头未见了，她和小荣等还是一下就叫出了我的名字！老潘一个劲儿地拉着我的手说："你比过去更年轻了，又白又胖。"小荣和顺平也这样认为。记得我1968年入滇时在昆明称体重为142斤，1974年离滇时已降为136斤了。如今呢，来滇之前在北京刚称过：168斤。所以我只好不言"白胖"而言他。记得老潘还有个三儿子叫泰平，一问，才知于昨日去昆明了。如今这一家子都成了县里工作的骨干，除保平在县体委、顺平在县党校之外，泰平在县委政法委，小荣在县农机站，姑爷也是傣族，在县统战办工作，儿媳们则有的在县公安局，有的在……这真是一个幸福的大家庭！可惜王教导员不在了。我没有提起这个话题，怕老潘伤心。老潘告诉我，如今孩子们都分开过了，但经常约好去一家一家会餐，想吃什么就吃什么，餐桌上再也不像过去那样素淡了。今天正赶上他们在顺平家同聚，尽管我刚在招待所和老余一起吃了饭，又一向不能喝酒，却不能不置身于他们之中，面对着一大桌丰盛的晚餐，饱享着人间的相聚之喜与天伦之乐。八点多始散，又于黑路中分别到保平家、泰平家、老潘家、小荣家小坐。各家住房均极宽敞，老潘自家还有一个很大的院子，种着菠萝、芒果、甘蔗和各种蔬菜。她还像当年一样勤劳、俭朴。不知不觉中，我不仅已转了一遍现今的澜沧县城，而且了解了这一家人所体现的今日澜沧居民的生活水平。

这是昔日做梦也难以想到的啊!

我感触最深的当数电视,自从有了它,边疆几与首都无大异了。如今我们靠科技进步,靠经济发展,生活变得生动而神奇起来,到处都显见文明之功了。真应该感谢电视——当然首先要感谢电。

允景洪回首

明天就要离开这里回昆明了,回首允景洪,提笔感怀,还是先填补近日行色之空白吧。

十九日至景洪,当晚住景洪宾馆404房间。不知是否因我自北京来,服务小姐态度甚佳,一室两床安顿我一人后再无人至,随意看电视录像片《琥珀青龙》,两天半的疲累于精彩武打中败下阵去。此前,曾与"车友"小王分别到州司法局与公安局托人买返程飞机票。如今已不比当年,自昆明可以乘飞机到景洪了,但航班少,来时就没买上,还不知归途命运如何。下午,我还和小王一起逛了此地一自由市场,井然有序,很兴旺并独具民族特色,花5角钱就可以买一个熟透了的芬芳大菠萝。

二十日上午乘车去勐海。车停处似离原勐海唯一的旅馆不远,还记得左近有个傣族食馆,果然尚在。这里仅是新勐海之一隅。过马路,见一新楼下还残留草泥旧房,选角度摄影一张,记下当前的变化。又往前走,竟然伫立于从前没有过的一个大十字街头。从一侧纵深进去,是一个繁荣的自由市场。我步入街头"版纳咖啡厅",边啜蜜糖红枣边问服务小姐,过去的新华书店呢?她说原址正在盖大楼,暂在十字街上坡处有售书的。过去我路经这里,唯一可逛的就是新华书店。我曾买华罗庚的《统筹方法》而有益于基建工作。循坡而上，来到一个临时建筑的书店内，其规模不亚于过去那个新华书店。售书姑娘似是傣族人，我先后要看了20本书，她笑拿不厌。最后，我给女儿李楠买了几本幽默画和一本谈人生技巧的书。当然，又像过去一样，我请售书姑娘分别在购得的每一本书上盖了"勐海"字样的售书章。售书姑娘甚是热情周到，她从后面找来两个章，让我任选其一自己盖印。离店以后，我径奔勐海公安局，听说我们当年的营长离惠民后调到这里来了。没想到一位年轻公安人员竟说不知此人。武装部二楼的几个年轻军人，也都说不知道。怪了！我又到家属院去问，一位上了年纪的妇女果然知晓，并叫一个正要去上学的高中生顺路带我去。这是一位县武装部长的孩子，他像完成一项重要使命似的把我带到了县商业局宿舍。我在院中一排平房的尽头处，终于找到了当年营长的家。他女儿小平如今已做了母亲，正抱着一个小孩立于廊下。她急忙往屋里唤，昔日营长夫人奔出，一见我就呼出名来，继之营长也惊呼而出。进屋小坐，现已从商业局退下来的营长十分感慨："你是我离开惠民后见到的第一个北京知青，还那么老远来看我……"我说："那还不是应该的。"营长又仿佛想起什么，急忙到里屋去翻，他说他有一个小本子，上面记着谁谁现在哪儿呢！但由于太意外了，他一下子没能翻找出来给我看，就又一个又一个地说起他几个孩子的现状来。那些我所熟悉的小娃们如今都长大成人了，营长与夫人老马也都成了爷爷奶奶。因没有太多时间，我只有匆匆来，匆匆别。比过去略微消瘦的营长，一直送我到大门外。

在西双版纳的土地上，我总是一路顺风。时近中午，在勐海车站正有一辆去勐遮的客车要开，我来得正是时候。同车者除傣族同胞外，原来我们五团现叫黎明农场的职工显然多了起来，我仿佛又"归队"了。挨坐我身旁的一个小伙子汉话讲得很好，只是从他臂上的青纹可以看出他的傣族身份。他说是自小就刺上的，洗不掉了，又告诉我水傣女子耳环小，旱傣女子耳环大，等等。我们聊得很投机。不知不觉中，勐遮坝子已近在窗外了。排列有序的自由市场摊档似乎天天营业，不像过去每周才有一个"街子天"了。原来的团部医院已隐入夹街而起的众多小吃店、食品店之后，原修配厂现已矗立起一座商业大楼。经一正在路边打台球的小青年指点后，我终于找到了原团部位置的新大楼，这里现在是"黎明农工商联合公司"的总部大楼。对面，原我营知青王立则曾任司务长的那个团部伙房杳然无踪，现在已经变成了一个幽美的小花园了。进办公大楼至二层，原我们七营的副营长、现黎明总场党委书记周穆佑不在，联合公司总经理王仁昌接待了我。他原是团部的一个生产参谋，似乎见过；在座一位搞供销的瘦高老同志也说我很眼熟，"似乎见过"，这真是"天涯若比邻，满眼是熟人"了。大家都很兴奋。听他们讲农场现状和过去人事，我的心又渐渐融入这片亚热带的土地。后王经理引我至周穆佑家看原营长夫人老文。她现已瘫病卧床，我们敲门后半响才开，可见其一人在家行动艰难。进屋后，我问老文："您还认识我吗？"她立刻有气无力地拖声道："李——林——栋！"我一下子更加深切地体会到自己曾经属于这一片多情的热土，恐怕在我精神上今生今世也不可分离了。我的青春属于这里，我的血管中将永远沸腾着对这片土地上各族人民的挚爱真情。

　　告别老文以后，我又与王经理到楼下的公司标牌前留影，这个公司自然也属于我现在的职业所应服务范围之内。王经理派一辆小车送我去惠民。开车师傅姓普，也是个"老五团"。一路上，他给我讲北京知青走后这里的变迁，不时地感叹当年的一些人和事。不知不觉间已行至勐满坝子了。当年这里小食馆的酸菜炒肉颇诱人。小食馆旁边的那个沿路公厕尚在，对面则已新出不少房屋，正有二小伙在静悄悄地打台球。当我们停下车沿街而上时，当年的小商店处竟然冒出了一座高大的电影院！附近的那棵大榕树还在，遂小憩留影后离开。啊，路旁的砖瓦厂！啊，路中的小石桥！我曾在那里头顶烈日挖过河沙……汽车拐进原六营现星火分场，真没想到变化那么大！漂亮的楼房、自由畜养的肥猪、物品丰富的场办商店、人来人往的食馆……这些都是原来没有的！我们来到现分场支书家小坐。他家里摆着组合家具、大彩电、竹沙发等。这是个颇有现代气息的年轻家庭，支书毕业于民族学院，他的汉话讲得很好，听说我是原附近七营即惠民的北京知青，格外热情。他们分场现尚有当年留下的一个上海知青，已当了工会主席，听说有原北京知青到来，也热情地过来聊天。支书家的敞室，一时其乐融融，工会主席说："我是离开这里又回来的……"支部书记说："我是从别处上学分到这里来的，这里过两年会比现在更好得多。"我说："这里曾经是我们七营最近的'兄弟部队'，我们曾到这里演过话剧……"此时夜幕已垂，我们还要赶路，只好依依别去。车至惠民山脚下，微明的月光中又看到了原我营七连的砖瓦厂，那排坡上的茅草房已荡然无存，唯见有湖南和本省各处来的一些青年正在简陋的泥巴场处干着什么。黑暗中忽然传来了他们的瞎喊乱唱——正像我们当年一样。听普师傅讲，这些人如今受雇于附近的富东寨。

路过原我营二连处，已漆黑不见五指。只好开亮车灯，昔日场景均未有见，唯见似路非路两侧皆茅草。尽管如此，我仍然和普师傅下车于荒草中摄影留念。恰于此时，静黑的公路上有一辆昔日不见的摩托车驶过，驾车的现代男青年身后有一女郎揽其腰。听普师傅说，这样的场景如今在边疆已不新鲜了，而我却恍若梦中。汽车又前行两公里至惠民，黑暗中只见街头的房屋多了，有个别小店仍在营业。普师傅很有经验，他把车子直接开上了旱谷坪乡政府。副支书在办公室热情接待我们，一个姓张的办事员原来在过我们富腊六连，他更热情地忙前忙后，先是叫来了当年我们北京知青都很熟悉的拉祜族扎体，后又引我们至昔日街口商店的老板娘家。她丈夫原粮店老白还记得我姓李，并兴奋地告诉我他曾去过北京一趟及都去过哪些地方。天色已晚，老白还想跟我进行交流，老张却非要让我先至惠民茶场住下再说。我只好随他走，普师傅则辛苦一趟连夜归去了。入夜，我独居惠民一室，时而看室内简陋物什而遥思过去，又时而出门凭栏，望对面坡上青青木瓜树，望楼下一隅之茶场宿舍房——汲水处，仍高架着我非常熟悉的竹水管，汩汩山泉盘桓而下，滋润着这方土地这方人。乡政府的老张临走时留下的手电筒仍有用。缘今日惠民山上虽有电灯了，却电力不稳，时暗时亮。我的心中也时明时暗的，不知东方之既白。

二十一日凌晨起记叙一些文字。上班了。不用下楼，循栏至梯处，对面房就是商店，所卖皆与过去物什差不多，购一当年很珍贵的广州打火机留念。下楼正逢老张引乡宣传委员小彭来，二人皆拉祜族，当了我"旧地重游"的半日向导。原营部已无踪影，代之而起的是茶场宿舍，家家小院，平平小路，整洁又幽静。原营部下面的大仓库还在，只是容颜已旧。进入其中，面目皆非，这里现在已改置成惠民茶场办公室了。茶场场长是一佤族青年，支书则为汉族人老杨，二人皆出省见过世面，心态似不如我们当年，却改变了这里的一切。一眼瞥见办公桌上有一张《中国企业报》，支书看我感兴趣，说尚订有河北《企业家报》等等。后在二位领导及老张、小彭的引领下，先后参观了原四连队址的茶叶加工厂及工人居室，观望了漫山遍野绿油油的茶树、芒果树和桔树。佤族场长说："我们现在是向地下要茶叶，向地上要水果。"而我最为关心的，是当年我们洒尽汗水种植的金鸡纳今安在？场长和支书都不无歉意地说："早砍光了。只是有的地方还保留着几棵，供老百姓生病时吃点儿，据说可以治感冒的。"我心中大悲，真是一腔热血一场梦！好在这片土地终于丰饶起来……

原来四连下面那个可爱的湖，也早已无水而变成了茶叶盆地。我们步下其中，轻风徐来，好像置身在绿色的海洋。推波涌浪般，我们穿过茶叶地，来到支书家小坐。有大彩电显眼其家。的确，过去这里有的许多东西现在没有了，现在这里有的许多东西却也是我们过去做梦也没有想到的，这也许就是岁月变迁之优胜劣汰罢。而显然不变的，就是我们曾偶然或必然参与其中的一份记忆，一种真情。告别二位场领导后，又随老张和小彭沿公路走向街头。路畔有一重彩小楼，原来是私家旅馆。这家旅馆的后面，就是扎体的家。我们特意去看他，并在他那洒满阳光的小院中合影留念。后离别他们，我乘路经惠民的最后一班客车去澜沧，一路上皆是我们过去曾经挥洒汗水的地方。过小新寨不能不令我想起那些淳朴的爱佤族兄弟，78道班则令我想起与县基建队工人们一起宿过的难忘时光，啊，酒井路口！我曾乘刘德民的丰收35型拖拉机差一点儿翻下山崖，当时正逢雨后，路特滑……澜沧县城终于快到了，在思澜公路口的桥头要检查边疆通行证，全体下车。同车来的四个玉溪小伙儿因前往地点不对被留在了车下，年轻的边防战士面带微笑地把我推上了车。

又见澜沧街头的三角花园……

从澜沧至景洪

二十二日晨九时许离澜沧至景洪，保平来别，老余来送。又经惠民，又经勐遮，又经勐海。这次闪电般来去有些什么主要感触呢？其一，改革开放确实使祖国最西南边疆有了很大变化。特别是流通领域的活跃，使各地市场呈兴旺之势；寻常百姓家也通过电视等日益扯平与大城市居民的精神差距，年纪大些的人可能变化尚微，年轻一代则身着时髦服装，或出入于新潮发廊和各种食馆，或在商店里选购着国内外最新磁带，几与北京、昆明青年无异。最有代表性的是允景洪的傣族姑娘，下着筒裙，上穿夹克衫、运动衫或西装，既有现代感，又有民族特色，一个个都比过去时尚多了。其二，十六年前离开惠民后，我对这片土地的眷恋，除主要是山水人情外，尚有那时的奋进群体，那实在是人的一生中中学生活的难得延续，这一点以前从来没有想到过。其三，云南人老实，边疆人厚道，对北京人来说尤其如此。我深深地感谢他们，深深地祝福他们。其四，唯有通过工作渠道，才能消释我的边疆情结。今后，我应该更多地继续为边疆人民服务。

二十二日下午四时许至景洪，又住景洪宾馆303。同屋有一连云港籍的珠海公司人员，听其讲打洛见闻，很为此次无暇一去而憾，不由想到：独行侠尚须信息员。

二十三日晨移居版纳宾馆209室。邻居者皆美欧洋人。上午至《西双版纳报》，见罗总编。他又介绍农垦分局宣传科的老鄢与我相识。很巧，他们二位原来都是黎明农场的，因共熟的人事与可能的合作而顿生亲近感。晚，老鄢来访又去罗家。罗总编刚从广州买回的松下21遥各频道均极清晰，色彩像我家的一样漂亮。这一天主要是洗彩照，到邮局发了7封信寄这一路与各处熟人合影的照片。

二十四日晨又移居301室后，至《西双版纳报》与老鄢同乘"拉达"去农垦医院看望名播省内外的大渡岗茶场周场长。聊工作近2时许，归。下午至州公安处盯老段买机票，奔忙半日终不得手，只好明日复乘客车归了。傍晚，与"车友"小王同去附近傣寨观光了一圈，与傣族小和尚留影，也曾与四个傣族小姑娘在寺庙里打羽毛球留念。

这次第二故乡之行就要结束了。归途尚有艰辛两天路……

感谢电视

电视多奇妙！这似乎是连小孩子都能发出的感慨，可实际上，我们都是电视的孩子，却常常是身在妙中不知妙。或可曰：电视像哈姆莱特一样，有一千个观众，就有一千种电视观。这一切都很自然，缘在我们现今已对电视司空见惯。

我要感谢电视有三，均顿悟于最近到祖国最西南边疆采访时的特定情境。其一为：在电视面前人人平等。

这句话绝无"在法律面前人人平等"之曰。我这里所说的"人人"，主要指在祖国大地上的边远人和内地人，或泛指乡村人和都市人。而我这里所说的"平等"，也绝不想引起流俗之议，仅确指电视所能给予的音画，你我他都能同时平等地视之，或慨之叹之。的确如此，但我久居京华时却从来也没有想到过这一种现实。那一晚，在边陲小县的电视机前，随手一扭是中央台二频道，再一扭是中央台八频道，我顿时想到：家人与我并没有分离，边疆与京都在电视面前完全平等！但这个说新鲜也不新鲜的事实究竟有什么意义呢？恰在此时，一位下着筒裙、上穿一件新潮衫的傣族姑娘招呼我去"好再来"食馆吃宵夜。路上，这位姑娘又说："吃完宵夜以后，您可以再去歌厅轻松一下。"

轻松？我禁不住又想到了"在电视面前人人轻松"这样一个事实。这是我所要感谢电视的第二点由衷之言。因为十六年以前，我曾在这个边陲小县的一个农场里"上山下乡"过。那时候，政治宣传气氛浓郁，收效显然抵不过如今的电视魔方。举一个例子就够了，我曾在深山一个伐木基地的不眠之夜，隔涧凝视对面茅草棚里的爱伲族民工们举着松明火把学文件，其情肃矣，其衣破矣。而十六年后又在这个边陲小县，看到的却是很多爱伲族兄弟姊妹在电视机前笑逐颜开，其情已表明内心，其衣则"眼观之而成色"。更发人深省的是，他们在电视面前所发出的议论已经没有了松明火把味儿。

我要感谢电视之三，是在电视面前人人富有。不仅是乡村富有了都市味儿、边疆富有了京华，也不仅是精神富有了物质、物质富有了精神，更主要的是，人心富有了期冀，灵魂富有了温馨。我这次所去边陲小县的体委副主任，是我当年的教导员之子。他曾到北京观摩过亚运会，这次见到我的最大期冀就是还要到北京观摩奥运会。我不知道他的愿望能否实现，但非常欣赏他妻子赞助他期冀的那种眼神。那不仅是家庭夫妻间的生活会意，那实在是一种洞彻历史与未来并完全交融于一心的当代温馨。而这种温馨，似乎也是来源于电视。且听他的妻子言道："我虽然没去北京观摩，但在家里看电视比他知道的还多呢！"

感谢电视，当然要感谢发明和生产电视机的人，但除此以外，我们还应该感谢什么呢？

2011：带女儿去"寻根"

"且让人生绽放花朵"

标题这句话是歌德（1749—1832）说的。发现这句话是在这次旅行所携一本书中，那是《人生四季之美》作者日野原重明所引，他接着说……

原谅我。他往下还说了些什么，我现在还没看。昨晚收拾出发前的行李，一床的书，最后还是选定了这本。原因不仅因为它薄些，更主要的是：这本书里肯定有黄金。

歌德此言难道不是黄金么？

人生一世，时时处处均如歌德所言"且让人生绽放花朵"，那就是不仅于思，而且于行中最完美的人生了。

且让这一小段人生旅途中的时时处处亦绽放些美丽的花朵吧。

不禁联想到近日北京城里的花事真是热闹。我曾与妻到过大观园去看铁杆海棠，亦曾到过天坛公园去看满地的二月兰，但我们还想去植物园看梅花，去中山公园看郁金香，可惜的是，这几天均有风尘，而我又不得不暂别北京了，只好——爱花胜似一切的妻早就说了："你走了，我一个人也要去看。要不然花期就过了。"

其实人生均在"花期"中。又如大艺术家罗丹所言："生活中不是缺少美，而是缺少发现美的眼睛。"

你看，人在天上飞，我现在就发现，飞机小窗外的洁白云朵，像极了北京二环路上盛开的白色桃花——

那是旅行的花朵正在我愉悦的心中绽放。

再过两个小时以后，我将在美丽的春城见到一些熟悉的老朋友；及至午后，我还将与从香港飞来的女儿相聚于昆明。我将带她到西双版纳去"寻根"。亲情，友情，第二故乡情，真是"情满我心间"了——

且让人生绽放花朵……

在哀牢山上看星星

当女儿走出机场时，穿着一件浅色的风衣，又手提了一个新名牌包包，另一只手牵着的，倒还是我很熟悉的那个德国黑箱。最主要的是，如今她已长大成人，不仅早于香港某大学硕士毕业，而且在香港某大报工作也已经好几年了。如今，她的脸上透着一种成熟的自信，总是在自然而然地微笑着。

但我知道，她年轻的微笑里还缺乏更深刻的内涵。

她当然也知道这一点，否则她就不会应约跟我到云南来"寻根"了。

但今天我们的"根"是在哀牢山上。我们要在这里逗留一晚，明天再出发到西双版纳去"寻根"。

"且让人生绽放花朵"——

真是三生有幸，今晚我竟能与女儿一起在哀牢山上看星星。星星很多，很亮，很大，因为星星离我们很近。因之想到，我们是身在云贵高原上。而且不能不想到，我们今晚不像惯常是身居在城市里，身居在水泥森林中间。这里的白天，窗玻璃上可能会飞来美丽的蝴蝶，在山路上更可能遇到三三两两的蜻蜓；

而这里的夜晚，除了可以亲近天上的星星以外，尚可聆听四周的蛙声一片，以及时而传来的声声狗吠。

说到狗，今晚饭后，我与女儿在友人大院外的山道上散步时，曾遇到过一只。它很瘦，并非野狗，也似乎不是流浪犬，只见它迎着我们前行方向，忽然就从坡下冒了上来。充满灵性的眼睛一直望着我们，它就从我们身边缓缓走过。但不久，它又折返到我们前面去了，并且回头望了望我们，然后轻盈地跃上路侧的一处高坡，很快就不见了。仿佛一个山野间的精灵，忽然就在我们眼前消失了。而关注它生动来往的我们，其间已然忘却一切。

这是声名远播之哀牢山的一个傍晚。我与女儿顺路而下，至坡而返；经友人大院路边的大榕树，反向而行，又是至坡而返。其间经过路侧山泉水累积而成的明亮水塘，经过绿油油一片又一片的橙果林，我与女儿聊着一切，并如此这般散步往返者五。若以每往返一次约一公里计，今天傍晚我与女儿在这哀牢山的静谧小路上散步大约有十里地之久。这自然会是我们父女俩"行走江湖"中又一段难忘的经历，但又何尝不是"我带女儿去寻根"之初的一种精神洗礼呢？

日光已暗，暮色四垂。白天原以为是什么气象设施的一处立柱忽然亮起了白色的灯光，或深或高的哀牢山景，在渐浓的夜色中也同时亮起了星星点点的灯火。而我们前行的路上，已然漆黑一片。我们只能拐回友人大院门前的空地，正有邻地一窗的灯光倾泻其上。女儿不想回屋闷坐，又提议在此空地一隅"享受"夜景。我自是同意宝贝女儿的高见，并与之一起回屋取茶水，并在院中取条凳而返，就在这空地一隅坐将下来。沐浴着较远处的窗外灯光，享受着皎洁月色的轻微抚摸，我们边啜绿茶边聊一切。当然，我们还又一次发现，今晚哀牢山上的星星是多么美呀——

于是，在我们父女的悠长"旅历"中，又有了在哀牢山上看星星的永恒一瞬。女儿还企图用她所携带的相机把这又远又近的星空一景永远留住，但那漆黑的结果告知她未成功。尽管如此，她还是满意地告诉我："咱们已经看在心里，就全有了。"

"这孩子，什么时候学会'禅'了？"我心里想，自然也很满意。

枝枝叶叶总关情

早八时，友人所派司机小张已经在门前相候。出门才发现，天下雨了。但雨很细。

在细雨中，车子一边向前行，我们一边与小张随便聊着。他说我带女儿到原来"上山下乡"的地方去看看"很值得"，我问"怎么个值得呢"，他又说"说不好"了。倒是女儿在旁边笑插了一句："一切都在不言中！"嗯？又是禅？

没想到如今去边疆的公路上也遭遇堵车了，而且不知什么原因，一堵就是半个多小时。这样也好，我不能不想到，此行前去，还没跟任何人联系过哪。要是先跟澜沧的保平和小荣联系上并告知今到澜沧该多好啊。但上次去看他们（屈指一算）已经是22年以前的事了，也不知他们现在都怎样了？还在不在？……忽然想到，这次从北京出发前，当年的战友"老六"曾告诉我现在惠民一当地人的手机电话——这是唯一可能先与他们联系上的线索了，于是电之。从未谋过面的当地老乡张秀英（"老六"曾说当年我们在时她还没出生哪）竟告我小荣是县政协办主任，而王保平早就不在了，是出车祸去世的。这真让我震惊！我所熟悉的那个教导员的儿子，当年我曾经常带他及其妹小荣往返于营部与澜沧县城之间去上学、回家的保平，那个22年前我回澜沧时已经当了县体委主任的王保平，竟然已经过世了，这真令人震惊！真是不可思议……大约是我这边的听筒只是"震惊"吧，张秀英那端又接着说："喂，喂，我现在到街上去给你问下王桂荣的电话，过一小时再打给你！"还没容我说声"谢谢"，电话一下子断了。想那热情的、可算是我们知青晚辈的张秀英，一定是急急忙忙去给我打听小荣的手机电话去了……

女儿说："这人真不错。"与女儿年龄相仿的小张说："边疆人都是这么热心的。"

后来是小荣先来电话的。她还告我，原营部的副教导员王福早已不在了，但他的老伴儿、当年的刀干事还在。她现和女儿一起住在思茅……于是我按小荣告诉我的一个电话立即与刀之子王金荣联系上了，并很快地如约在一进普洱市（原思茅）的检查站后就与她们见面了。就在路边。40余年过去，我与刀干事自是相见欢。我们双方的儿女们包括小张师傅，也尽皆开颜。这是怎样的一种"再见"啊！刀干事是傣族人，当年顾长的身材明显变短了，原来她今年已经83岁了！但她的精神仍然很好，似乎比以前更活泼了，连连用还带着傣味儿的汉语夸我比以前"更精神"了。至于我的女儿，刀干事则连连表示诧异："在香港？"女儿则忙不迭地给变着花样儿相拥的我与刀干事变着角度地摄影留念。虽然只是匆匆一瞬，但这些照片将永远记载下我与刀干事之间绵延未绝的当年惠民情——或者也可以称之为"民族情"吧。后来，刀干事的女儿还告诉我，她与小荣是同学，当年我也曾带过她去澜沧，回营部。这当然是可能的，我当年因工作需要经常去澜沧，带她们来去只是顺道的事。只是我终究有些诧异了，当年我怎么做过那么多至今还没被人忘记的善事啊？

相聚是短暂的。当年离别，今又别离，相聚相别总关情。没有情真，哪有情久？没有情意绵绵，哪有一见如故？

我们的车子继续向前行。车里的人谁也没说话，仿佛"一切尽在不言中"……

别梦依稀到澜沧

从思茅（现"普洱"）到澜沧的新路是173公里，我从未走过。但后来我早就知道有此路，比走景洪那边儿要近。今日车行其路，窗玻璃上的细碎雨珠儿都很晶莹。小张说，这里的空气环境等一定很干净。这一点，女儿也注意到了，她还记得我曾出版的一本写边疆的书中有一篇文章叫《空气有感》。

后来，小荣来电，说她老公开了家店，就在近澜3公里处，让去那里吃晚饭。及至，是个生意很好且有些规模的饭店，除饭店老板即她老公（傣族）外，小荣的弟弟顺平也在，他现在是县委党校的资深教员。——相见后，我发现小荣的变化很大，当年梳着俩小辫儿，内向、腼腆的那个小姑娘俨然已经成了一个老板娘，很大方，很干练。她老公更是热情，能干，前后左右地张罗着。顺平则一副儒雅的样子，的确像个教师。小荣告诉我，他们有一个孩子已在北京航空航天大学毕业，娶了一个老家是承德的妻子，小夫妻俩不仅现都在北京工作，而且已经在北京买了房。询之房事，小荣与老公立刻电联北京问，于是我知其为管庄处某一名盘，前年买的，当时每平方米1.5万元，现涨至2万多了。我说，你们孩子这楼盘很好，买得也很有运气。

小荣和她老公都很高兴。于是我们开始吃饭。一桌丰盛的饭菜早已备好了，有砂锅鱼、干巴菌、绿菜花、卤米干等。边吃边聊，往事历历。原来小荣的母亲、我当时教导员的老伴儿，那个对我极好的傣族老妈妈也早已过世了。本来我还想着这次回来能再见到她呢——可实际上我一直也没好好想过，她如今要是还健在，那该有多大年岁了？

饭后，小荣和顺平的车在前，我们的车子紧随其后，我曾经很熟悉的那个县政府大院很快就到了。可惜，我所熟悉的那个县委招待所不仅荡然无存，取而代之的县属新宾馆也因为正有会议而全部"客满"。小荣和顺平只好带我们去入住不远处的"实宏酒店"，而这地方，当年好像是一片裸露的街角……

别梦依稀，我们很快又下楼来到了县政府前我所熟悉的那条街道。这是澜沧县城最主要的一条街道了，当年我青春的影子曾经在这里来来往往。离县政府最近的那家新华书店还在，但也唯有其"硕果仅存"了，余皆面目全非矣。如今连通这条主干道的四周全是热闹的市街，女儿说真没想到这个边陲小城恁般热闹，我更是如梦似幻，不知今夕是何年。在那个新华书店的对面，当年是一家门口卖冰棍儿的小旅馆，如今却是一间很大的超市了。其规模甚至可能大过我在北京居家附近两家著名超市的总合。其内光"苹果醋"的种类就有好几十种；女儿说那么多品种的龟苓膏，在香港都很少见。而就在离这家超市不远，甚至还有一家较大的超市，其门前散置的一些购物车中，竟有一种前置童车的品种，连我在北京都没有见过。变了，全变了。在这边陲小城的街道上，不仅有出租车，甚至还有公共汽车，这完全是我们当年连做梦也没有想到过的。更有甚者，在人来人往的市街上，我与女儿还发现有一缅甸人和一孟加拉人在卖甜饼小食！这一切，都完全超出了我来之前的努力想象。

我为此感到莫名的兴奋，又不禁感到一丝困惑，当年那个安静、质朴的小城哪里去了呢？难道商品大潮的冲击，连这么遥远的边陲小城都不能幸免？

女儿倒是在津津有味地捕捉镜头……

向"我的老友"倾诉衷肠

昨天较乏，一夜沉睡。醒来开窗，虽在三楼之高，实离柏油马路未远。已经喧闹起来的街道上绿化很好，凭窗下望，几乎全是青绿之叶，仅在间或的叶隙间，可见背竹筐的民族人士，或时髦的少女少妇——当然，这时髦的程度是与我多年前曾观感过的那些澜沧妇女相比。

而这一对比，已然过了22年（上次来时）甚或40余年（在离此52公里的惠民"上山下乡"）了。昨晚初返此地，仿佛来到了一个完全陌生的小城……

小荣和顺平准时来接了。于是我让小张师傅在房间休息，便和女儿乘他们的车继续去体验"陌生"……

但生活中的有些场景是永远也不会变的。应我要求，顺平又把车子开到了昨晚我们已经到过却已"打烊"的那家"硕果仅存"的新华书店。置身其中，我仿佛又闻到了当年的缕缕书香，又想起了"像牛进了菜园一般的"当年饥渴，这里的角角落落，都曾经是一个失读青年的精神宝藏啊……忽然，女儿捅了我胳膊一下——原来在书店的最显眼处，竟然高耸着一册精装的《金瓶梅》！此情此景，自是大异当年之趣，好在女儿又径自去翻看别的书了，我也只好没什么可说的。但我还是想在这我曾经买过很多书的可爱书店里再买一本书留作纪念，于是便问店员有什么介绍当地情况的书，店员的回答竟是"没的，没的"。见我有些失望，细心又周到的小荣说她家里有，并立刻去取了。很快，小荣便抱着一本大16开的精装（澜沧）县志回来了——这正是我感兴趣并早就渴望拥有的，这可是我的"第二故乡"的百科全书啊——我不禁喜出望外：知我者，小荣也！

我们又乘车去寻李嘉得，去寻原基建队的老余。二人都找到了。嘉得已63岁，不知怎么脸上有了一处疤痕，他现与其子经营着一家小卖部；老余则从县建委主任的位子上退而不休，现还在一间办公室里正处理着工作，我一眼就看到他拉开尚未关上的抽屉里所有的物品一如既往地井井有条，于是我便不失时机地立刻让女儿上前参观、学习。当年，还是县基建队技术员的老余这类引人注目的小习惯，对于身为农场"全权代表"的我来说，不仅增添了我们合作成功的种种可能，而且启迪我当时种种年轻的品性更加成熟科学。如今，尚可见老余办公桌侧面的墙上贴的那些图表，也还是一如既往地清洁又清晰，整齐又整洁。他就是这样一个对工作、对生活总是一丝不苟的人，可谓毕生如此了，真是令人佩服之至！

因为时间关系，不得不辞别老余和嘉得后，顺平又载我们驶出县城，我们很快就来到了当年去"澜沧县洗澡堂"必经的那座石桥上。真没想到，当年总是静悄悄的这里，如今竟然很是喧闹了。除有各色人等在这里搞着一些小型商业活动外，最夺目的是石桥侧畔的一座楼体上，正有某明星的一个巨大广告辉耀一切。骤一觉之并视之，我深感明星已然"侵占"了我记忆中那座永远的梦之桥！

好在过桥不远处路边的那个涵洞，尚有一股温泉水依旧流着。一如往昔。我们下到路边那个洗澡堂看了看，也大体如昨。在这里，四十余载的漫长岁月，竟如坡下的长流之水一般，寂静无声。我不由得又走到坡头那张熟悉的、如今已然老旧的长椅旁，不由得又习惯性地坐落其上……"寂静，你好／我的老友／我又来和你倾诉衷肠……"好莱坞电影《毕业生》中那首著名的插曲，就这样油然浮上耳际……

"故乡"就这样巨变

我真正的"第二故乡"，其实是在离澜沧县城尚有52公里的惠民山。那里已经属于西双版纳的边缘地带了。我们"上山下乡"刚从北京来到那里时，还属于"澜沧县惠民农场"性质。后来就改成生产建设兵团了，而我们的团部在勐遮，师部在景洪，整体来说，西双版纳就是我们的第二故乡。

今天，就要离别澜沧去勐遮了，小荣和顺平执意要送我们到惠民，我们当然也很愿意和他们再多相处一小段时间。这样的时间真是比金子还宝贵。

又在酒井路口逗留。我们先是开车进酒井去当年那个乡（现已改区）中心的"老财院"去察看，全无。一座新的区政府办公大楼高耸在坡上，旁边紧挨着一座中小学，也是一座很新、很漂亮的楼。在这座学校的外墙上，甚至张贴有某处一楼盘正在售卖的商业广告，真令人惊异。当年的乡公所和粮店等，早已杳如黄鹤，我看到早已是柏油而非土路的一侧，甚至"营业"着一间摩托车修理店。

我们又返转酒井路口吃已经备好的饭。这是一家管理很好的私营饭店，卫生间内置着一桶清水，上面还备着一个水舀子；院内的水管处，还置备洗手液、洗衣粉等。这地方当年一无所有，全是青青茅草，如今触目清新，到处都是这些饱满的细节，你不能不感到，眼前这座饭店的存在，真好似是哪位神仙的突然呈现。只是慵懒其间的那几只当地土狗，我们似乎又"肯定"是见过面的。

饭毕，我们前行去寻当年的"78道班"而不可得。实际上，小荣和顺平都说，如今的云南边疆都早已是高等级公路了，哪还有什么道班？而72公里处的那座桥，我们曾从那里下河去推野芭蕉的那座桥，也早已因公路改线而荒废在尚可从路边一望的另一处了。此一望尚可见当年湍急之水大不如昨。近旱谷坪乡时，当年高踞坡上的那个寨子，竟然邻街了，并且实与惠民街门连成一片了。小荣说，如今这里正在打造成一个旅游小镇。可不是么，眼前这个我曾熟悉得不能再熟悉的青春之地，一切的一切都高耸新奇起来。几近建好的一座五星级大饭店就在路的一侧出现，而那里，分明地就是我们原来营部的伙房！真是天上人间，不可思议至极。顺平说："如今这里的万亩茶山和露天铁矿都是当年就有的，只是从来就没有被重视与很好地开发，现在可不同了，你看——"可不是么，顺着他的手势望去，马路对面，原来米干店一侧的许多新店面正在招商，彩旗飘扬，人声鼎沸。小荣又告，听说当年的六连富腊那儿，要建一个很有前景的"温泉之都"了。她建议不妨去看看。于是我们依其言而去。当年的坎坷小路，以及树全、健群他们盖起的一排排房屋，以及一切的一切，都已经渺然不见其踪。车行其上的，是一条刚建设好的高等级公路；路两旁，都是生机勃勃的茶叶地；时而有一辆漂亮的摩托车飞驰而过……

复归惠民街头后，只有路畔的那棵大榕树一如往昔。前后左右，我所亲眼看到的一切，都已经令人感到陌生。这种陌生感是出乎意料的，然而又仿佛在意料之中，毕竟四十余载光阴，已经淘尽了人世间的太多陈旧。就在这里，就在这岁月之流依然没有消损之的大榕树下，就在这依然枝繁叶茂的当年大榕树下，我们与小荣和顺平互道珍重，终至惜别。

从惠民再下3公里半，就是勐满坝子了。当年山脚处的七连，似乎尚有一些房屋遗存。但那"遗存"的所有者，也早已不知是谁了。在行进中，我只能任一处处惊喜中的遗憾在记忆中遗存。而我的宝贝女儿，正真切地坐在我的身边。我知道她从来都和我一样，永远有一颗敏感的心。

勐满街头的那个小食馆不见了。我怀念那里的酸菜炒肉！

到勐遮了。当年的团部啊，我亲爱的团部，你怎么像我们的青春一样，"上穷碧落下黄泉，两处茫茫皆不见"了呢？

关于"根"的对话

昆明这里，四季不明。同一时刻，不同年龄或体质的人，很可能穿衣迥异。昨天与今天，虽已春深临夏，但可能是时有小雨吧，天气还是较凉。

女儿还在睡着。我思忖着，就要和她分别了，我应该"嘱咐"她一些文字。于是我到行李中去翻那本《人生四季之美》——那里面不是有一句"且让人生绽放花朵"的金玉良言么……可我这一翻，竟然翻出了在紧张而丰富的旅途中一直被我忘却了的一本"参考书"——于是我的主意来了，翻开书，挥笔而在扉页上写道："你还没看过我当年写的、十七年出版的这本书哪。'跟着老爸去寻根'之后，爸爸提醒女儿于四月二十九日。二〇一一年。"

这本书就是我那本《青春不是候鸟》。这时候，已经醒来并盯着我看的女儿说话了：

"写什么哪，爸？你给念念。"

我认真念过，她笑了；

"我不是跟你说过了么，你那本书中还有一篇《空气有感》哪。我都记得清清楚楚！"

"那咱们说说这次'寻根'的事……"我只能以进为退。

"你的经历就是你的根，我的经历就是我的根。这还不好'寻'？"

没想到女儿的话如此言简意赅，一下子竟令我不知道说什么才好了。我只感到很好，非常好。

—— 下 编 ——

肆

浩瀚书缘有说道

妙在不隔

——高洪波散文《雪国》赏析

《雪国》之妙在不隔。"隔"字怎讲？王国维在《人间词话》中有云："语语都在目前，便是不隔。"这"语语都在目前"着实不易，但高洪波在他的散文中做到了。《雪国》绝非"雾里看花"之作，而是一篇"状难写之景，如在目前，含不尽之意，见于言外"的妙文。

《雪国》之景写得真切。作者写科尔沁草原的雪"粗豪得紧"，个把钟头光景，就能把大地抹成个京剧里的曹操模样——"大白脸"，这的确是北方的雪，而不是鲁迅先生曾经咏过的那般"南国的雪"。无生命的雪是没有地理属性的，但作者的"不隔"之笔如实地写来，却自然地使"雪国"有了南北之分。北方的雪的确是"粗豪得紧"，它能把房门封住，"或者靠北的山墙被大雪一直堆齐屋顶"，需要你和你的邻居们"重新开辟一条通向世界的小径"，仅此数端，读者们便会对"雪国"神往不禁，更何况还有"就着雪色泼染成的银白"进行"雪地追踪"，还有堆雪人、滚雪球、打雪仗诸般"固定程序"的趣闻乐事，还有大清早到电线杆下捡拾"一种味道极鲜美的飞禽"的口福呢！作者"状难写之景"的功夫浑如"雪国"一般奇魅多姿，谁人神往之后，能不冷静地想到：只此一点，北方便不可不爱。

《雪国》"含不尽之意，见于言外"，其功一在景真，二在情真。这景与情皆真，实为"不隔"的上乘功夫。《雪国》的景写得真切，《雪国》的情也写得真挚。开首写成人们"对这大雪总是抱有一种极漠然的态度"——"孩子们则不然"，因见执着；

接续下来的"雪地三部曲"更是真情洋溢，令人读来有灵魂得到净化之感。"三部曲"的前奏是"雪地追踪"，"当一串脚印在洁白的初雪上逶迤远去时，那图案是让人毕生难忘的"，信然！打雪仗"小手小脸冻得通红，也在所不辞"，正是童心使然。最好的是"滚雪球"："这时节，我相信每一个伙伴其勤劳与虔诚的程度，都不亚于一只蜣螂对待它的粪球！"笔者与作者是识得的，读到此处，不禁哑然失笑；这高洪波，恁般年纪，怎会真如小孩子般？这个"真"字，实令笔者深思不已。相信读者们也会像笔者一样，笑后思笑，这其中确有"不隔"之真蕴存焉。"堆雪人"也很有趣。"真的，在北方，没有堆过雪人的孩子不应该算孩子，没有打过雪仗的童年也不应算是童年，我一直这样认为。"又是稚语如珠，执着中倍见真纯，给人以启迪，给人以"雪国"之永远的诱惑。

"我们还有另外重要的事情干"，那就是非科尔沁草原的"雪国"莫可一遇的电线杆下捡食撞晕的鹌鹑了。令人读来馋涎欲滴。此时节，不唯作者以成人之龄与自己的童年生活无"隔"，每一位读者也几与作者的真挚情感"不隔"了。但更令人深感愉悦与满足的还是作者的"神"来之笔，"事到如今，神仙早已远遁，故乡的雪国亦久违，我却依然不忏悔那大不敬的'邪念'，并坚持认为那仙人将白雪变为白面，实属多事。"朴拙稚趣，尽在此言中。然而"偎着温煦的炉火，吃着香甜的烤白薯"之外，作者又分明地告诉了我们一些什么。

"不隔"之妙，令人如品青青橄榄，在皑皑《雪国》里流连忘返……

"忆"的手法谈片

——王宗仁散文《忆娘》赏析

即使是尚在学龄的少年朋友们，也常常会有一些涌上心头的人和事，需要写成回忆性的文章。王宗仁《忆娘》这篇散文，在"忆"的手法上颇多可取之处，例如：

既是"忆"，就存在一个由此及彼、由近及远的时空跳跃问题。这可谓写回忆性散文劈头遇到的第一个大问题。《忆娘》是怎样解决这个问题的呢？开篇就是一比，"有如一朵心绪缠绵的云"——这样，作者就贴切地获得了"又飞向远方"的自由。紧接着，"我离开故乡已经二十多年了"——一下子切近正题。然后是另起一段对"生我养我的地方"的一些真切描绘。由远及近的空间之"隔"就这样了若无痕地被作者"处理"掉了。我们不能不佩服作者如此高超的"忆"的手法！

作者对时间之"隔"的处理手法也是耐人寻味的。"真怪，四十多岁的人了，还常常想娘"，这是刚化入又淡出，为全文之忆一波三折的最初之点。当作者进一步回忆娘为他缝补衣裳时，"嘴里还哼着一支古老的曲调——现在回想起来，我还觉得那曲调是从遥远的山那边传过来似的"，可别小看这两句当中的那个"破折号"，它实在是作者"由彼而此"的一绝！谁能从中注意到时间之"隔"呢？但语意又分明是从"二十多年前"到"现在"的一转。这里的"破折号"好比是盛载着作者真挚、深厚情感的一座小桥，使读者很容易地就从彼岸而通达了此岸。再往下，"娘那时候"如何如何，"这一天"怎样怎样，我们又不知不觉地跟随作者回到"娘"的身边去了。当我们正为娘"突然转身擦抹眼泪"而动情不已的时候，"当时我八岁"又一下子使我们置身到今天，并且"一直到今天"地"忆娘"不已……

这种时空的跳跃是写回忆性散文必不可少的一项基本功，实际上它也是散文"形散而神不散"的具体表现形式之一。在《忆娘》中，作者还有这样一些艺术手法值得我们借鉴：

置自己所忆对象于一个特定的氛围，以增强忆念形象的立体感。文中对"生我养我的地方"的种种叙说，既是"忆"的凭借物，又是对忆念对象的艺术铺垫。

注意"忆"的主体与客体之间的适度。《忆娘》是一个"四十多岁的人"对老母亲的忆念，但具体"忆"的内容是"二十多年"以前的，所以在作者笔下，"娘那时候并不算高龄"以及"在我们村的娃娃世界里"的种种描绘，都非常符合当时的母子关系，也当然吻合现在的忆念之情。

紧紧把握住"忆"的线索，绝不旁逸斜出。忆亲娘，集中在娘的缝补上。"我想娘，总是跟那个线团连在一起，当然，还有牵在线头上的那根明晃晃的针。"作者是这样宣告的，读罢全篇，也深感《忆娘》的确做到了这一点。

其他如情蕴于"忆"，熔载有致，篇末升华，等等，都是《忆娘》的成功之处。至于思想性，对于贫寒之娘的缝补之忆，谁又能掩卷而不沉思呢？

一阕"火车上看风景"的精品
——付东华散文《杭江之秋》赏析

古往今来，不知有多少步行游览家写了多少名篇佳作，但付东华先生所写的《杭江之秋》却是一阕"火车上看风景"的精品。"风景本是静物，坐在火车上看就变动的了。"这就是本篇散文不同凡俗的视角。

火车飞驰，作者究竟看到些什么呢？不仅仅是一部"活动的影片"，而且是"一部以自然美做题材的小说"。作者并清清楚楚地告示读者：它是有情节的，有布局的——有开场，有Climax（高潮）也有大团圆的。

这里的比喻和告示，就是作者为全文精心设构的框架。非大手笔不能是如此"明白"的"工程师"！

有了框架以后，"火车风景"无论怎样移步换形，总是明白如画。例如：

> "于是过了湄池，便又换了一幕。"
>
> "到直埠了。从此神秘剧就告结束，而浓艳的中古浪漫剧开幕了。"
>
> "于是我们转了一个弯，就要和杭江秋景最精彩的部分对面了——就要达到我们的Climax了。"

这样的电影及小说之喻，当然比单纯地进行时间与地点交代，更显生动和丰富。二者兼而用之，更使全文井然有序，动而不乱。这可谓是此篇散文在构思上的大成功处。

其次，这篇"火车上看风景"的细部描绘也是令人叹为观止的。你看那山，"有的从她伙伴们的肩膊缝里露出半个罩着面幕的容颜，有的从她姊妹行的云鬟边透出一弯轻扫淡妆的眉黛"。更难能可贵的是，作者对这山的描绘竟完全处于动态之中："浓妆的居于前列，随着你行程的弯曲献媚呈颜；淡妆的躲在后边，目送你忍心奔驰而前，有若依依不舍的态度。"这真个是把山写活了！把"火车上看风景"写绝了！而这般绝无仅有的文字，几乎是洋溢跳跃在全篇散文的始终，这该是一种怎样伟岸的功力啊！

这种超凡的功力还表现在作者对"火车风景"独到的观察上，即：每处窗外之景绝不雷同，却又有着清晰的内在关联。如：

> "以前，山势虽然重叠，虽然复杂，但只能见其深，见其远，而未尝见其奇，见其险。以前，山容无论暧昧，无论分明，总都载着厚厚一层肉，至此，山才挺出峋嶙的瘦骨来。山势也渐兀突了，不像以前那样停匀了。"

我们不能不佩服作者独到观察的细微有致。这种独到的观察力来自作者的学识，也来自作者的有备。前者如"我们领略着文艺复兴时期的荷兰的画图，我们身入了《天方夜谭》里的苏丹的宫殿"和"这番看见郑家坞的松，才相信古人著色并非杜撰"等句可证。后者如对平浦路、沪杭路、京沪路的"单调"之抑，以及"正是读好书的季节"、"我就壹志凝神地准备着"等句，自可透露一枝"秋"消息。

这是一篇以动写静的奇文，动中有静，静中有动。其实，这正是大自然的本来面目，只不过飞而视之比"策杖独行"更能一览无余罢了。仅从认识论角度看，这篇散文也会给我们一个十分重要的启迪。

一块漂亮的"魔方"
——戴砚田散文《白云山的孩子》赏析

这的确是一个沉重的背影，一个11岁的山里孩子，先是目光里"有着复杂的内涵"，继而"低下头，不语"，接着，"他秀美的眼角竟吊起一片红晕"。他叫小华。因为"妈病了，妹妹小，爸一个人下地上山"，他说："我，我得干活。"是的，小华不能上学了，他得帮爸爸干活。《白云山的孩子》读后，首先留给读者的就是这样一个沉重的背影。

但这"背影"的背景其实并不"沉重"。"溪涧旁，三五人家，迤逦散开"，这寥寥数笔的一幅水墨画就是小华的居家所在。他的爸爸"是个乐观性格"，哪怕初次遇见的人，也要热情相邀："同志，到屋里坐呀，上山累了吧，到家里喝碗粥，小米小豆粥。"小华的妈妈更是热情，并且更多了一层女性所特有的那种细心、周到，更多了一种山里人所特有的那种黄金般的情意："喝吧，同志。你们上山从这儿过去，我就想到你们下山该累，该渴，早熬好了……"好一个"该累，该渴"！谁读此处，能不热泪涌心，感动不已？

由"该累，该渴"而及"该上学"，小华的"沉重"自然有些缘由。但到底是哪些"缘由"呢？作者情不自禁地欲求揭示，却又功力深厚地像"背影与背景"那样蕴藉地娓娓道来。这是一次"时间不早"、下山途中的"突然造访"。时间，允许一个独具慧眼的作家有所发现，却不允许一个负责任的医生乱开药方。作家深知，"我的这次突然造访，是说服不了他的"。但不管说服不了谁，作家的责任感和倾向性还是从他的现实主义描绘中自然而然地流露出来。始遇"喂完猪要走"的小华时，他"担心地问"；听小华"上了几天，不上了"以后，他"心一沉"；作家对小华的辍学充满了惋惜、忧虑和理解的复杂感情，不仅"把他的粗糙的小手握在我掌心里，凝视着他"，而且颇为艺术地以笔传情："他提起猪食桶跨上石板小路，一棵酸枣树在他肩旁颤抖了一下，圆圆的酸枣落进石缝里去。"呵，多么蕴藉的"颤抖"！谁在"颤抖"？除了不幸的小华，除了忧心的作家，还有我们每一位读至此处的明眼人。但小华的爸爸似乎没有时间"颤抖"，他又"收玉米，又种麦"，而且当作家提到"百年大计"时，他竟至于说："还是先顾眼前，过几年，他妹妹大了，再去念书也不晚……"作家的反应又如何呢？

"我愣住了"。尽管接着他不能不有所感慨，但最耐人寻味的感慨其实是在这之前的感慨："当年抗大二分校的同志们从这儿突围……"

白云山曾经是英雄的山。"白云山的孩子"不应该再陷入新的"困境"。但"现实就活生生站在我面前"。这"现实"的"困境"究竟又是怎样造成的呢？难道就是小华他爸的……

> "他指指房顶上金黄的玉米，排成了金墙的玉米直闪光；又指指准备送交出口的栗子，紫红的栗子在柳条筐箩里显着鲜亮。"

小华他爸"是个乐观性格"，"白云山的孩子"却有一个"沉重"的"背影"。此外，作家一定还蕴藉地告诉了我们些什么。但究竟是什么呢？

这一千五百字的散文，真是一块漂亮的"魔方"！

这"魔方"是立体的：几个人物，形神毕肖，不仅他们各自的性格、感情十分鲜明，而且他们彼此之间的关系也非常容易把握。

这"魔方"是完整的，不过是一次"天色不早"与"天色实在不早了"之间的匆匆造访，不过是偶然知晓一个山里孩子辍学了的小事情，作家却讲得有头有尾，有条不紊，而且有人物的恰时出入，有场景的特异变换，有情绪的波澜起伏。整篇散文，不管从哪一方面看，都十分完整而精当。

这"魔方"是独特的：不仅有水墨画一般的"三五人家"，不仅有特写镜头般"颤抖的酸枣树"，而且有"山下伙伴儿们在喊"和"汽车喇叭声"的画外音，而且有小华家院子里的"大红石板桌子"以及"石块砌垒的猪圈"、"小米小豆粥"……这就是白云山特有的艺术氛围。

但这篇散文真是一块"魔方"么？作家戴砚田同志在给笔者的一封信中这样说：

"只注意一面，忽视另一面，是生活中常有的。提醒注意另一面，也是散文的任务吧！"

我以为这就是理解《白云山的孩子》全部蕴藉的最后一把钥匙。

读《爱的期待》

河北诗人戴砚田，还是一位诗意盎然的散文家。老戴同志的散文，不像杨朔散文那样精巧，亦不像秦牧散文那样富于知识性，但在其散文集《爱的期待》中，二十五篇文字闪烁着同一颗燃烧的灵魂！最使人感同身受的，既不是地火在岩下运行，更不是天火在云上缥缈，而是切近又红亮的人间之火，在辉映着你，在照耀着他！

作者的"期待"到底是一些什么样子的亮色呢？

"我轻轻啊了一声，坐了回来。什么手砍去那山上的树，也就砍去了花，砍去了碧绿青翠，砍断了泉水……想到此，一个寒战掠过我的心头：如果苍岩山的树被砍光，该是怎样的景象！"（《为何此山独苍翠》）这是一个忧心者多么警醒的期待！

"修筑煤道，送期待了亿万年的乌金升上大地。"（《月亮赋》）

这是对生活中无数个"期待"的期待!

期待种种,都是《爱的期待》。读戴砚田同志的这本散文集,有如在一条温暖的时代爱河里尽情享受。

在老戴同志笔下的这条爱河里,争跃着一个又一个神采奕奕的新时期弄潮儿。而作者本人,又何尝不是一个无时不在、无处不在的爱的弄潮儿呢?

作者的爱,又是一种平易近人的爱。在《情溢玄武湖》中,"独游虽有方便自由之美……忽来一高一矮两位中年师傅坐在身旁,全是无锡口音。一交谈才知他们虽离南京很近,却也是初览玄武湖景。自然结伴我们一路同行……"这里的"自然"二字,确实有极其自然的爱存焉。再往后,"抬头看,无锡师傅已过了白桥,我急步赶上。"甚至有"到了门前(迎春花展),无锡师傅已给我买了门票"的事态发展!相谐如此,谁又能想到片刻之前他们还是陌生人!平易近人之果,就是如此甜蜜。这种神奇的爱是多么美丽!

作者的爱,还是一种淳朴敦厚的爱。在《鸣沙山的思考》中,"再有一宗,从鸣沙山滑下,谁都是口渴心焦。偏偏就真有一位十八九岁的姑娘,在山下泉边摆起一摊凉茶,就是五分一杯,有谁说贵呢?谁不是连连叫好,频频举杯!就说这姑娘美如飞天仙女,有人也信。沙山为这姑娘,也要夜里重整山容,再勾线条,以迎明日来客的呀!"

作者的爱,更是一种超凡脱俗的爱。在《我心中的雨花》中,作者说:"在这里,我和青少年们挤在一起,聆听他们的教诲。红领巾们稚嫩的小脸上泪光晶莹,我也悄悄擦去流到腮边的热泪。"热泪洗魂灵,这真是一种净化人们心灵的爱!

作者的爱,最是一种诗意盎然的爱。

例如对故乡:"当年的榆树棵子里,已经没有我打碎饭碗时的哭声了。……曾深情地抚摸过我儿时的小脑袋的枝条，你可看见我又站在你的下面？可是认出了我，竟在风停之后，垂下那枝叶，在我的斑白的鬓发上厮磨。"（《故乡琐忆》）

在这诗意盎然的社会主义爱河中，也曾有作者"写作目的"的一倾而泻："三分好奇心，一腔爱国志，果得名山佳境，有所感受，有所领悟，写得一篇有用的文字，岂不也略表我振兴中华的赤子之心！"

是的，有"赤子之心"才能写出"有用的文字"。也许，正因为戴砚田的散文"有用"而不虚无，所以，他近年来在文苑的辛勤笔耕，才获得了一个又一个引人注目的果实。仅以收入此集的散文为例，《月亮赋》曾获《散文》月刊"优秀散文奖"，《球飞钻塔旁》曾获《体育报》"首届体育文学奖"，《岁久莲更香》曾获河北省"文艺振兴奖"，《我与大海》被选入《中国新文艺赏析》……应该说，著名诗人戴砚田已经无愧于散文爱好者对他的"爱的期待"了，但他在《我与大海》中还是坦诚执着地相告：

"我要发奋图强了，大海，这是我献给你的誓词！"

于是，我们又在温暖的社会主义爱河里，有了一种新的期待……

《过客》浅识

一

戏冠全国的北京人艺，最近又在其"小剧场"里上演了鲁迅先生的《过客》。以我之孤陋寡闻,犹记得改革开放初期的《上海文艺》上,曾刊有山东作家肖平的一个短篇,题目是《墓场与鲜花》,内容是描述两个男女主人公在"文革"前后的人生际遇,特点是故事中始终有鲁迅先生的《过客》相联串。当时我曾为这篇小说鲜明的特色、深刻的内涵所倾倒;后来也曾注意到它被评上了全国优秀短篇小说奖。

再往前追溯,一九三九年十月十九日,重庆文化界纪念鲁迅先生逝世三周年的时候,抗敌协会剧协曾把《过客》化装演出,胡风还专门为此写了一篇《过客小释》;一九四〇年八月,香港文化界召开鲁迅六十诞辰纪念大会,并于即日晚演出了《过客》。

从以上数十年间的片段事实,我们可以集中为这样一种认识:鲁迅先生的《过客》,不仅是其全部译著中最可以上演的作品,而且成了深邃的中国社会舞台上颇为人民所珍爱的一个保留剧目了。

二

其实,《过客》不过是几千字的一个小诗剧。说它是"诗剧",它又明显地没有歌德的《浮士德》或郭沫若的《凤凰涅槃》那种分行的形式或韵白,所以,若准确名之,《过客》其实是一个散文诗剧。所谓小诗剧,不过是一种不严格的习称。

或谓:鲁迅的《过客》是一种"短剧体的散文诗"。

即使在过了半个多世纪后的今天,对于我们的文学体裁研究者来说,这仍然是一个富有诱惑力的问题。

但我们应对鲁迅先生的这一发明创造采取"拿来主义"则是毫无疑问。

三

从《过客》中我们可以深刻地感受到，"短剧体散文诗"表面上是剧、文、诗三位一体，其合理的内核仍然是一颗诗魂。

这颗浓郁的诗魂，在《过客》中是采取象征主义的手法来表现的。

所谓象征主义，一般均以法国波德莱尔于一八五七年出版的《恶之花》为始祖，它主要是一个诗歌流派。

鲁迅的《过客》师承欧洲象征主义，但又摒弃了波氏等人的颓废与神秘。他把寓意深远的象征方法和入木三分的现实描绘完美地结合起来，独创了一种中国式的象征主义，并且由诗而至"短剧体的散文诗"，极大地拓展了象征主义的新边疆。

这在当时的中国，可算是一种表现方法上的突破。

四

《过客》中的环境，最是常言所说之典型环境：黄昏，杂树和瓦砾，荒凉破败的丛莽，小土屋，一段枯树枝，一条似路非路的痕迹……这固然是旧中国腐败凄凉之社会环境的艺术写照，又何尝不是人之生命长途中都会遇到的艰窘时刻的逼真象征？

创造典型环境是为塑造典型人物服务的。鲁迅先生在《过客》中描给我们的三个人物，都可谓是"典型环境中的典型人物"。那个口口声声"太阳下去了"的"老翁"，只知"前面是坟"，认为"不如回转去"，他显然是一个在人生的坎坷处失却斗志的悲观厌世者。而那个约三四十岁（人到中年）的"过客"，尽管"走得渴极了"，却只知道"前面"，誓言"我不回转去"，这是一个多么感人的勇于韧性战斗、奋然而前行的强者形象啊！至于那个

"约十岁"的"小女孩"（早晨八九点钟的太阳），只知道前面"有许许多多野百合、野蔷薇"，其纯真催人泪下，又颇令每一个趋向成熟的读者感到揪心。这是一个满怀希望、向往光明的新人的象征，富有深入髓骨的艺术感召力。

三个典型环境中的典型人物还在走着人生的长途。鲁迅先生的神来之笔，一直让他们走进了我们今天每一个人的心中：是学习"过客"负重而前行？还是首肯"老翁"的"夕阳咏叹调"？抑或是满足于"女孩"那种"鲜花"般的梦幻？

回答，回答！每一个认真看完《过客》的人都要作出自己内心深处的负责任的回答——

这就是鲁迅先生作为"人类灵魂的拷问者"的权威之所在。

五

不仅如此。"奋然而前行"的"过客"，其实也有自己生命的另一面：他"眼光阴沉"（双引号系笔者所示）并没有闪着明亮的光，这不仅是来路之黑暗所使然，而且昭告着他对自己未来的善恶并不肯定。

的确，他"从东面的杂树间跄踉走出"之后，曾经"暂时踟蹰"；他也曾对"老翁"所说"料不定可能走完"有所"沉思"；也曾对"老翁"的"休息"劝告"默想，但忽然惊醒，倾听"——并诚实地宣告："我愿意休息。"

对于小女孩给的"布"，他也曾"颓唐地退后"，这只能解释为他当时对于实现稚嫩者的期望尚无把握，深恐自己挑不起这一副人生的重担。最后："过客向野地里跄踉地闯进去，夜色跟在他后面。"

"闯"，固然是"奋然而前行"了，但尚有"夜色跟在他后面"——"阴沉"，这又是一种"阴沉的目光"！

但正因为尚有这种"阴沉","过客"之奋然而前行才更有意义,也才更加真实可信。古希腊悲剧作家索福克勒斯曾经说过:"出自内心的,也就能进入内心。"

这就是《过客》之所以能够深入我们每一个人内心的艺术力量之所在。

六

《过客》写于一九二五年三月二日。当时的鲁迅先生,思想上正经历着一个大飞跃前的苦闷时期。这一点,正如冯雪峰同志后来在一九四九年四月写的一篇文章中所指出:"流露了鲁迅的虚无感和阴冷心境最厉害的,莫如他的散文诗集《野草》。"

的确,《野草》中的《过客》,主要反映了一种理想与现实的冲突,同时也流露出存在于当时作者思想里的同样的冲突。当时的鲁迅先生,一方面感到了黑暗势力的浓重,着力地描绘了它;另一方面又觉到战斗不能松懈,坚持了顽强不屈的斗争精神。

鲁迅先生自己在一九二五年四月十一日(即《过客》写完一个多月时)致赵其文的信中曾经说过:

> "《过客》的意思不过如来信所说那样,即是明知前路是坟而偏要走,就是反抗绝望,因为我以为绝望而反抗者难,比因希望而战斗者更勇猛,更悲壮。"

是的,《过客》是一曲悲壮的战歌。在人生的漫漫长途中,"过客"将永远鼓舞我们更勇猛地向前,去谱写我们自己的生命之歌!

读是一支春消息

——"名家的读书生活"漫评

尽管易中天教授有"春天不是读书天"之谓,但我还是觉得,对于辞猪迎鼠欢度佳节的北京来说,读是一支春消息。

首先来看春节期间的北京各大书店多么红火。正月初四,适逢与新中国同龄的京城老字号——王府井新华书店迎来自己的59周年店庆,该店是日雅客盈门自不必说;仅以京城书店的后起新秀之一北京图书大厦来说,从大年三十到初六,就接待了50万人次的读者,销售码洋比去年同期增长6%;而另一后起之秀中关村图书大厦,据统计其春节期间的销售码洋比去年同期增长15%,平均日客流量为两万余人。数字就是告知:春天来了,一个读书的春天,正从我们生活的一个侧面,悄然来临。

在热闹的北京庙会上又何尝不是如此?仅以龙潭庙会来说,其每年均在庙会上设置的图书捐赠点,今年竟然为遥远的青海省一所民族小学奉献了3万多册图书,其数量之多,实为历年之最。谁能说,这不是"北京读来早"的一支春消息呢?

当然,"春天读来早"的更权威讯息还是来自国家图书馆和首都图书馆。在国图,今年有一幅巨型海报非常醒目:爱在国图,暖在书海。这是国图首次公开邀请读者到馆过"书香年",海报中还特别注明"诚邀因雪灾未能回家过年的外来务工人员和青年学子"。

同时,国图还把自己的"诚邀"扎扎实实地体现在多项收费的减免上,甚至在大年初一早上,国图馆长还亲自给到馆的一些读者拜年、赠送小礼品。因之,仅大年初一这一天,国图便接待读者2249人次,创近年来同日接待量最高。首图也是这样,在"书香年"期间,那里的种种讲座都盛开着令人陶醉的听者(读者)之花。

但在今年春节期间,最令人陶醉的,莫过于北京电视台"7日7频道"的特别节目"名家的读书生活"了——

从初一到初七每天晚上的黄金时间,坐在电视机前,尽享文怀沙、冯骥才、罗哲文、王蒙、冯其庸、韩美林、黄苗子这七位文化名家的读书生活,这真是一段黄金般的记忆!

记忆中最令人感奋的有以下四点:

一是北京电视台魄力独具,于春节期间用这样一档读书类节目参与"眼球"竞争,这只能说明他们慧眼识珠。的确,当今之世虽然浮华噬人,但渴求知识的地火从来也未中断其在中华隧道中的潜行;实际上,大众的春节品味绝非一台或数台晚会即可了断,它不仅需要更加多样性的服务,而且尤其需要对中华文明传承需求的精心对接与准确释放。中央提出要激发全民族文化创造力,提高国家文化软实力。文化软实力是综合国力和国际竞争力的重要组成部分。而读书,又怎能不是提高我们每一个中国人"软实力"的重中之重呢?所以说,在今年春节期间有幸看到"名家的读书生活"这档黄金节目的观众们,其实是身在中华文化的海洋中,尽享了一种国家软实力的瑰丽多姿、奇魅丰饶。为此,我们要感谢北京电视台这次独出心裁的春节巨献,在他们的努力耕耘中,读是一支春消息,"春来发几枝。愿君多采撷,此物最相思"。

二是北京电视台这档春节特别节目不仅策划独到,而且形式别致。众所周知,近些年国内各电视台的读书类节目层出不穷却又接连消遁。至今仍"健在"的,也大多改头换面,或实无真书可读而专打"名人牌",或"悦"字当头直取实用路线,或将读书节目为得过于呆板,等等。很难说这些"戴着脚镣跳舞"的读书节目是否成功，但我们久觅众台这类节目中深厚、浓郁的人文气息而不得……而这次春节期间的"名家的读书生活"，北京电视台的相关编导们显然在其表现形式上做了新的努力和尝试，一是在演播间与采访现场有节奏的切换，既保持了新闻播音的新鲜感，同时又具有现场采访的真实感，二者相得益彰，形式别开生面。二是采访现场皆为读书名家的书斋和书房，因之最大程度地满足了广大观众（读者）一窥其堂奥的"阅读"兴趣。笔者在看此节目时，便很有此类满足感。以前曾见识过我国台湾地区作家李敖的书房其大无比，也曾拜读过语文大家周有光先生的《有书无斋记》，这次在电视中，无论是走进冯骥才设在天津大学文学艺术研究院中的书房，还是走进韩美林那自称是一个"小小艺术博物馆"的博大书房，都深深地感到，中国真是变了，中国真是大变了，这从中国作家们的书房变迁中便可以看得很清楚。"遥想元明之际，王冕牧牛读书，陶宗仪耕田写作，不但书房，连书桌也没有"（流沙河），看今朝，冯骥才已然"功夫在'桌'外"了："我的书桌没有在家里面。我的书桌主要在田野里。"他还说："到处都是我的书房。比如我在京西宾馆开会时写了个小说，那里就是我的书房。或者可以说，真正意义上的书房，我有两个：一个是在社会上，比如在田野里；另一个在自己的心里。"这就是冯骥才先生的"软实力"，这又何尝不是令广大观众（读者）非常艳羡的一个"文化制高点"？

三是这档隆重推出的春节特别节目连续七天在黄金时段播出，就不能不给人一个非常清楚的启迪："名家的读书生活"不仅是文化的，他应该首先是生活的。这种把读书类节目的重新定位是非常具有现实意义的，它起码告诉我们：读书是我们的一种生活方式，而不仅仅是我们的一次精神消费。因之，各种生活类的传媒载体都应该承担起引领人们"多读书、读好书"

的历史使命，用多种多样的鲜活方式构建我们的书香社会。从另一方面说——仅以辞猪迎鼠欢度佳节的北京来说，关于"读书"的负面新闻也并非没有，例如某报某日有一份"民生调查"，说的是"大门锁住屋内千册藏书，隔壁棋牌室人声鼎沸"，大标题是：社区图书馆为何少人问津？——这种场面对于北京市民来说并不鲜见，要回答这个问题确乎很难，但是我们据此完全可以得出一个结论，"要加强文化软实力建设"的任务，我们还远远没有完成。而对于这项任务的一个重要组成部分"引导人们多读书、读好书"来说，现在不能够放任自流，而应该多管齐下，继续加强。在这方面，北京电视台"7日7频道"慧眼识珠，贵在识"读"，而犹贵在识己。正像读书是生活的一部分一样，举凡生活类传播媒介，都应该全方位地、更经常、更多样地为"读书"服务。

四是七位文化名家的读书生活恰似一座又一座的宝库，无不令每一位有幸浸入者满载而归。例如韩美林的《天书》，由于春节前刚刚在人民大会堂举办了首发式，正是中国文化界的一大热点，而春节期间我们就在荧屏上看到难得一见的这位"艺神缪斯的儿子"（黄苗子语）一一道来了。他说，"《天书》的由来"与启功先生有关。那还是1958年，有一次他与启功先生在香港小聚，当启功先生翻看他随身带着的记录古文字和岩画的构思本时，曾戏称他是在办"古文字收容所"，并认真地鼓励他把古文字搜集整理的工作进行到底。如今悠悠50年过去了，《天书》终于问世。韩美林非常感念启功先生当年的鼓励，并强调说："前辈们给予我很大的鼓励，而更大的鼓励来自于当前开放的现实环境。我们古老的国家刚刚腾飞，任重道远，我们国家不仅要有实力，还要有魅力。"好一个韩美林的"魅力说"，为此，明年他要继续出版《天书》下册并从现在又开始整理编撰一部"中国古文字大典"了。闻此种种，谁能不对韩美林的"读书生活"充满敬意？正如黄苗子先生有诗赞曰："仓颉造字鬼夜哭，美林天书神灵服。不似之似美之美，人间能得几回读。"

不仅韩美林先生的《天书》"人间能得几回读"，文怀沙、罗哲文、冯其庸等诸位先生的"读书生活"莫不五彩斑斓、气韵非凡。再如王蒙先生，这位享誉中外的文坛老将在镜头中告诉我们：读书就是和朋友切磋谈心，就是对自己灵魂的追问。但他现在"阅读量小多了"，因为"眼睛不行了"。"我觉得我说话的速度比过去慢了，但写作的速度还没有慢多少。"王蒙说，"人家招打字员，一分钟要打25个字，这个我早就超过了。"王蒙还说"中国现在的读书情况，不是很令人满意"，他并且说，"那些经典作品，我现在还是会看一看，像老子、泰戈尔、雨果的书，还有《红楼梦》、《源氏物语》什么的"。这就是镜头中的王蒙，这就是最近的王蒙，这就是其"读书生活"如大河般绵延至今而依然波澜壮阔的那个王蒙。的确，老读书的王蒙先生永远不会老。

你说春天会老吗？

落花生里有真谛

许地山（1893-1941）是现代著名作家，他曾写过一篇脍炙人口的短小散文，名叫《落花生》，后来他把自己的笔名也叫作"落花生"。在我还没做父亲的时候，我就很爱读这篇文章；在我当了父亲以后，我认为这篇文章更值得一读了。

虽说现在的住房比较紧张，但房前房后房左房右却不见得没有一小点儿空地。"让它荒芜着怪可惜，既然你们那么爱吃花生，就开辟出来做花生园吧。"许地山的母亲就是这样针对孩子们的喜爱，用劳动来引导他们的日常生活的。如果我们住房周围的空地不足以开辟"花生园"，那种一点儿花草总是可以的吧？孩子们固然多爱吃花生，但爱花爱草爱一切美丽的事物也几乎是他们的天性，我们应该有意识地像许母那样引导他们通过自己的劳动来创造美好的生活。这一点对于儿童来说，甚至比学习一些弹琴绘画之类更显重要。

许地山的父亲对这点的认识更深入了一层。当花生收获以后，他在园中的茅亭里又这样引导自己的孩子们："谁能把花生的好处说出来？"孩子们争先恐后地回答着，有的说："花生的味儿很美"；有的说："花生可以榨油"，有的说："无论谁都可以用贱价买来吃，都喜欢吃它。"应该说，孩子们这些不甚全面的回答都是适合他们年龄特点的。家长的引导作用，正应该在这时候的这些回答面前表现出来。许父就正是这样做的。你看他亲切地对自己的孩子们这样说了："花生的用处固然很多，……非得等到你接触它才能知道。"

许父的这番启示不仅具有知识性，尤其是富有思想性，的确是一个高明父亲的家教箴言，它像新鲜的空气一样，一下子就被渴望健康的孩子们呼吸到心灵里去了，他们纷纷答"是的"，而这时候的许母"也点点头"。这是一幅多么和谐有效的父母教子图，许父更高明的地方在于他适时地又对孩子们进行了非常明确的教诲：

"所以你们要像花生，……这是我对于你们的希望。"

一直到许地山以"落花生"的笔名写这篇《落花生》的时候，他还在结尾处这样深情地说："父亲的话现在还印在我心版上。"这句朴素的话实在是一个著名作家对自己所曾受到的父母教育最由衷的称许。

我们实在应该向许地山的家长好好地学习。即使不是教小孩子们种花生，我们也总是能够把一种"用自己的劳动创造美、创造价值"的观念种到他们的心里去。而这对于他们来说，将毕生受用无穷。

说"侧目"
——致狸美美

狸美美，我的女儿。年前年后，爸爸迷醉在家里新开的"机顶盒"所引发的"高清电影"魅惑中，不断被《巴黎夜未眠》《熊友乔纳森》、《一轮明月》、《伯爵夫人》、《别跟狗较劲》、《总统千金欧游记》等精彩影片所俘虏，以致连女儿最近在某报上所写的一些专栏文章都没怎么好好看。但实际上，电光石火一般，你那几篇"网人网事"我也匆匆浏览过（在这个世界上，没有什么比欣赏自己女儿的努力成果更重要的事了，这是真的），特别是其中一篇文章的一个词——"侧目"，我的印象是似乎有些问题。这个印象似乎有些"电光石火"，完全是因为我女儿所写文章流畅如水银泻地、一贯有种骨子里的幽默而魅力独具、一贯地遣词造句行文准确精当颇具水准。而"侧目"这个词，终究于我是有些疑虑。

今日早起，首先在电脑上把狸美美同学最近所写的一些专栏文章全打印出来。这是女儿"每周一文"的专栏问世一年多来，爸爸和妈妈坚持不懈的一个"热门工作"。然后，我就搜索到那个"侧目"语境如下了：

"对于白驹过隙般的网络热词，狸美美一向秉持着'浮云，都是浮云'的立场，但对于今次的这个'给力'，狸美美却格外侧目，因为党报能力挺'给力'，这不是一个小意义，其折射出的，是官方逐渐亲近网民、倾听民意的最给力反映。"

上引出自狸美美同学2010年11月20日《很给力的"给力"》一文。顺便说一句，作为过去、现在和将来都会永远瞩目于自己孩子所写文章的任何父母来说，他们最欣赏也最欣慰的，其实还是自己孩子所写文章的价值观是正确的、积极向上的、大有益于人民和国家的。这一点非常重要。而我的女儿狸美美，在这一为文的核心要素上，最让为父如我者，尤为欣慰、欣赏与自豪。

但"侧目"二字还是如"电光石火"一般惹眼。只不过"电光石火"一般引向褒义，如引向"灵感"的产生，等等；而"侧目"这个词，"是指斜目而视，形容愤恨或者畏惧的样子，它和'瞩目'完全是两回事"。

狸美美，我亲爱的孩子。爸爸有一个你至今也许还没怎么"瞩目"而非"侧目"的习惯，那就是我总是随手做剪报，这习惯其实与那个"无所不知、无甚不能写"的李敖大师来说，也是一样的。只不过他是运用资料（知识）比我又勤又好千百倍而已。汝欲有李敖那样的全能大手笔，必先如我般不断积累知识、复习资料始。一切的成就其实都来源于能力的复习与积累——

这话有点儿扯远了。爸爸的孩子，我亲爱的女儿，其实我想说的是，认识真理其实是很容易的事，只要你肯学习。你看，我随手找出一张我"百宝箱"中的剪报，就能准确地解决你那个"侧目"问题：

据2010年12月29日——即你在香港发表那篇"侧目"文章后第9天，《北京青年报》即登载《〈咬文嚼字〉昨公布2010十大语文差错》一文，其中，"第四，新闻报道中容易用错的词'侧目'。如：'他的研究成果解决了十多亿人的吃饭问题，全世界为之侧目。'这里的'侧目'应改为'瞩目'之类的词语。所谓'侧目'，是指斜目而视，形容愤恨或者畏惧的样子，它和'瞩目'完全是两回事。"

宝贝子，爸爸的狸美美，你那篇文章中的"侧目"应该改为"瞩目"——是也不是？

祝好好学习，天天向上。

父于2011.1.5

说剪报

说剪报，首先要说：当今时代，尽管电子媒体及媒介的受众日益扩大，但纸媒如报纸的读者亦未见明显的、大面积萎缩。这其间，有相当部分的重叠，亦有不小部分的固守。

既然如此，关于读好报纸、用好报纸的种种方法或注意事项，我们今天仍然有话可说。即使是老生常谈，亦可能常谈常新。

比如剪报。中国的剪报史，当可从有报纸出现那一天就开始了。谁在看报时，遇到有用的资讯或不忍释手的文章，而不顺手一剪，以备再用或再看呢？当然，"顺手一剪"也必须手侧备有剪刀——这也就是说，所谓剪报，必须是有备的行为，而不可能是心血来潮。这一点认识很重要，它告诉我们，有"剪报"的意识，就是对读好报纸、用好报纸"有备"——相较于那些只是对每天的报纸"随便翻翻"的人，这些"有备"的读者显然更成熟、更理智；他们对报纸的态度也显然更尊重、更珍爱。

这种对报纸的尊重与珍爱，是我们"说剪报"首先要提倡的，它是我们读好报纸、用好报纸的必要前提，非如此不能进入每日报纸的丰富之门。

当然，我们读好报纸的唯一目的还是要用好报纸。但考究中国剪报史，所谓读以致用，其实也还是有客观需要与主观需要两种情况。前者如上世纪八九十年代，中国改革开放勃兴，甚至催生了一种"剪报产业"——如中国人民大学的资料中心，陆续印制出版了很多种剪报刊物，十分畅销。当时还真有很多读其剪报、用其剪报而发家致富的例子不断见诸报端。后者如国内外的很多著名学者、作家等，他们或因有主观意念而开始不断地搜集相关资料，或因只是对某些资料感兴趣而逐渐清晰了某方面的写作计划，而剪报，就是这两种资料收集的必经一途。比如李敖，他不仅剪报，还剪书！他能写出那么多类别迥异、知识新颖的书来，跟他有过人的资料收集功夫十分有关。在他异乎寻常的家里，到处都是井然有序的书报刊等各种资料。那就是他的独家之秘、写作宝贝。这其中，除了书籍以外，不断收集来的剪报（及剪刊剪书等），占相当一部分。

但是，对于广大读者来说，我们注重于做好剪报，用好剪报，倒不一定非要著书立说，只要能提高我们的文化水平，加强我们的文化素养即可。

我们或可在"当代剪报人群像"中对号入座一下。

其一为"权宜"之剪者。诸事缠身，时间有限，真是不能静下心看刚来的报纸，可又不愿一时错过有趣或有用的资讯或文章，亦不愿一大摞报纸总在眼前压着或压至明天变得更多，那就抓紧时间"扫"吧！而在"扫"的过程中，只能把那些"打眼"的标题或具朦胧美的文章剪下来，留待有暇或静心时再看——当然还是要抓紧时间，只不过可抓紧另外的时间了。这就是"权宜之剪"——你能对号入座吗？

其二为"只为下一次相逢"而剪者。我们都有这样的经验，看报时遇到某些文章或因其内容或因其文采或因其他如标题、某句话等等，虽不属一见钟情，却也不忍舍弃，怎么办？那就剪下来吧——即使只为了下一次相逢。相逢因为曾相识，相弃因为曾相知。

其三为因其"有用"而剪者。从某种意义上来说，报纸就是我们每一位读者的学校，而且是一种百科全书式的学校。我们在日常生活中所需要的各种资讯，如政府的政令法规、市场的消费信息，以及看病就医、文艺演出等等，都可以在每日的报纸上看到。

其四为"欲荐别人看"而做剪报者。谁没有亲朋好友？谁不愿热心助人？有时候，你在报上看到大有益于某熟人的文章或资讯，情不自禁地就要操弄剪刀留存下来，以便推荐或提供给他看。这是常有的事，甚至有的剪报朋友还乐此不疲。

其五为做剪报如"收藏奇珍异宝"者。这种人做剪报特别认真，特别细致，大多专备一册，凡入册者皆视为宝贝般珍爱。当然，这些"奇珍异宝"必货真价实，收藏这些"奇珍异宝"者亦自属剪报佳人。亲爱的朋友，真希望你能对此号，入此座！

剪报世界，气象万千。上述种种，仅供参考。但与此相悖者，亦不少见，例如"剪而不读"者，或束之高阁，或藏之名山，又管什么用呢？更有"不注意更新"者，连"蒸汽机时代"的种种剪报还珍藏着呢——这似乎也没什么必要。更令人扼腕的是：不断地剪，却从来也不看，到最后剪报成灾，只好一卖废品了事——岂不可悲也夫！

既然报纸的事业还在一如既往地发展，我们广大读者的剪报习惯就应该继续保持与坚守，且进一步发扬光大。因为这不仅是报纸生存与发展的一个必要理由，更是我们每一个人获取优等知识、提高生存质量、以自身的不断进步来推动我们"文化立国"的一个必须。我们每一位读者，都应该为创造一个"文化中国"重视"剪报"的作用。

说买书

在文化方面——或者更窄一些说，在文化学习方面，有些问题是你经常会遇到的，也是需要你"有谱儿"面对的，比如"买书"。

"你老买书，家里有地儿搁吗？你看得过来吗？"

这连续两问，前者多是家人或亲人之问，自是知根知底，常为你不断买书而家居日渐逼仄而忧。这种忧怨是实际的，而不断买书者大多是偏理想主义的，怎么办？同在一个锅里吃饭，总不能自顾自，即使是自己最爱吃的美食，也必须考虑别人的不同观感——更何况这别人并非外人呢？所谓亲如一家，在"不断往家里买书"这个问题上，也必须意见完全一致才妥。其实，家居日渐逼仄，也自会有你日渐"忧怨"的一天。所以，这"连续两问"中的"前者之问"并不难作答，难的是后者之问，即"你看得过来吗"？

此问相较前问，或属一位不常读书者对一位经常买书者的"以攻为守"，或属一位初访你家者惊诧于四壁皆书的"大惑不解"，或属一位局外人对某种"书局"作壁上观的"有口无心"……但可以肯定的是，此问相较前问，更具普遍性，也更具深刻性。是啊，"你老买书干吗呀？你看得过来吗？"

要回答这个问题，还是要先做两解。其一，现在不同于马克思曾把大英博物馆"坐穿"那个年代，也不同于中国改革开放前任何图书馆都具有磁石般吸引力的那些年月，由于人们日渐富裕，现在很多人买书甚或不断买书，都早已有了现实的可能。其二，虽说科技昌明，电子书等早已风靡天下，但在可预见的未来，甚至永远，自古以来即已风靡天下的纸质书籍仍将存在，必将继续存在。这道理很简单，所谓电子书，固然很便捷，很省俭，很……但它具由来已久、挥之不去的那种"书香"么？它是可触可感亲密无间的那种"颜如玉"、"黄金屋"么？它是……

由是观之，当代国人的不断买书，不但因具有比较优渥的经济基础，而且具有仍然充分的历史依据，那么，"不断买书，你看得过来吗？"对这个问题的回答，其实任何人都不会有歧义的，那就是"看不过来"——

既然如此，为什么还要不断"买"呢？

我的回答是：买书就是读书，不断买书就是不断读书之一种方式。

其实，这个回答是对罗曼·罗兰一句名言有所发现而产生的："从来没有人为了读书而读书，只有人在书中读自己，发现自己或检查自己。"读书如此，买书亦如此。这句名言当可作同质另说："从来没有人仅买书，只有人在买书中阅读自己，发现自己或检查自己。"

例如人在买书中能"发现自己"——无论是在书店还是在书市，正如莱辛所说，"好奇的目光常常可以看到比他所希望看到的东西要多"。——这时候，你首先发现的就是自己的兴趣。而"兴趣是不会说谎的"（英国谚语），"学问必须合乎自己的兴趣，方才可以得益"（莎士比亚）。

至于买书回家的确看不过来这个问题，有一位无名氏说得亦很好："书籍对于那些懒惰的人是一堆废纸，对那些虚荣的人是用来作装潢摆设的，只有对于那些乐于学习并善于学习的人，它才是无价之宝。"

为什么说家有书籍是无价之宝呢？

首先，"一个家庭中没有书籍，等于一间房子里没有窗户"（约翰生）；也可以说，"没有书籍的屋子，就像没有灵魂的躯体"（西塞罗）。

其次，家中所有的书籍，并不需要你详尽、仔细地通读之，"有些书只需浅尝，有些书可以狼吞，有些书要细嚼烂咽，慢慢消化"（培根）。"不要企图无所不知，否则你将一无所知"（德谟克利特）。

再次，所谓知识——"知识有两种，其一是我们自己精通的问题；其二是我们知道在哪里找到关于某种问题的知识"（约翰生）。这"其二"的知识，家有藏书便是能最迅捷"找到"之一途。这也就是说，对"你看得过来吗"之作答，实有"所答非所问"之一途，即随时能找到"关于某问题的知识"即可。

记得马克思写作很多传世之作时即是如此。他的写作环境虽然有点儿杂乱，但他在写作过程中想用什么资料，因其对家中藏书虽未通读过，但却很知道于哪里去"找到"，仅一伸手即可。伟人如此，普通人又何尝不能？家有藏书，无异于你在日常生活与工作中，有了一位最便捷、最可心的万能助理。何乐而不为？

所以，家有"藏书"是很重要的，"积土成山，风雨兴焉；积水成渊，蛟龙生焉"。但事物又总有另一方面，"买书确是一件好事，如果我们也能买到读书的时间。但事实上，买书的行动常常被误解成对这些书的内容的吸收和掌握。"这是160年前叔本华赠送给每一位买书者的警世恒言——我们当自省。

更何况，早在200多年以前，我国清代的袁枚还有"书非借而不能读"之一说呢？

说日记之空白

在学习领域，值得深说的内容其实比很多人意识到的都要多。例如日记，例如日记之空白。

坚持写日记是尽人皆知的一个好习惯。但既乎尽人皆知，如果你在"百度"上进行"日记"搜索，据说那答案有无数条之多。这就确乎有一个问题：相关日记之"尽人皆知"，是耶？否耶？

以"日记之空白"为例，难道不应该深说一下么？

一般人的理解，"日记之空白"即是那时疏懒，不过是"人性"之一种，何必深究？更有众多年轻人十分推崇孙燕姿的那曲《相信》：今天日记空白没有关系，不必每件事情都在意。

此种于"日记之空白"一事上的"不在意派"不能说有错。他们有"文武之道，一张一弛"的权利。他们知道弦绷得太紧也许会断。他们中知识细胞更丰富的一些人甚至知道，生命就应该"留白"，否则还有什么艺术趣味？

但是，像世界上的任何事物一样，于"日记之空白"一事上有"不在意派"，就一定会有其"在意"一派。而这二者之间，并不存在零和游戏，实为对立统一。这就像人性中既有疏懒之时，也一定会有奋进时刻一样。无论疏懒还是奋进，都是我们每一生命个体在日记这个特殊载体上最自然而然的真实呈现。

且看在《鲁迅日记》中，他是怎样处理1932年1月31日以后之"空白"的："二月一日失记。二日失记。三日失记。四日失记。五日失记"，一直到"六日旧历元旦。昙。下午全寓中人……"。这"失记"是什么？是记还是没记？是空白还是不空白？

这说明，"日记之空白"与"不空白"实具不可区隔的有机联系，这就像"在意"与"不在意"实属对立统一一样。或可曰，世界上只存在写日记派和不写日记派这两种，不在意"日记之空白"者，其实只是"写日记派"之疏懒一小支。

但千里大堤，有时候也会溃于蚁穴。疏懒固不可耻，但也仅止于可解可谅而已。相较而言，作为"写日记派"的可靠素质，还是以提倡一丝不苟为要。

这当然很难。但人生的至高追求不是"无限风光在险峰"么？一丝不苟地坚持写日记，其实也是一种"只要肯登攀"的青春意趣。人生之趣，莫过于"当我们年轻时"，或指点江山，或潜龙在胸。

而这"潜龙在胸"，不坚持写日记，又怎么能做得到？又怎能够知己知彼，将来百战百胜？

这"将来"，并不仅指可能的战事一端，更指我们成长过程中可能遇到的千难万险。

的确，若论人生，一个人的成长宛若在一条必由之路上艰苦跋涉，深一脚、浅一脚，泥一脚、水一脚，等等，若不坚持每天写日记或经常地写一些日记，又怎能"甘苦寸心知"？又怎能"吃一堑长一智"，变"事后诸葛亮"为"事前诸葛亮"？又怎能……可以说，坚持写日记，就是坚持在自我创造的一所秘密学校里，坚持自我批判，坚持自我升华，坚持自我完美。想一想，人生苦险又苦短，这一"自我坚持"的求索精神，对于我们每一个人来说，是多么必要又必须啊。

以笔者而言，一直很佩服那些终生写日记者。而年近八旬的一位前贤即是这样一位可敬可佩之人。这从他以前和近日赠我的多种著作中即可得到明证。那些白纸黑字的著作中，不仅有显而易见的"日记"，还有他事无巨细全保有的"书信集"，还有他纯记实其一生的"长篇小说",以及他毕生"写真"的作品集,等等。我粗浅计算了一下,这些"作品"总共约有2000多万字。而其中有少许文字,竟与我曾经历过的一段文学活动有所重叠,因而我能感受并判断,他所记叙的那些人和事,都是真实无误的。这种感同身受的复合印象,使我对这位前贤"终生写日记"的判断与敬佩,既确凿无疑,又无以复加。

在中国历史上,对"终生写日记"情有独钟者,实不乏其人。经学家俞樾认为日记起源于东汉,如刘向《新序·杂事一》中有记:"司君之过而书之,日有记也。"又如马笃伯《封禅仪记》即已逐日记叙登泰山之事。及至两宋,中国之日记进入繁盛期,陆游和范成大等,均是影响深远的日记名家;陆游的《老学庵笔记》卷三尚有记载:"黄鲁直有日记,谓之《家乘》,至宜州犹不辍书。"清代李慈铭日记逾百万字,薛福成有《出使四国日记》,梁启超亦有《新大陆游记》,更有《曾文正公日记》等等,均是影响至今的名人日记。民国时期的名家日记,更是灿若群星,辉耀当代。

于此确凿无疑。我们又怎能对"日记之空白""不必……都在意"?

笔记妖娆

世人对很多事物的印象都太沉重了。例如一说到"笔记",可能立刻就会想到听报告记录或读书笔记等;更博学一点的人,可能还会想到,这是"一种以随笔记录为主的著作体裁,多由分条的短篇汇集而成"。但我这里所言的笔记没那么复杂,就是指"好记忆不如烂笔头"的那种随手一记,指那种随手一记的无限妖娆。

这种"无限"的例子在古今中外的很多作家、艺术家那里最是无穷无尽。唐时的李贺与宋时的梅尧臣都各有一个著名的"诗囊"，那里面装的全是二位或骑小毛驴儿于路上，或乘小木船儿于水上的所见所闻、所思所想——全是他们随时随地的随手一记——一枚又一枚的小纸条儿！后来，这些小纸条儿全都变成了一首又一首脍炙人口的诗，如李贺那首《古悠悠行》："白景归西山，碧华上迢迢。今古何处尽？千岁随风飘……"元末明初时，我国有一位文学家叫陶宗仪，他晚年辞官回家务农，每在耕作之余即拾取树下之叶信笔书之，回家后则贮之于盎（一种口小腹大的瓦器）。凡此10年，竟积十余盎。后碎之，"积叶成书"三十卷。这就是为后人津津乐道的《辍耕录》。明代李日华在《六砚斋笔记》中曾言："东坡先生虽天材卓逸，……到处无不以笔砚自随。海南老媪，见其擘裹灯心纸作字。"《牡丹亭》作者汤显祖，即使在居家的"鸡栖豚栅之旁"，也都放着笔砚。无论他在家做什么，只要想到什么佳言妙语或有用的内容，便一定会抓起笔来，随手记下。

如此笔记妖娆，古今中外，概莫能外。马雅可夫斯基在《我怎样作诗》一文中讲道，有一次他为写一首爱情诗所苦，夜半时分，竟梦笔生花："我将保护和疼爱／你的身体，／就像一个在战争中残废了的，／对任何人都不需要了的兵士爱护着／他唯一的一条腿。"当时他从睡梦中醒来，赶紧跳下床，在黑暗中摸到一根燃过的火柴棍儿，即在香烟盒上匆匆写下"唯一的腿"，然后又倒在床上睡着了。但第二天早上醒来，他看着香烟盒上那几个字，竟不得其解。后足足想了两三个小时，痴情才似梦境复原。又据丰子恺在《近世西洋十大音乐家故事》中记载，舒伯特有一首名曲《听，听，云雀》是在一家餐馆的菜单上一挥而就的。那是1826年7月的一天下午，舒伯特同几个朋友去维也纳郊外散步归来，他们几个正在一家餐馆就餐时，舒伯特则沉浸在朋友所带的一本书里了，那是莎士比亚的诗集，其中一首诗引起了他极大的兴趣。只见他忽然凝神聚志，旁若无人地随手在桌上菜单的背面挥笔写起了曲谱，他一口气创作了这支流芳后世的名曲。真是天才！其实，哪里有什么天才？郭沫若说："爱好出勤奋，勤奋出天才。"他自己乘兴写诗，一挥而就的例子也最能证明这点。在《我的作诗的经过》一文中，他曾这样追忆："《地球，我的母亲》是民八学校刚好放了年假的时候做的，那天上半天跑到福冈图书馆去看书，突然……便连忙跑回寓所把她来写在纸上……《凤凰涅槃》那首长诗是在一天之中分两个时期写出来的。上半天在学校课堂里听讲的时候，突然有诗意袭来，便在抄本上东鳞西爪地写了那诗的前半。在晚上行将就寝的时候，诗的后半的意趣又袭来了，伏在枕头上用着铅笔只是火速地写，全身都有点作寒作冷，连牙关都在打战……"

像郭沫若一样勤奋而笔记妖娆的，还有俄国大文豪果戈里。他无论在哪里，无论干什么，总喜欢用笔"随手一记"。他说："一个作家，应该像画家一样，身上经常带着铅笔和纸张。一位画家如果虚度了一天，没有画成一张画稿，那很不好。如果一个作家虚度了一天，没有记下一条思想、一个特点，也很不好。"果戈里是这么说的，也是这么做的。在他的"随手一记"中，至今还留给我们如下一些内容：

> "屋子的附属物，一块4尺大的、镶着细刻木框的小镜子。屋子一隅摆着三角柜，上面挂着一条边上缝着红线的污秽的手巾。"
>
> "工作员的头目们选举总管了，于是来了问题——'为什么要选举他呢？他品行好吗？''不，不好。'——'不喝酒吗？''不，是一个酒鬼。'——'那为什么选他？''他会管理。'"

这两则笔记，前叙述，后记言，当是一位小说家的基本功。但对广大读者来说，当可视为"分外妖娆"了。实际上，果戈里有一次在某餐馆吃饭时，亦曾奋笔抄录玻璃板下压着的一份菜单，这一点倒是与舒伯特有异曲同工之妙！

除了纸条、树叶子、香烟盒、菜单等以外，还有一位大科学家爱因斯坦，他经常用旧信封的背面"随手一记"——当然，他记的尽是些论证数据。但在"笔记妖娆"的洋洋大观里，这又何尝不是一曲弦外之音呢？

总体说来，"好记性不如烂笔头"这句最俗的民语，不仅对古今中外的很多作家、艺术家来说是一条铁律，对于身在民众之中的每一位普通人来说，也自然而然地应该是一条金科玉律。只要你身体力行，就一定会让自己无限妖娆。若谓不信，可以一试。

按《人物素描》索骥

笔者收到友君"欲做一个散文讨论《当下散文的弊病之虚假与媚俗》希望你参加"时，恰好网购的一本《古希腊散文选》到手。打开来一看，立刻就被其中如花似霰的一片"及时雨"深深地吸引了。

我们知道，古希腊散文和中国先秦散文是全世界散文的两大源流。研究二者异同的文章早已汗牛充栋，不可尽观了。而此书中的部分之选《人物素描》三十篇，系"描写了当时普遍存在于社会的那些人物的性格和习性"（文洁若"总序二"有识），却也正是"当下散文的弊病之虚假与媚俗"的"先河"所至；所谓"不废江河万古流"正是"及时雨"一片，当下中国散文作家的"时罪"其实也正是普天之下的人性"原罪"之一。仅可此观，方可大观胜小观矣。

再来素描一下《人物素描》的作者泰奥弗拉斯托斯（约公元前371—前287）吧。据该书译者水建馥先生介绍，泰奥弗拉斯托斯先师从柏拉图，后来成为亚里士多德哲学的主要传人。他不但与人合编过《最佳国家秩序》草案，著有《王权论》和《论理学》等社科类重要作品，而且写有十卷《植物志》和《矿物学》等许多自然科学方面的权威著作。因此，当他以八十四岁高龄离世时，雅典万人空巷，全城哀悼！

经过一场"及时雨"如花般的沐浴，或者也可以说是经过这场"及时雨"似弹般的击打，我发现，虽然泰奥弗拉斯托斯是一位远在古希腊的非当代人物，但他笔下种种的《人物素描》却可以把当下中国散文创作的种种虚假与媚俗总结得淋漓尽致，例如"虚假"类：口是心非，阿谀逢迎，献殷勤，爱虚荣，自我吹嘘，自高自大，说坏话，寡头派作风，等等；再如"媚俗"类：说废话，粗俗，饶舌，不要脸面，不知轻重，迷信，怯懦，占便宜，等等；这些《人物素描》的种种之"小"，恰与其作者卓然一大家——而且还是当下已近"白茫茫大地真干净"的"学者型作家"形成鲜明的对照。而这种强烈的对照性，也许正是快递送给友君的一场"及时雨"，我只不过是借题发挥而已。

且看泰奥弗拉斯托斯此说："他的托词很多，要么说他当时不在场，要么说他迟到了，要么说他正在生病。他明明听说某事，却说没听见，明明看见某事，却说没看见。总之他的话都是这样的：'我不相信'，'我不了解'，……"难道此"说"不就是在说时下那些睁眼不看重大现实或闭眼漠视重大现实而陶醉或沉醉在自己的种种小心思、小玩意儿、小得意等的"小"散文家吗？这种被评为"口是心非"的"人物"，不能不令人想起某伟大作家的一句名言："我永远也不会同意，那些把自己的才华浪费在小溪上的人，可与那些写作伟大题材的作家相媲美。"对最具时代意义的重大题材的无视、漠视或有意的疏离、偏避等，其实是当代散文创作最值得关注的一种不真实。所谓虚假与媚俗，不论是何种文学样式，其最隐也最甚者，其实也就是对"当下"最本质的宏阔现实之背离。或者也可以说，我在这里的确是在提倡写"大散文"而非"小"散文。而这种提倡也不过就是某种一再地重复而已，因为早在贾平凹创办《美文》时他就提出过这一主张。他反对把散文变成一种"小摆设"，强调散文要有"大境界"，要写"大题材"等等。我至今还很认同平凹先生这一观点，并愿意为之继续鼓与呼。这也正如曹丕早就说过的，"盖文章，经国之大业，不朽之盛事"（《典论·论文》）。白居易也曾旗帜鲜明地主张过："文章合为时而著，歌诗当为事而作。"（《与元九书》）。

当然还有泰奥弗拉斯托斯。且看这位古希腊学者型大散文家在其《人物素描》之"说废话"一文中所说："说废话就是说起话来不分场合，不假思索，没完没了。……你不打断他，他的话不会停。"笔者认为，这里的"不分场合"，即是指不分社会环境、时代背景、人民需要等等之"大"，而一个劲儿地"说废话"之"小"。可见，当代散文创作弊病之虚假与媚俗，即对散文之"大"的背离古已有之。另如泰氏在《人物素描》之"献殷勤"一文中所说："给献殷勤下个定义，就是处世为人尽量讨人喜欢，但又并非完全出于真心实意。……请他当陪审员，他既想讨好这一方，又想讨好那一方。总想显着是大公无私。"——难道这种"虚假与媚俗"在我们当下的散文创作中还很少见吗？

真是江山易改而"人性"之"弊"不废江河万古流啊。说到底，作家或作者也是人。而每一个人，其实都是一个哈姆莱特。有一百个他人，就会有一百个他人的哈姆莱特观。在我眼中，当下散文创作的弊病之虚假与媚俗，其最本质或最根本性的表现就是"一地鸡毛"，而游戏或玩味其中的种种表现者们还正在一本正经地讨论着当下的弊病种种呢！

我以为，起码有泰奥弗拉斯托斯跟我持同一观点。这位古希腊学者型大散文家的三十篇《人物素描》，其实仍然历历在目。

概说散文的"脉"

人有人脉，文有文脉。文脉如小说和戏剧，自当长一些；而诗歌与散文，自当短一些。若以诗歌和散文相较，不论长短，散文之脉，显然更复杂些，盖因散文所容其形者，简直多了去了！举凡报告文学、通讯、特写、杂文、小品文、随笔、游记、速写、传记、回忆录等等，总之，除诗歌、小说、戏剧之外的一切文学体裁，甚至一切具有文学意味的短篇文章，都可归入散文之中。这早已是五四新文学以来的中国散文共识。

但这是广义而论。另一共识是指狭义散文，即仅容以叙事或抒情为主的散文。此文概说散文的"脉"，即是要说这类狭义散文的"脉"。

脉，犹如一注水流相贯于一篇散文之始终也。

王国维曾说过："散文易学而难工。"（《人间词话删稿》）此所谓"难工"，当亦指概说散文的"脉"之"难工"也。的确如此，千人一面是不可能的，只能是自鸣其说，任君取舍。但必须着意此"脉"，写作者的散文才能通畅晓达，摇曳多姿，这是不容置疑的。

具体概说散文的"脉"，又可分意脉与文脉两支来说。

先说意脉。意脉首在写作散文时先要立意。文无意不立。意，就是写作一篇散文时所要表达的思想。立意，就是你在自己文章中所要确立的主旨，也即是你要传达给读者的思想精髓所在。这是写好一篇散文的关键所在，必须讲究，明确。清代王夫之曾说过："无论诗歌与长行文字，俱以意为主。意犹帅也，无帅之兵，谓之乌合。"（《姜斋诗话》卷二内篇之二）此谓乌合，显指写作散文时，如果立意不明或不佳，无论其材料如何丰富，也只能成为一种缺乏内在联系、支离破碎、杂乱无章的内容堆砌，而绝不可能成为一篇晓畅通达、意饶丰确的散文佳作。

立意如铸旨，就意脉而言，接下来要做的就是化整为零，或"万变不离其宗"了。即以中国散文的源头来说，如贾谊的《过秦论》，其立意是"行仁政"，但该文并不直扑主题，而是先写秦灭六国而席卷天下，继写陈涉如何不堪，但其一经发难，秦亡速矣！该文最后才首尾相应地点出主题："何也？仁义不施，而攻守之势异也。"试想，如果此文中抽掉六国和秦斗争的一段意脉，其立意的持效，也一定会大打折扣的。这也就是说，"理不可以直指也，故即物以明理；情不可以显言也，故即事以寓情。"（刘大櫆《论文偶记》）

由此说到"情"，此即文脉之始也。文脉与意脉，皆写好一篇散文所必须之精当构思也。所谓构思，即是指关于作品结构的构想过程。刘勰曾把构思称为"驭文之首术，谋篇之大端"（《文心雕龙·神思》）。其意脉一支，已如上述。另有文脉一支，也是构思不可或缺的两大组成部分之一。

文脉首要在情牵。无论是叙事散文还是抒情散文，大抵都要注入真情实感才能立意。应该说，情的发现就是构思一篇散文的起点。例如俄国作家柯罗连科那篇著名的散文《火光》，即是其1900年5月4日题在一位女作家纪念簿上的心血来潮之作。

这种心血来潮，即为自我情感的一种突然发现。但其实哪里是什么突然发现呢？任何真情实感，没有前因，哪能有后果呢？

情的发现，可以说是构思一篇散文的文脉之始，然后就要注重"随物赋形"了。这个不常见的说法出自苏轼的《自评文》："吾文如万斛泉源，不择地皆可出。在平地滔滔汩汩，虽一日千里无难，及其与山石曲折，随物赋形，而不可知也。"这也就是说，写作散文时的文脉，应该像水一样，它本身没有什么固定的形状，若流进方池，即以方池为形；若流进圆盘，则又以圆盘为形。一般来说，散文写作的文脉是极灵活多变的，它尽可以随所遇到的客观对象的变化而变化，不拘一格，情态百出。这种形散（文脉）而神不散（意脉），正是苏轼所曾激赏的一种"秩序美"：美哉多乎，其尽万物之态也！霏霏乎其若轻云之蔽月，翻翻乎其若长风之卷旆也。猗猗乎其若游丝之萦柳絮，袅袅乎其若流水之舞荇带也（《文与可飞白赞》）。苏轼的这段话虽是赞美"随物赋形"的，却也道出了散文写作的奥秘，这是我们在构思文脉时绝不可以塞目轻忽的！

"随物赋形"之外，概说散文的文脉，还必须讲究"尺水兴波"。这个说法的来由是刘熙载《艺概·诗概》里的一句话："短至绝句，亦未尝无尺水兴波之法。"这也就是说，尽管狭义散文的篇幅一般不很长，但它仍然可以尺水兴波，仍然可以在构思文脉时，掀起波澜，引人入胜。这方面，仍可就便以柯罗连科那篇《火光》为例，该文才600多字，却波澜迭起，屡靠景物的变化而编织成"脉"。一开始，作者见到火光时，以为就在眼前，这是伏笔。然后笔锋一转，通过船夫的话掀起一个波澜："（火光）远着呢！"及至最后："的确还远着呢！"从而得出"火光却依然停在前头，闪闪发亮，令人神往——依然是这么近，又依然是那么远"的发人深思的意旨，真可谓是曲折不断而意味悠远啊！

当然，写作散文时的文脉，也可取"直抒胸臆法"，如韩愈的《祭十二郎文》，朱自清的《给亡妇》等均属于这所谓"一泻千里"的构思法。实际上，散文的写作是最不拘一格的，无论是意脉还是文脉，其构思都讲究"言别人所未言"，故有识者总结龚自珍的《病梅馆记》，其文脉是"比兴式"，陶渊明的《归去来兮》是典型的"纵式构思法"，而柳宗元的《捕蛇者说》，则是明显的"点式构思"等等，这些都不再赘述。最后再"概说"一下意脉与文脉二者之间的关系，它们显然是统一而成篇的：貌似各有路数，却又殊途同归；显系相辅相成，实则血肉相连。

或一言以蔽之，文脉是"形散"，意脉是"神不散"，二者相得益彰，就是"形散而神不散"。窃以为，这就是关于散文之"脉"的旨要概说。

盛开在和平区的一朵散文之花

《散文是会生长的》——这是我曾经出版过的一本散文集。可惜这本散文集出版得稍早了几个月，否则，2013年10月19日这一天，我到天津市和平区富蓝特大酒店参加"第二届中国文学论坛"这篇佳作，一定会收入其中——因为，那是盛开在我内心深处的又一朵散文之花啊！

富蓝特大酒店位于烟台道口的新华路一侧，环境优适，可谓闹中取静之地。这次论坛专题为"散文应该在时代的大潮中前进"，主办方为天津市和平区文联。烟台道这儿的交通极其便利，光公交车就四通八达。实际上，和平区是天津市的核心区，被誉为"城中之城"。名闻遐迩的天津五大道、解放桥、劝业场、中国大戏院、百货大楼、滨江道步行街、静园、庆王府、利顺德大酒店、中山公园、南市食品街、音乐厅、津塔、民园体育场、小白楼等等都坐落在和平区。"还有你们北京人最爱吃的狗不理包子，其实也是'盛开'在我们和平区的一个天津名牌儿！"主办方负责人说。

这句"盛开"之说，当时把我们都逗笑了。可惜此"盛开"只能浅尝辄止，很快我们就沉迷于盛开着的另一朵散文之花中去了。历久弥香，如今仍可嗅到那座"城中之城"很多的文化声息……

首先是柳萌先生，这位已于新近故去的"散文老人"其实是个"老天津"，却也是个从不倚老卖老的"老儿童"，他那天关于散文的几句真言余音绕梁，记忆犹新："靠提主张，靠结帮伙，靠胡吹捧，能不能出现好散文，我是持怀疑态度的。我一直坚持散文的传统写法，不敢虚构和编造。至于像不像、是不是散文，我不管，只是把要说的话说出来就成。"接着，这位老人还以晚辈的身份，动情地讲到了他与几位文学大师接触中的一些珍闻，"比如老舍先生，我就听他讲过，不管是什么东西，你想怎么写就怎么写，……先写出来再说。这就给了初学写作的人勇气。""孙犁先生健在时，我曾多次跟他约稿。聊天时他说，你看写战争的作家那么多，都是写大的战争场面，我写的是战争外的'风花雪月'……"尤其是这一则珍闻，当时柳萌发言时的倾情之态，至今历历在目："再比如跟艾青先生聊天，他说，你把灯泡写得不是灯泡，是月亮，是霞光，就是诗；你写的灯泡还是灯泡就不是诗。"当然，以上老舍先生的"直"与孙犁先生的"曲"，也都像艾青先生的精彩诗论一样，至今让我倾情不已。每念及此，尤憾可亲可敬的柳萌先生已然"黄鹤一去不复返"，而彼处之富蓝特大酒店七楼第二会议室，真真是"此地空余黄鹤楼"了！但同时，作为那次散文之旅的同行者和忘年后进，我也为能聆听柳萌先生畅言深感荣幸。在天有灵，他一定也在为那天盛开在天津市和平区烟台道畔的瞬间花朵而沉醉不已吧。是的，那是一朵散文之花，又何尝不是一朵著名作家柳萌先生永留人间的率真之花？

花香犹在，我又想起那天的当地主人、小说家秦岭先生的散文"别裁"来——他竟然别出心裁地说，"散文是文学的形意拳"！这位在文坛才华独具的小说家，说起散文来也十分引人入胜："（散文）有点像中国武术，让我感受到形和意的魅力。小说的闪展腾挪之后，还需散文的行云流水。没有形和意，我们不会看到云行走的形态和水流动的意蕴。散文在某种状态下也需要闪展腾挪，但远不如形意拳来得正儿八经。"他还说，"论形意，中国最有发言权。（但）当下的散文形意拳打得不够好，核心问题是形和意不够默契，一定程度上重于形，而疏于意……我们看到了更多的情感、情绪的一吐为快，感受到了太多的故作深沉的书卷气以及在语言花园里玩弄语言的巫气，特别是语言的铺张、辞藻的粉饰、叙事的炫技比比皆是。"最后，秦岭先生意味深长却又通俗易懂地说，"意源于气，气从丹田生。丹田就在肚脐下面，这是形意拳的本钱，散文亦如此。这个观点不需展开说，明天早上大家去公园，看看打形意拳的老大爷，便知分晓。"此说真是独到又精彩！令人耳目一新。即使是"慢说空前或绝后"，那的确也是曾经盛开于彼时的一朵散文之花——又何尝不是聪慧的秦岭先生心有别裁的一朵奇异之花？

还有王彬，这位我的经年老友、鲁迅文学院原副院长，他是当今文坛鲜见的学者型作家之一。作为这次"中国文学论坛"的双主持之一，他那天的发言也如余音绕梁，经久不息。例如那天大家讨论最多的"关于散文的真实性问题"，他就看得很开："既然散文是自由的，那么关于散文的争论，也就多于其他艺术门类，比如散文的真实性问题。"记得王彬那天于此并未展开，他的发言题目其实是《好散文要拨动内心幽曲》。他说："一篇散文如果展示了心灵的幽曲且传达给读者，读者感到幽曲的颤栗，自然是好散文；如果进而得到时代呼应，且流播后世，自然要上升为经典。"——是的，借王彬兄的创见和吉言，那一天盛开在天津市和平区的记忆之花，那朵余香弥漫的散文之花，难道不也是一朵可以"流播后世"的独特之花吗？

的确，在悠悠岁月中，每当忆及这朵率真又奇异的散文之花时，我在北京的一些文友，特别是当时的同行好友散文家韩小蕙、诗人石厉等，也都对那座难忘的"城中之城"充满了感念之情。谢谢，可尊敬的文化之"区"，永远芬芳的和平之"城"！散文是会生长的，相信可爱的你，也一定会"生长"得更缤纷、更美丽！

熟悉的地方有风景

常言道，"熟悉的地方没有风景"，但读冯并近著《中国文艺副刊史》，却不能不反其意而言之：熟悉的地方有风景。

这"风景"首先来自这部近50万字的专著作者冯并。作为冯并的一位老朋友，我曾相随他经办一本杂志有年，对于他的生命形态自是颇多体悟。他脑子很快，点子很多，工作很忙……但我就是没有能够体认到，他竟然能够潜心于中国文艺副刊史的研究，竟然有此皇皇大著问世！

那一日，我在三联书店进门处右手书架前真个惊呆了。熟悉的冯并二字印在该书封面，很厚，华文出版社2001年5月第一版；内封上有作者简介：冯并，1945年生人，中国作家协会会员，国家有贡献专家。1979年在中国社会科学院研究生院学习，1982年在人民日报社文艺部任编辑，1986年任经济日报社评论部主任，1993年任国家经济体制改革委员会秘书长兼新闻发言人，1996年任经济日报社副总编辑，后任总编辑。云云。

从这个"简介"中，我们大约可以体会到，似乎只有在人民日报社文艺部工作那几年，冯并可算是与"中国文艺副刊"有关联；而比他有关联的人多了去了，为什么只有他写出了这样一卷皇皇大作呢？

熟悉的地方有风景。这个风景耐人寻味，也许是一种"有心者事竟成"的味道。

其次，最起码在我看来，冯并所著《中国文艺副刊史》是一卷开山之作。我不是学新闻的，自是不知大学新闻课上是否有"文艺副刊"的课程相授；但在我从事新闻工作这么多年的阅历所及，至今还没有发现一种相类于冯并的专著，而如冯著所言，"报纸的副刊，在中国，有一百年以上的历史"了。这么悠久的历史自然是"熟悉的地方没有风景"了，唯冯著之"风景"独具，方显出彼人之"开山"本色！

再者，说起来，"中国文艺副刊史"的研究其实是一个很重要的课题。有学者曾在《有什么副刊，就有什么社会》一文中说："要了解德国的知识阶层对什么事情关心、有什么样的品位，《法兰克福汇报》副刊是一个标志。"她还说："副刊，可以是一个脑力激荡的磁场，迸发一个民族文化的最大潜能。"相比较而言，关于副刊研究的重要性，冯著说得就更具体了："如果说，报纸的言论新闻是社会的一种交感神经，副刊自可比营养社会的血脉。报纸在传播新闻信息、指导舆论的同时，还得到'民众图书馆'的美名，副刊至少半有其功。它是我国报纸的一大建树。"这里的"一大建树"其实是"一大风景"，只是身处"熟悉的地方",寻常人视而不见罢了,只有冯并慧眼独具,又能够做到"风景这边独好"。当然,我们今天称赞《中国文艺副刊史》这本书,不仅是因为作者有心事竟成,或者是因为这个选题非常重要;也不仅仅是因为这本书诚属开山之作,最重要的,是这卷著作确实写得条理清晰、内容翔实、论述精辟、引人入胜。全书大要为十二章,分述副刊概论、副刊的起源及早期形式、"谐部"的产生及辛亥革命后报纸副刊的发展、五四新文化运动中的副刊改革、五四后副刊的发展与变化、左翼文化运动与报纸副刊、30年代民营报纸副刊的变化与发展、抗日救亡运动中的报纸副刊、报纸副刊上的抗战文艺、解放区报纸副刊的新变化和新中国成立前的报纸副刊。据此可知,这的确是一卷有百年之久的"中国文艺副刊史"啊。在这个"副刊"的历史长河中,我们既可以沉思副刊的报学意义和文学意义,也可以见识第一张正式副刊《消闲报》;既可以了解鲁迅先生副刊编辑思想的形成及当时新闻学团体对消闲副刊的批评,也可以知晓《大家谈》、《世纪风》与"孤岛文学"的种种风貌;既可以领略延安文艺整风与《解放日报》的改版经过,也可以聆听重庆报纸副刊吹响民主的号角。

可惜的是,这部《中国文艺副刊史》仅到新中国成立前为止,中华人民共和国成立至今,这几十年的"中国文艺副刊史"虽在冯著中尚付阙如,却是可以想见的更加多姿多彩,自然也更具启人心智的现实意义,真希望冯并先生早日为续,早日成续,以使广大读者早日续就这段已然升腾起来的副刊不了情。

如果说,"有什么副刊,就有什么社会"的话,那么,有什么样的副刊史,我们就有什么样的"导师"。

愿冯著的又一位"导师"早日向我们走来。我们凝眸注视着。

何不一读王阳明

历史，有时候会令人阴差阳错。早年间，对海峡彼岸有座阳明山大名鼎鼎，甚是不解。后来，随着内地"国学热"的复兴。"鲜为人知"的王阳明在央视的"百家讲坛"上甫一亮相，立刻走红于大江南北。笔者即是在那时候，始于北京灯市口涵芬楼书店购得商务印书馆适时推出的一本《传奇王阳明》。这本书的作者，即是在"百家讲坛"上开讲王阳明的那个浙江大学教授董平先生。

从此，阳明先生从彼岸走来，经由红极一时的"百家讲坛"，终于走进了我的内心。从此，我的内心闪耀着一位古往今来伟大的心学大师，不由得"此心光明"起来。

董平教授告诉我，尽管王阳明的思想过去（在大陆）被认为是"主观唯心主义"，曾经受到过"严厉的批评"，但这实属"历史上的阴差阳错"。实际上，王阳明从未否认一切事物存在的客观性，他只是认为这种客观存在的"寂"只有通过人们的"动"才能进入到自己的主观世界中来，也才能被认识，变得有意义。这一点，其实与"主观唯心主义"并不等同。

感谢董平教授。他的大作首先给我还原了一个王阳明的本来面貌。而这种"还原"，又一次贯通了中华文明中一条甚为强劲的精神之河。沐浴其中，我也开始强劲地感到，凭借心学，我们可以排除一切"不上心"的物象，而"上心"一切"良知"……

在王阳明的心学体系中，"致良知"是一个很重要的概念。他认为"良知"就是一个人内心的本体，而"圣人气象何由认得？自己良知原与圣人一般。若体认得自己良知明白，即圣人气象不在圣人而在我矣。"这也就是说，每一个人的内心都深潜着"良知",只要不断地向自己的内心"探求",每一个人都可以成为"圣人"。我对阳明先生的这个说法十分认同。他还有另外一个著名的说法是"知行合一",也是颇具深意。其大体是说,知就是行,行就是知;知而不行为未知,行而不知为无行。因之,没有"行",也就没有"良知";以"行"来完成"良知",就叫"致良知"。需要注意的是,"致"在这里是动词,有"抵达"之意。"致良知",就是以"行"抵达"良知"即"人心本体"的意思。这不正是前言所说的"非"主观唯心主义么?

就这样,王阳明"心学"的主体日渐在我的心中明晰起来。特别是近几年微信勃兴,各种公众号或群聊或朋友圈中也时常会有王阳明的身影闪耀其中,每有所遇,我必然是即刻"收藏",然后再找时间静静观览,细细品味。久而久之,那其中的要目早已深刻在我的"内心"了,例如:

"世间最高明的心理学,王阳明说'此心不动,随机而动'";

"王阳明与弟子的四段对话,看完才知道他为何影响中国五百年";

"王阳明:人本是人,不必刻意做人";

"读懂王阳明,让心灵去修行";

"王阳明:愿你自己成为太阳,无须凭借别人的光";

"王阳明:吾心自有光明月,千古团圆永无缺";

等等。这些微信中的王阳明之帖,不断邀我向光耀通达的"阳明学"潜心修行。近日更有"发现新大陆",适逢阳明先生老家(余姚)的浙江省话剧团来京演出《此心光明》,我骤一闻之,早早地便上网"抢"了一把票,然后邀票数同好准时前往,共读王阳明于昨日重现。

那一晚,北京寒夜中的首都剧场格外明亮。那是因为阳明先生的一曲金句回荡在每个人的内心:"此心光明,亦复何言。"

是的,何不一读王阳明?

长者新著最堪读

不久前，在中国美术馆细览《莲莲吉庆——饶宗颐教授荷花书画巡回展》时，忽然有一种莫名的感动。这位生于1917年的"世纪老人"，且不说他在种种学术或艺术上取得过什么样的非凡成就，仅仅是站立在他临荷所书的几个素字如"慧"、"静"、"定"、"戒"的面前稍一凝神，"大道至简"或"大音希声"、"华然后知朴"等那些名句便会真真地涌上心来。那令人莫名的一刻，我心中立涌出一首长者感言：晚来尤重晚来风，心旌更色月明中。人无尺长难自立，世有绝学莫忽轻。

是的，长者有"绝学"，这是不能轻忽的。俗话说，人家吃的盐都比你吃的饭多，人家过的桥都比你走的路多，这还称不上"绝学"吗？

道理是如此浅显，但我以前确实"被感动"不多。这其中的原因，当然很多。但是再多的原因，确实也抵不上我最近由饶教授之"感动"迅达的一块新大陆：长者新著最堪读。

抵达此岸，你会发现：世上"长者"何其美矣。而这些"长者"大多隐身在他们的"新著"之中，实堪"读"，最堪"读"。

如此这般的发现，是因缘于我最近在北京灯市口涵芬楼书店见到并当即"请"回家的一本书《活到老，真好》。其作者王鼎钧人称"鼎公"，出生于1925年，算来也已经九十三岁了（作者写此文时年龄，编者著），堪称长者。他与刚刚仙逝的余光中先生并称为我国台湾地区散文的"双子星座"。鼎公不但有回忆录四部曲《昨天的云》等厚重于世，尚有小说名作《透视》等广为人知，更有《碎琉璃》等散文代表作闻名遐迩。至若新近撞入我眼帘的这本《活到老，真好》，编者序中明言"鼎公九十岁了",显系其新著；而且编者序中还有画龙点睛之语："多少人说过，鼎公晚年的杂文很'通达'，这个'通达'不是八面玲珑，而是炉火纯青。"

且看此书中一些"炉火纯青"的烁烁之言吧：

> "树为什么好看？树有一种努力向上生长的样子。"

> "我说年老比年轻好，一如收获比垦荒好，或是和平比战争好。"

> "人生最难得的是老年，老年才是我们的黄金时代。青年是金矿，老年是纯金。青年是新茶，老年是陈酒。青年是电玩，老年是电脑。青年是瀑布，老年是大海。"

等等。鼎公不仅说得好，而且知道得多，例如：

> "曹植活了四十岁，李商隐活了四十五岁，李贺不过二十七岁，徐志摩三十五岁，曹雪芹据说四十八岁。倘若举行民意测验，可以发觉人人嫌他们死得早，连曾国藩这样的人也不过只活六十岁，……（我们）'长生久视'，活得长，看得久，就是享受人生。能活到老，真好！"

> "孟子评论丧礼，有'吊者大悦'之语，……这并非有新仇旧怨，而是通过办丧事对其人看好，给了一个满分。"

等等。鼎公不仅说得好，知道多，而且想得深，结论往往出人意表。例如：

> "'看破红尘'是老生常谈，'被红尘看破'就是自铸新词了。人生在此一直为红尘察看而不自觉，猝然说穿，有

惊艳之感。……红尘一直看你到末日。"

"什么是安身立命？我看就是与红尘相安，我不破你，你也破不了我。"

等等。这里所引鼎公说得好，知道多，想得深，其实就是惊艳于他的"通达"。的确，人生在世的通达之冠，往往非老年人莫属。故而可曰"长者新著最堪读"！

再引一例："一切都会改变，只是改变得很慢，所以中国人都希望长寿。"

是的，鼎公告诉我们：通达者寿。

对古人别太苛刻

对于当代人来说，如果你指责宋朝人不会用手机，这究竟是噱头？还是苛求？

最近看到一篇称苏东坡为"科学盲"的文章，很是扎眼。但其作者是个熟名，印象中没写过什么扎眼的文章，应是一时兴起，挥斥苛求了。但此文首发于某大报高网，笔者又见之于某著名文摘，这就不由得笔者有小人之心揣度君子之腹了，是不是流俗而猎奇？是不是抛噱头博眼球了呢？

但愿笔者真是"以小人之心度君子之腹"。

现在来说说笔者看这篇文章为什么扎眼。首先要说，即使是苏东坡，也不是老虎屁股摸不得，这个道理，该文作者最懂，故其开宗明义便说，央视前不久所播《苏东坡》六集专题片中，"没有展现苏东坡的科学素养"是"理所当然"。但这"理所当然"真是理所当然地又令人想到，这样的指责，好比你问一个文科生，为什么数学物理不太好，这究竟有什么必要？

对于这个关键问题的认识，该文作者的认识还是很有意思的。继开首"理所当然"外，他又接着说："道教和佛教都是非常正统的宗教，古代文人信佛信道都很正常。"但他接下来却又说："因为科学上的蒙昧，因为科学素养的欠缺，古时候的大学者不可避免地会走上歧路。"真的吗？真会这样吗？这不是一竿子打翻一船人了吗？且不说噱头不噱头，这不就是在"苛求"宋朝人应该会用手机吗？最起码，这是在要求文科生都必须理科毕业——这是从何说起呢？真是令人有点儿"盲"啊。

再看该文历数苏东坡是"科学盲"的一系列轻率用词如"很可能"、"应该是"、"传说中"、"估计是"等等，真是无颜以对坡翁了。还有，该文具体所举的一些事例如"苏东坡出生以后，父亲苏洵却没怎么在子女教育上耗费精力"，"现存文献中有苏东坡纪念苏洵的许多文章，没有一个字提到苏洵如何教育后代，估计是太痴迷科考了，没有时间亲自教导，也没有功夫给儿子聘请私塾教师。"这些说辞可疑甚或可笑之处，笔者不想一一剖析，起码"苏门三学士"的大名谁人不知？哪个不晓？若非要具体说一个，那就如该文之前有言，"苏家有钱，所以有条件让后代子孙读书考功名"，怎么之后忽然又变成"也没有功夫给儿子聘请私塾教师"了呢？真是又从何说起呢，简直令人莫名其妙！

该文"从骨头到肉"的自相矛盾甚或无中生有的"过苛"之处就是如此这般。但其最后的结语，除了一个词之外，尚属理性公允之论："无论苏东坡在科学上有多么蒙昧，都不会降低他在文学史和艺术史上的高度。"我说的这个词就是"蒙昧"——

我们能不能别对古人太苛刻？尤其是对苏东坡这样一位名满中华甚至海外的大词人而言，我们能不能少说些没用甚至有害的话？笔者由此还不禁联想到，如今是"历史上那些人和事儿"

大行其道的互联网时代，但我们能不能"道"不同——起码不给他点赞、不给他喝彩呢？

我们其实应该给那些不负责任的言行喝倒彩——即使是对古人过苛。

阅读点亮人生

有国家领导人曾专门就"阅读"说过这样的话：阅读是人类获取知识、启智增慧、培养道德的重要途径，可以让人得到思想启发，树立崇高理想，涵养浩然之气。中华民族自古提倡阅读，讲究格物致知、诚意正心，传承中华民族生生不息的精神，塑造中国人民自信自强的品格。

阅读是这个世界上最美的风景，一个多读书的人，其视野必然开阔，其志向必然高远，其追求必然执着。多读书，不仅能使人变得视野开阔，知识丰富，而且还能使人具有远大的理想，执着的追求，你的气质就藏在你读的书和走过的路当中。

在这炎炎夏日，让我们共话读书，跟随专家、学者们读书的脚步，聆听他们的声音，走进他们的生活，与他们一起开启阅读之旅，借助阅读徜徉于华夏的壮美山河，沉醉于中华的博大文化，游弋于思维的无边时空，让每一天都成为读书日，让我们的精神世界在书香浸润中更加厚重深邃。

用阅读点亮人生！

读诗才能写诗

中学生学习报社的各位读者朋友们，大家好！我是媒体人、作家、编审李林栋，今天我想谈的话题是《读诗才能写诗》。

　　我的阅读当然不局限于诗，但从小到大，我读了很多诗，确实成就了客观世界于我真是一种"诗和远方"。而这种感觉，对于一个人的成长来说，真是太重要了，也太美妙了！

　　认真说起来，我很小的时候读的诗，尽是些北京儿歌，如"小小子，坐门墩儿"，或者是骆宾王"鹅，鹅，鹅，曲项向天歌"等较浅显的唐诗宋词。要说懂吧，当时也未必，但这些对"音韵美"的阅读与感悟，确实在我幼小的心灵里种下了一颗"热爱诗歌"的种子。这很重要。

　　记得写《女神》的那位郭沫若先生说过："爱好出勤奋，勤奋出天才。"这句话很早就说到我心里去了。记得上小学时，很迷四大名著，特别是对其中那些诗词歌赋，琅琅上口。犹记得，热爱至深，就愈想自己吟唱起来。于是乎，刚上初中时在一次课堂上，我忽然开小差想起了《水浒》中卢俊义那首"反诗"："芦花丛里一扁舟，俊杰俄从此地游。义士若能知此理，反躬逃难可无忧。"这首"反诗"其实是一首"藏头诗"，即"卢俊义反"，颇有趣味！兴之所至，我也照葫芦画瓢，即刻在笔记本的空白页上也来了一首："李树林里树遮荫，林中定有乘凉人。洞穴树底绝妙处，作为此林荫中荫。"很显然，这也是一首"藏头诗"，即"李林洞（栋）作"。或许，这就是这辈子我写"诗词"的肇始吧！悠悠几十年过去，最近，收有我"七绝新诗"2000多首、上下两册一函的《新绝句时代》已经付梓，即将由线装书局公开出版发行。

　　读书，就是播种。当你在自己心中播下某一颗种子以后，它一定会生根，开花，结果。这是确定无疑的！

　　还是来说诗。上中学时，我真是很喜欢读何其芳的诗，特别是他的早期诗集《预言》和《画梦录》曾一次又一次地迷醉我心。迷醉至深，就会想到他为什么能够写得这样好？于是，继续探求到他有一本《关于读诗和写诗》便成了我的阅读宝典。还有泰戈尔，他那些《飞鸟集》、《新月集》、《园丁集》等等，自中学时接触至今，我几乎是不厌其"重"（复）地一买再买，一读再读，以至其各种版本的收藏几有半个书柜之多！所爱之书，当然是多多益善。有时候，对照一句原诗看各位译家的不同译法，也是颇堪玩味的一种"不亦乐乎"。

最后来说说"读诗才可写诗"之要，那就是一定要——或者说首先要弄明白，什么是诗？诗到底是什么？特别是在当下诗坛各种主张"乱花渐欲迷人眼"的时候，这个问题尤其重要。

那么，到底什么才是诗呢？记忆犹新，那还是上高中的时候，在《读者文摘》或是哪本杂志上我曾看到过一个小故事，说的是有一位老乞丐是个盲人，他坐在街上生计困难。这一天，一位女士停在他脚边对他说，老人家，我给你写几个字放在这里吧？这位盲人老乞丐不知是什么字，但也没拒绝。谁知等女士走后，他的久未有人施舍的乞讨罐里就陆续地落下了一枚又一枚钱币。那清脆的声音令他又喜又惊，但他知道，这变化这奇迹，一定出自刚才那女士写的字上！于是，他好不容易抓住一只伸给他硬币的手"请问"，那人挺惊讶地说："难道你不知道吗？这里写的是：春天已经来了，可是我看不到她。"

哇，这句话我当时看到，即刻像钉子一样，钉在了我的心里，永志不忘。这句话就是对所谓诗的最好定义，她比关于诗的任何理论更精粹，更有力量，更能打动人心。或许正是得益于这次"因阅读而开悟"，我后来早在八十年代就出了自己的第一本诗集《送你一束红烛》（艾青题写书名，吴思敬为序，纪鹏责编），并于九十年代初即加入了中国作家协会。

热爱书吧！多读书！否则你将一事无成。

这是一位过来人语，也是漫长岁月最珍贵的一种馈赠。

书香随想录

一

春天的花香，飘过来，又飘过去了。

只有你，永远是春天。

二

喧闹的小溪曾经说，有一天，你会让它变成芬芳的河流。你还记得吗？

三

还有萤火虫。它也说过，有一天，你会让它不安分的微光变成一支辉耀人间的大灯笼。是这样吗？

四

回忆是这样有趣。我又像萤火虫一样，飘飞在你岁月流香的小溪之上了……

五

那时候，我不知道你从哪里来。犹如无聊的夜晚，清醒自来。

六

你不会因为我的倦怠，就远离我的午后吧？我知道，你一直期待着我的觉醒。

七

你悄静无声地涵养着我，我却偶尔才能听到花开的声音。但毕竟，我耳聪了。

八

如果起床时我错过了你，请你在我出发时，弥漫在我的向往之途。

九

如果你不能使我沉浸其中，那一定是我又伤风感冒了。这样的逻辑，我第一次意识到。

十

不要因为白天没有时间，就连夜晚也错过了。如花之嘱，相约历历。

十一

卷卷有你，我终于想到，十里春风不如你。

十二

你日夜弥漫，像一张神奇的网，却带给每一个想挣脱命运之网的人明确的机会。

十三

你不同我说话，只是让我溶入你的无言之中。我这样做了。馨语声声，如花在耳。

十四

有一次,我忘记了你的芬芳,又在一片密林里须臾遇到了你。就在那一刻,我知道你一直和我在一起。

十五

还有你持久的微笑,使我的倾慕更加如痴如醉。

十六

冬天的早晨,因为你的缠绵不已,我不知道自己何时才从梦中醒来。

十七

如果你没有给我一个温暖的雪夜,我是不知道冬天里还会有春天的。

十八

秋日登高,只要与你相遇,我脚下的块垒烟消云散。

十九

你弥散开来的夏夜,是我朗读过的点点星光。

二十

阴雨的黄昏,在房间一角,你无声无息地帮我点燃了一盏生命之灯。

二十一

无论白天和黑夜,只要有你的地方,就有静悄悄的希望和弥久不散的期待。

二十二

最好的感觉不是与生俱来的，而是你的如花之教，日日夜夜熏陶而来的。

二十三

也曾有不测之风光临过你的幽居，我却从没看到过你大惊失色的样子。你总是那样的美丽，安详。

二十四

案头也是枝头。怪不得因你的摇曳，我终于抬头了。春天在望。

二十五

一朵书店之花盛开在我的案头，到处弥漫的，却是你的日夜熏陶。这一点，我很清醒。

二十六

是的，人生的案头如果没有你，我又怎么能够沉醉在一卷无字之书呢？

二十七

如果你不给我春天的味道，我至今还嗅不出大地的芬芳。

二十八

你把那个隐藏在暗夜中的世界明亮到我的眼前，我甚至以为自己已经洞悉明天的秘密了。

二十九

有人说你是我的新娘，其实，你是母亲枝头那朵永不凋谢的花。

三十

你不在意花开的时间，我却在意能不能在你花开的时候都在。为此，我很留意时间之页的轻微翻动声。

三十一

其实，人世间最美的花，不是开在花园里，而是开在校园里，开在图书馆那一张张安静的书桌上。

三十二

凡是有你浓郁的家庭，都是春之所在。只不过有人知春又惜春，有人万紫千红总是春而已。

三十三

因为你，每一个感知的瞬间，都是春天的大驾光临。

三十四

深深浅浅地嗅你，但愿我的每一点闲暇时光都能够沉醉其中，闲而不"暇"。

三十五

我在你的面前永远是个失味者。因此，我要永远匍匐在你的可嗅范围内。

三十六

谁能走出你的"迷魂阵"呢？只有那些没有灵魂的人，或许还有那些临"阵"却步的人吧？

三十七

世界如一个香囊，唯有你能毛遂自荐——真的，你如囊中锥，乃可使人脱颖而出呢！

三十八

异香不容于你，你却把它们都合在书页之中了。

三十九

你看不见你的气质，而我能看见，你不仅仅是一朵花而已。

四十

你的迷人之处，不在万物之华美，而在独异之幽思。

四十一

你总是无声无息，却在翻动的手指间，发出了本能的动听之音。

四十二

在迷雾中，你总是悠然而出，向那些失却前进方向的人，做光明的指引。

四十三

不是字的拥挤，而是你的宽容，使书籍更加耐人寻味了。

四十四

书籍不吝惜自己的蕴藉，正如你不吝惜自己的含蓄一样。

四十五

书籍借助于你的侵袭，显得愈发鲜活而有张力了。

四十六

我的朋友，你早年的侵袭，回忆出多少个灯下之夜。是的，你早已是我不眠的夜来香了。

四十七

此时此刻，我坐在你的面前，春天仿佛坐在我的面前。还有黎明的世界。

四十八

我不能选择你的悠馨，也不能选择你的清近，我要选择你的永恒。

四十九

感谢先知，我不是一个过客，而是先知派来你面前的一个驻足者。一个膜拜者。

五十

只管情动于衷吧。我负责给你更广阔的胸怀。你说。

五十一

在你的怀中，请接受我的沉醉吧。我不愿醒来，正如月光总是和你同在一样。

五十二

白日如烛，长夜无眠。什么样的执着能与你相比呢？你是我人生旅途中不可或缺的一味良伴。

五十三

我们都是你的种子，我们都将像你一样流布人间，香飘四季。

五十四

你从不争奇斗艳，但在每一个独属于你的节日里，你总是美若天仙，傲视群芳。

五十五

你的无边无际的春天，像一年又一年的如期而至，我的忠实而又美丽的老朋友啊。

五十六

在我生命的案头上，你永远是一朵吐蕊竞芳的花。历久而弥鲜。

五十七

至若小溪和萤火虫，它们早已在你无声的诺言中如愿以偿了。你还记得吗？

动容，难以忘怀的读写

在生活中，每一个人都有自己的动容时刻。或许是因为在我的生活圈子中没有太多机会接触残疾朋友的缘故吧，我的动容时刻常常与相关的阅读有关；而且，我大多还会把这些"动容"情景珍藏起来——这些难以忘怀的时刻，是我人生备忘录中最可宝贵的灵魂书写……

"踏过雪后的满地泥泞，我迈进了史铁生温暖的小屋。"

这一天记忆犹新：我正在民政部，作为部里刚创办的《社会保障报》（即后来的《中国社会报》）文艺部的一名记者，我去采访刚刚崭露头角的青年作家史铁生。

"人的一生，总会有些坎坷的。对于残疾人来说，这种跋涉就更加艰难。我作为他们中的一员，因为写了几篇较有影响的小说，现在仿佛成了什么新星。"说到这里，史铁生坐在轮椅上无可奈何地一笑。

是的，记忆犹新，史铁生这"一笑"，确实是"无可奈何"而不是其他种种。且听他当时接着说：

"其实，生活是星空，到处都有闪光的星星。《我的遥远的清平湾》和《奶奶的星星》连续在全国获奖，这固然使我高兴，但如果一个残疾木匠，独臂做了一个大衣柜；或者一个普通的老奶奶，一辈子操持家务，难道就不应该受到社会的奖励吗？我总感觉，我那几篇小说的价值，似乎是被人们看得过高了。说心里话，我倒是非常看重生活中那些普通的人，特别是其中的残疾者，他们自强自立的可贵精神，绝不亚于我的任何一篇小说。"

这一番铁生所言，至今令我为之动容。他那颗纯净的心，他那金子般的平民性，特别是他对残疾朋友们的精神认同，至今令我追慕不已。如今，这位强韧的残疾者，这位难能可贵的杰出作家离开我们已经6年了，无以为念，好在当年我曾在《社会保障报》（试刊第一号）上写过一篇"青年作家史铁生访问记"——这是副题，主题是《每一条路上都有鲜花》。是的，残疾朋友们，这就是史铁生曾经留给我们的"遗言"。心香一瓣，今天也让我们回奠给他那不朽的灵魂吧！凡高贵者，永远是健全的！

1987年8月的《博览群书》杂志上曾发表过我一篇文章《〈矮子〉告诉我》，开头有谓："在我们的日常生活中，并不是所有的人，所有的时候都能够跟残疾人有所接触的，我就是其中之一。但有幸的是，我最近读到一篇题名《矮子》的美国小说。这篇似乎并未引起人们广泛注意的小说，不但吸引了我，而且强烈地震撼了我，深深地教育了我……"

记忆犹新：这个"矮子"出生在"侏儒"世家，"到马戏班子去挣钱是不堪回味的"。他深深地为自己的"矮"而痛苦，于是乎，他每天晚上都要"花一角钱钻进露易斯变形房"。那里有一面巨大的"哈哈镜"，他总是站在此镜面前，微闭双眼，舍不得睁开看。"瞧啊，他张开眼睛了，直瞪面前那块巨大的镜子。镜子里的映像使他欢喜不已。只见他先眨巴一下眼睛，然后踮起脚尖儿，接着侧身，扬手，前掬，最后笨拙地跳了几步舞。大镜里则相映出一个眨着大眼迈着巨大舞步的高大身躯和一双又细又长的胳膊，最后还有大大咧咧一鞠躬！"读至此处，我不知道自己是喜还是悲，只觉心中一热，潸然泪下。但接下来还有更令人为之动容的滋味儿哪：有一天，这面能把"侏儒"变成"巨人"的"哈哈镜"被换掉了。在新镜子面前，个子大的人都会变得极其渺小，"天啊，何况一个矮子，一个小矮子，一个黑矮子，一个蹒跚而孤独的矮子呢？"一阵惨叫，又一阵

惨叫，又一阵惨叫……

偷偷把镜子换了的人，就是这个变形房的售票员拉尔夫·班哈特。他这种对待残疾人的恶作剧实在令人深恶痛绝。岂止是此一恶而已？他早就扬言"可以把他逗得转圈儿"，还装作"傻乎乎"地跟"矮子"说话，甚至骂"矮子是细胞养的，矮子是松子"……在健康人应该如何对待残疾人方面，这个"虐待狂"实在是一个活生生的反面教员！面对此公，谁能不变得更警醒、更"健康"一些呢？

但这还不是这篇可敬小说的全部答案。记忆犹新：这个海滨游艺场还有另一个工作人员爱弥儿。她虽然是那个拉尔夫的女友，却因其对"矮子"的"恶作剧"而毅然与之"分开"了。并且，她后来用自己的全部积蓄，买了一面"矮子"所需要的那种镜子（他需要的真是这种"镜子"吗？这真是作者妙不可言的一喻），准备送给他，并且美好地祝愿他："日复一日，甚至在春寒料峭的黎明时分，你都可以悄然起身，对着这块明亮的大镜举手伸足，欣然欢笑……"

就这样，这个可爱的爱弥儿至今令我为之动容。

1992年3月29日，在给自己即将于中国文联出版公司付梓的纪实文学集《青春不是候鸟》所写的"自序"中，我也曾动容地写道："尽管……，我心中却自有一番恒定的哲学体味。那是很多年以前，我曾看过一则题为《漂亮的腿和不周正的腿》的小文章，说的是美国有一位老哲学家，他毕生与人交友或不交友的初始很简单，那就是他如发现你第一眼不期然地溜他那条'不周正的腿'，即有残疾的腿时，他绝不跟你交往下去；而如果他发现你第一眼是看他那条'漂亮的腿'即健康的腿时，他绝对要把你视为知己，热诚相待。"

记忆犹新，二十余年前的那一天，我一边写着这篇有感而发的《青春不是候鸟》之序，一边作着进一步的"哲学"思考：世界上的事情说复杂也复杂，说简单也简单，既然"水至清则无鱼"，人活着又不是为了痛苦，我们又何必只见墓场，不见鲜花？我认为快乐人生即本色人生的真谛，就是法那位老哲学家之道而行之。不仅于交友之道，我们看人生、看社会、看历史都应如此，若要看我们自己逝去的青春，那就更没有理由不如此了。

后来我也曾考证过，这篇曾持续给我以人生启迪的文章《漂亮的腿和不周正的腿》其实出自"18世纪美国仅次于华盛顿的名人"本杰明·富兰克林。他不但是一位哲学家，还是一位作家、发明家、科学家、外交家、启蒙思想家，等等。对于这样一位伟大人物的"残疾人一夕谈"，不仅令人动容于一时，也必将令每一个闻之而心有所动的人，终生难以忘怀。

还有史铁生那颗纯净的心，还有爱弥儿对"矮子"那些美好的祝愿，还有……都是如此。[1]

绵绵副刊情

大约每一个写作者，都有过和报纸副刊打交道的经历。因为在我们中国，杂志再多，也没有报纸多；更遑论出版社了。这样，在每一个写作者起步的时候，不可避免地最先打的主意都是上报纸副刊，而后才有可能是登杂志或者是出一本书。我就是这样走过来的。

不过我最初和报纸副刊打交道纯属"近水楼台先得月"。那

---

[1]　此文发于 2016 年 12 月《中国残疾人》。

还是上中学的时候——我上中学的时候作文一向很好，又热衷于搞宣传，所以每次下乡劳动出小报都有我的份儿，可以说我的编辑生涯就是从那时候开始的。记得1965年11月1日我曾在怀柔桥梓村头赋诗一首，题名《野望》：我站在天地之间/东西南北/都是静静的群山/细雨蒙蒙落下/我觉察/无穷的宇宙/随着人民的不断革命/永远变幻。这首诗，我是从当年下乡小报的副刊上抄下来的，要不然我不会记得这么清楚。虽是油印，且纸张又黑又薄，但一晃儿好几十年过去了，见此副刊上我曾公开发表的诗歌处女作，我的内心仍然激荡不已，这是多么空洞、多么可爱的一首小诗啊！

像许多初学写作者一样，我最初用来和报纸副刊打交道的作品主要是诗。1980年10月5日，《人民铁道报》的"汽笛"副刊终于发表了我的一首诗作《球场上的冷遇》。这是我的作品第一次被印成铅字；尽管是行业报，也是我的作品第一次公开发表于全国读者面前。我非常珍惜这具有历史意义的"第一次"，尤其珍惜因这"第一次"而开始建立起来的我与"汽笛"编辑、著名诗人时永福之间的文学情谊。那是些多么快乐的时光（记得老时当时刚出生的儿子就叫"时光"）啊！因我所在单位与他所居寓所甚近，所以我们经常在一起谈诗、谈文学、谈生活……

老时是我与副刊打交道至今曾给予我帮助最大的一位朋友。我们相识不久，他就从《人民铁道报》调到《体育报》了，还是干副刊，记得叫"珍珠雨"，一个很好听的名字，因事之故，在老时的鼓励下，我也就开始写起了体育散文。因自己曾在西双版纳"上山下乡"五年半，于是我便以那里的生活为基础，在1984年早春至初冬的日子里，竟接连地写出了系列散文，如《弩的情思》、《水上摇篮曲》、《寻藤纪事》、《木射奇观》、《木戛河初泳》《西双版纳影集》等，一时间在"体育文学界"颇有些影响。

其中,《水上摇篮曲》曾被《体育报》评为全国首届体育文学奖,《寻藤纪事》曾被中央人民广播电台广播过,著名作家高洪波也曾以《绿色的情思》为题,专门对我的数篇散文做过评述,予以褒扬。"珍珠雨"副刊曾经给予我的这些厚报,都是我永远不能忘怀的。当年像兄长一般待我的老时,如今已多年没有见过面了,不知你现在一切均好吗?每当我想起"珍珠雨",就会想起你那温暖的情怀和热情助人的真诚。多少年来我一直未曾开过口,但今天我不能不向你说一声"谢谢"……

再后来,我也曾当过副刊编辑。那是现《中国社会报》刚创刊的时候,我曾采访过著名作家史铁生。那次采访的情景,至今历历在目。特别是他曾讲过的一件小事,至今令我不能忘怀:"有一次我去看电影,因为摇着轮椅,看门的一个女同志不让进去。当时我想,要是她看过我的小说,知道我是谁,她可能会让我进去的。但我很快又想到:那样一来,我可能就再也不会知道一个残疾者被拒之大门外的滋味了!"

这就是作为一个报纸副刊编辑所曾经尝到过的一种滋味。大千世界,真是什么滋味都有。但如果不干副刊,又哪里会有这样好的机会来品尝生活的多姿多味?

大约是上世纪九十年代中期以后,随着文学失去了轰动效应,作为有一半文学色彩(另一半是新闻)的报纸副刊,也日渐走上了式微之路。时至今日,我们所曾熟悉的一些报纸副刊已经杳然无踪。这究竟是报纸的不幸还是读者的有幸?

根据物质不灭定律,副刊少了,但专刊多了,特刊多了。各种周刊或周末版也多了,这于广大读者来说,未必是一件不划算的事。

当文学失去轰动效应、副刊也不能不失去轰动效应之后,实际上,一切都归于常态。在常态下,如何办好有限的副刊,这是有幸之报纸面临的光荣新挑战。副刊不会消亡，正像它时时需要更新一样。

我爱副刊，不仅爱它过去的声名显赫，也爱它今天的返璞归真。在我的心目中，报纸的副刊永远是每一个写作者的温馨家园。

开年谈三性
——惯性、理性与德性

新的一年，新的开始。但对大多数人来说，新的一年实际上开始于去年岁末。仿佛是一辆有感情、有思想的列车，愈是跨年而去，大多数人愈是会不由得想到：过去一年我活得如何？做得怎样？新的一年我要争取什么？我应该怎样去做？

岁末年初，对于我们身边的大多数人来说，特别是对很多年轻朋友来说，肯定都会有这样一份感情、这样一种思想。

但很不幸，年复一年，年年岁岁，老人也一再地告诉我们，对于大多数人中的一部分人来说，上述"不由得"不过是一种惯性，它起始于颇带感性色彩的一种思维习惯，并不一定形成有生命力量的行为定式。

难道不是这样吗？只需看看那些从元旦开始写日记的人能否坚持写到春节，就可以得出一个最简单不过的答案了。

所以，对这"一部分人"来说，在这"开年"未久的时刻，应该提醒他们：光有惯性不行，还要有理性。我们这里所说的理性，从最通俗的意义上讲，就是比惯性更持久、更强劲的行动力，它不仅源于任何人与生俱来的情感，更来源于那些肯学习的人后天所获得的一种理智。先天所具有的东西总不比后天所形成的能力更靠谱。难道不是这样吗?

说到底,我们在这里强调理性重于惯性,最主要的还是因为,天下没有免费的午餐,你要想获得今年的"面包",光有梦想肯定是不行的。而惯性,连梦想都不是,它只不过是一个转瞬即逝的气泡,一个不能度人而只能自误的非理性气泡。

所以,开年之初,我们要讲理性。

但话又说回来,我们上言所谓惯性,也并非一无是处,起码对于"我们身边大多数人"之外的那些人来说,它还是颇具含金量的。这也就是说,岁末年初"有想法"的人总比那些"什么想法也没有"的人要好。在这里,我们还要对后者稍微分析一下:

一种"什么想法也没有"的人,可能是因为忙。但你忙得连目标都失去了,还忙个什么劲呀?不管是去年的老目标,还是今年的新目标,在岁末年初的时候,都应该明确、明确、再明确。

另一种"什么想法也没有"的人,可能是因为木。麻木的木,字典上形容为"感觉不灵敏,失去知觉"。这种人是安于平常岁月,在精神层面不够重视。无论是岁尾,还是在年初,我们都有责任对身边的这一种人击一猛掌,提振精神。

由此,我们不能不说到德性。所谓一击再击,当然不是没有德性的事。很多年前,北京一公交车内,因司机不得不猛然刹车,车内一后人撞向前人,前人·(女)回首痛斥:"德性!"后人(男)则赶忙作解:"不是德性,是惯性!"

这则著名轶闻现在让我联想到一个完全相反的结论:"不是惯性,是德性!"的确,厚德载物,那些"什么想法也没有的人",不想度己,焉能度人?在这新的一年里,我们固然要强调理性重于惯性,更要强调"北京精神"中的"厚德"高于一切。

没有德性为舵,理性将无由所思,惯性更是过眼云烟。

是为开年一谈三性。

"书是宝"

还是在上个月去云南看老友前，老刘在电话中即告我，他已给我写好一幅字"书是宝"，并已请人去装裱了。他并告我，这是他（晚年）习书以后，（敢于并肯于）赠人的第一幅字；他还告我，待我从云南归来后，那幅字肯定已裱好，即可送我了。

老刘对我的这份情谊，心中一直铭记着。但一转眼的工夫，自滇返京已然半个多月了，今天忽然想起此事，决定登门去取。

乘公交车去亚运村，基本上是从大北京的东南奔正北，但再远的路，也有到达的时候。下午2时许，老刘已然在候我。一进他的会客室，一面墙的一侧即悬挂着他为我写就并装裱好的"习作"——这当然是一幅笔法熟练、个性鲜明、看着舒服的文人字，与我家中众书相伴，自是会平添些许墨气。更主要的，日后的每时每分，每见其字，自是如见其人。这是一位老作家对"某某兄"的"雅正"。再加上室内原已珍存的一些前辈先贤的墨宝，我的"陋室"已然蓬壁更加生辉了，幸甚！乐哉！小子何能，竟承如许大家一再眷顾？

这个下午，在老刘家喝茶、聊天，真乃红尘中一消闲时刻。我们曾迎壁共赏张光年赠与老刘的"文人字"，老刘也曾展示"练笔十年"之某诗人上门赠与他的书法作品。老刘还告我，他最近感冒一直不好，有时在阳台上写写字，也就算活动身体了。听之心有些异，老刘毕竟也是年过"古稀"之人了，叹时光飞逝，恨岁月无情。

好在老刘的独子"刘博士"很出息，他现在不但是北京某大报的副总编辑，而且最近又有一本新著问世。承蒙老刘代子相赠，这又是此行的另一种收获了。

还有另一种收获。在老刘家"消闲"之后，他坚持要送我下楼，说"正好下去走走"。没想到，我们俩这一"走"就"走"到我一中学好友的办公楼下了。老刘陪我登楼而访，我那位该单位"副总"的老友自是欢欣异常。正是：天涯何处无老友？"书是宝"来情是缘！

让青春告诉历史

——《老三届@老育英》序

我们不能不老，但我们可以再年轻。

从去年春天到今年夏天，就是这样一段奇妙的旅程。张开绿色悠悠的翅膀，向暮色苍茫中寻寻觅觅，倏然回首，又何止365里路？

最初的时候，是刚从某重要岗位上退下来的衣锡群心有所热：我们可以再年轻，难道我们即将迎来150周年（1864—2014）华诞的母校北京二十五中不可以风华再现吗？

锡群这一热问很快得到了边疆、邱健、李志彧、曲折、陈新增、张禾、牟新艇以及曹联苏、张振国、袁禊璋、钱佩珍等师生校友的热烈响应。大家相聚一起，纷纷赞同锡群要编一本"校友回忆录"以向母校大庆敬献一份礼物的主张，并纷纷表示要"风华再现"以致敬于我们悠然母校的青春永驻。

就这样，一个由衣锡群、李志彧、曹联苏、陈新增、牟新艇、袁禊璋、吴启平、边疆、曲折、邱健和我共11人构成的编辑组宣告成立，由志彧担任组长。这个编辑组除了承担具体的编辑工作外，更主要的任务是向更大范围校友不断形成的"编纂工作会议"汇报进度，提供问题，征询指导，等等。而先后形成

"编纂工作会议"的主要成员除上述已提到的所有校友外，尚有：林建军、秦喜昌、李源、白克刚、吴汉龙、刘世雄、田敏、陈君远、邵大军、李洪琪、冯建民、黄滕、孙晔、王一翁、鲍志刚、刘东进，等等。

这真是一段奇妙的旅程，既不拘一格，又戮力同心；既有间或失落，又多意外之喜；既有"我们不能不老"的几多感慨，又有"但我们可以再年轻"的豪气干云……

这真是一段奇妙的旅程。人这一生最美好的是青春，而这青春从来也没有远离过我们。只要我们活着，只要我们有记忆，青春的一切就一定会在我们心中像照片一样鲜明。只不过在今天，我们把这些照片都搬到这本书里来了。这其中的三部分影像，其实是全中国每一个"老三届"所珍藏的人生相簿中都会有的，那就是"文革"前的懵懂岁月、"文革"中的复杂经历以及"上山下乡"时身在底层的特别体验。这"三合一"的青春，在每一个"老三届"的母校背景中，可能光影不一、色彩有别，但它们所印证的，却只能是同一部中国当代史的典型一章，非经典一章。

在我们的青春之后，改革开放造福于国家和人民已越数十载，如今，无时不在的历史之眼又一次向我们凝视。它仿佛在质询，又仿佛在叩问。当然，它一如既往地对我们仍有期待。

让青春告诉历史吧：明天应该从走出昨天再起步，这也许就是我们今天唯一正确的选择。我们不能不老，但我们可以再年轻。我们可爱的母校和我们伟大的共和国，都是这样。[①]

---

① 此文写于 2013 年初夏。

《史记》三题

一、小议李斯的"老鼠观"

在《李斯列传》中，太史公开篇就向我们描述了其人这样一种"老鼠观"：

> （李斯）"年少时，为郡小吏，见吏舍厕中鼠，食不洁，近人犬，数惊恐之。斯入仓，观仓中鼠，食积粟，居大庑之下，不见人犬之忧。于是李斯乃叹曰："人之贤、不肖，譬如鼠矣，在所自处耳！"

如果孤立地看这一段文字，非议者恐怕不会过甚。但太史公著史虽为"实录"，个人的倾向性却是十分地鲜明，紧接着此"观"之后，他又对李斯读述了一句："乃从荀卿学帝王之术。"这句话大有"顺理成章"之效。再加上终篇之时，太史公断然有结："人皆以斯极忠而被王刑死，察其本，乃与俗议之异。"于是乎，李斯的如上"老鼠观"，也就近似"老鼠过街，人人喊打"了。

非也。伟大的太史公刻画人物，全然没有"要好全好，要坏全坏"的现代文字病。李斯其人的"老鼠观"，颇值得我们今天从各方面仔细地加以玩味。

"窥一斑而知全豹"。李斯的微观"认识论"，其实代表着他宏观的"世界观"。所谓世界观，就是人们对世界总的看法。这总的看法，其实就是一对问题：是存在决定意识？还是意识决定存在？马克思主义的哲学告诉我们，承认前者的是唯物论，承认后者的是唯心论。那么，李斯的老鼠观到底如何呢？"吏舍厕"之环境（存在）"近人犬"，"厕中鼠"之意识怎能不"数惊恐之"？而"仓中鼠"有"不见人犬之忧"的佳境（存在），其意识自然安"食积粟"了。这难道不是每一个人很容易理解的常识吗？以此作比，李斯把"人之贤、不肖"的意识归结为"在所自处"的环境，虽然并非无懈可击，但同样还是可以理解的。所以，李斯的老鼠观基本上是一种唯物论。

但这是一种机械唯物论，即形而上学的唯物史观。毛泽东曾经在《实践论》中告诉我们："马克思以前的唯物论，离开人的社会性，离开人的历史发展，去观察认识问题，因此不能了解认识对社会实践的依赖关系。"李斯的老鼠观中，所缺少的正是"实践"的观点。马克思在《关于费尔巴哈的提纲》中也曾经向我们指出："有一种唯物主义学说，认为人是环境和教育的产物，因而认为改变了的人是另一种环境和改变了的教育的产物，——这种学说忘记了：环境正是由人来改变的……"的确如此，李斯的老鼠论仅停留在唯物主义认识论的感性阶改，他既没有达到"两种存在的老鼠意识中有着本质的内部联系"这样一种理性认识，更没有看到"无论哪一种老鼠都有自己的主观能动性，都可以通过实践来改变周围的环境"这样一种真理，因此，可怜的李斯"乃从荀卿学帝王之术"。

是的，马克思主义的辩证唯物论一共有两个鲜明的特点，除了以上所谈到的"实践性"以外，还有一个"阶级性"。李斯之"学帝王之术"其实也是其阶级性的一种必然反映。他"年少时"犹视人有"贤、不肖"之别，这种贤、不肖的观念在他日后的种种活动中有着丰富的注解。他耿耿于怀的是追求权势与富贵，认为"处卑贱之位而计不为者，此禽鹿视肉，人面而能强行者耳"。事秦以后，他向秦王鼓吹"成大功者，在因瑕衅而遂忍之"，他终于达到了"可谓富贵极矣"的处境："诸男皆尚秦公主，女悉嫁秦公子。"后来为保住"子孙皆至尊位重禄"，"乃听高",默认胡亥篡位杀兄乱天下。当自己也受到迫苦时,又"恐惧,重爵禄,不知所出,乃阿二世意,欲求容",但最后还是没有逃脱"具五刑、论腰斩咸阳市"的厄运。临刑前,斯顾谓其中子曰:"吾欲与若复牵黄犬,俱出上蔡东门逐狡兔,岂可得乎!"

李斯的一生,是不甘为"厕中鼠"而终于成了"仓中鼠",最后又后悔当初不甘为"厕中鼠"的一生。从某种意义上说,这是其机械唯物论之"老鼠观"的失败。这种失败的历史教训,对于我们今天处于各自特色环境中的许多青年人来说,不是还有着一定的参考意义吗?

二、评"锥之处囊"论

毛遂者,家喻而户晓也。然而,"毛遂自荐"的对象是赵之"贤"公子赵胜,恐怕知之者就不多了。此君有一个"锥之处囊"说,至今尘封在《史记·平原君虞卿列传》之中,未免可惜。应该把它公之于众,以更增加我们对毛公的亲敬感。

公元前258年,秦兵围困赵国都城邯郸,赵王派丞相赵胜去向楚国求救。赵胜打算从门下的食客中挑二十人做助手,但从"数千人"中挑来选去只中了十九人,还差一人。于是"毛遂自荐"。且听二人当时的问答:

"先生处胜之门下几年于此矣?"

"三年于此矣。"

"夫贤士之处世也,譬若锥之处囊中,其末立见。今先生处胜之门下三年于此矣,左右未有所称诵,胜未有所闻,是先生无所有也。先生不能,先生留。"

"臣乃今日请处囊中耳。使遂蚤得处囊中,乃颖脱而出,非特其末见已。"

这里，毛公的回答是多么好啊！可以说，他自荐于人的第一个资本就是对自己的真知灼见，就是对自己起码"三年"来未被人"有所称诵"的强大自信心，不是未有好身手，只缘身在"庐山"外！

毛公的此点"自信心"，最值得我们今天的广大青少年甚至老少年所注意。因为赵胜之偏见远，"锥之处囊"论至今还在我们的社会生活中司空见惯：

所谓"小看大，男儿看十八"；

所谓"于无声处，哪有惊雷"？

所谓"三十而不立，四十而有惑"；

所谓"斯人白发生，此身已无成"……

凡此种种，无一不是"锥之处囊"论的变种！这是一种静止的、僵死的、把人看为一成不变的形而上学观点，甚至可说是一种唯心者的算命观。它当年出自"翩翩浊世之佳公子"之口，不足为怪，如今要是我们的某些领导、上级、父母、师长等还信奉此论，有意无意地实践时论，那实在是非常之不幸，非常之"误人子弟"了！

还应该指出的是，即使是赵胜，后来也"竟与毛遂偕"了。这当然是出自当时赵国濒危形势的需要，但他不顾"十九人相与目笑之而未废也"，终于反自己的"锥之处囊论"而行之，毕竟还有点儿君子改"过"之美。这还是值得称道的。

三、"酒极则乱"析

司马迁在《滑稽列传》中歌颂了三个"谈言微中，亦可以解纷"的小人物。其中对淳手髡的褒扬，主要是通过他对齐威王"鸟"谏、人谏（求田之人）和"酒"谏三件事来进行的。"三谏"中，以酒谏文字最多，内容最丰富，但读罢全篇，并不能不感到，"酒谏比其他二谏要更难理解些。

最难理解的是"酒极则乱"从何而来？

文中对齐威王"先生能饮几何而醉"的问题，淳于髡是分以下几个层次来作答的：

首先是总答："臣饮一斗亦醉，一石亦醉。"

然后是喻述：

1．"赐酒大王之前，执法在傍，御史在后，髡恐惧俯伏而饮，不过一斗尽醉矣。"

2．"若亲有严客，髡卷鞲鞠跽，侍酒于前，时赐馀沥，奉觞上寿，数起，饮不过二斗径醉矣。"

3．"若朋友交游，久不相见，卒然相睹，欢然道故，私情相语，饮可五六斗径醉矣。"

4．"若乃州闾之会，男女杂坐，行酒稽留，广博投壶，相引为曹，握手无罚，目眙不禁，前有堕珥，后有遗簪，髡窃乐此，饮可八斗而醉二参。"

5．"日暮酒阑，合尊促坐，男女同席，履舄交错，杯盘狼藉，堂上烛灭，主人留髡而送客，罗襦襟解，微闻芗泽，当此之时，髡心最欢，能饮一石。"

最后是结论："故曰：酒极则乱，乐极生悲。"

这个"结论"从何而来？我们很难从"喻述"之因，畅达"结论"之果。因此，不少清楚因果关系的人，认为其间可能有漏句或衍文，但遍查《史记》版本，全未及此。一些比较权威的阐释，如宋品如先生的言文对照《古文观止》，亦只好听之任之。这样就使欲深究者观此若断气。

其实，此处之"断气"，正是讽喻之妙也！

还是让我们从"酒谏"的"喻述"中仔细地寻找"酒极则乱"的一个"乱"字吧。找不到这个"乱"字，恰如对淳于髡高超的讽喻艺术"隔靴搔痒"。

首先，我们要弄清淳于髡的讽喻对象究竟是一个什么样的人？前文有述："齐威王……好为淫乐长夜之饮，沉湎不治。"

其次，我们把"喻述"中淳于髡自设饮酒时的"在场人"清理一下，就会发觉是这样一条线：大王（执法、御史）—亲（严客）—朋友—男女—男女。最后两次"在场人"是由"杂坐"而"同席"的，我认为"乱"就"乱"在此处。或者极而言之："乱"就乱在一个"女"字上。这就是由近及远——其实是由表及里"喻述"的落笔处，这就是淳于髡高超讽喻艺术的力量所在，这就是"谈言微中"的最主要秘密。

这样说，是有大量的旁证材料的，请看："握手无罚，目眙不禁，前有堕珥，后有遗簪"→"履舄交错，杯盘狼藉，堂上烛灭"→罗襦襟解，微闻芗（香）泽！乱了，乱了，女人的气氛多么浓重，酒却由"醉二参"到"能饮一石"，淳于髡怎能不"乱"？

这就叫"酒极则乱"。"乱"的内涵就是在女人面前"失态"。

但淳于髡其实是滴酒未沾的。他是在用"隐语"向齐威王进行"酒"谏。荒淫的齐威王并不是一个喜欢听"谏"的人，这有"国且危亡"时"左右莫敢谏"为证。试想，淳于髡不"隐"行吗？

淳于髡"隐"得极为高妙，这从另一点上也可以看得很清楚，那就是他对齐威王明言自己对与女性尽饮"窃乐""心最欢"。这其实是钻到了齐威王心坎儿里说话，不但定免杀身之祸，而且使"酒极则乱，乐极生悲"的结论自然而然地在齐威王心里产生，使他曰"善"，"乃罢长夜之饮"。

最后，还应该强调一点的是，在酒愈喝愈多的情况下，因"女"而"乱"，这也是根据当时的社会背景"男女授受不亲"而论断的。我们如果注意把一切的人和事都放到一定的历史背景中去观察，那么，这个因"女"而"酒极则乱"的"乱"字也就不难理解了。

《九三年》语言艺术初探

《九三年》是一部"你非读不可"的书。这是早在1953年，一位写小说的同志对何其芳的热情推荐。1958年春天，何其芳同志因颈上长痈，住北京医院治疗期间，终于读完了这部法国积极浪漫主义作家维克多·雨果的晚年代表作，并在手术后体力衰疲、行动不便的情况下，坚持写了一篇二千余字的评介性文章。在这篇题名《雨果的〈九三年〉》中，当时的文学研究所所长、《文学评论》主编、著名的文学评论家何其芳同志发出了这样的惊叹："简练，有力，许多场面就像锐利的刀锋刻划出的版画一样。这些画面合起来又造成了一种雄伟的感觉。到底是大作家的作品，而且是艺术上很成熟的晚年的作品呵！"①

因为"半个多世纪来，我国评介和研究雨果小说的文章浩如烟海，可是专文论述他的小说风格的似乎很少"，②所以，何其芳同志的上述"惊叹"对于我们是很珍贵的。特别是在探讨雨果小说的语言艺术方面，这个"惊叹"对于我们极富启发性。

但是，"惊叹"毕竟不是"专文"，何其芳同志未竟的"《九三年》语言艺术初探"有待于我们勇敢地继承。尽管这是一件难度比较大的工作，笔者却高兴就教于每一位读者。

那么，《九三年》究竟是一部什么样的书呢？它是维克多·雨果（1802—1885）从1862年着手准备、创作于1873年的最后一部长篇小说。这部小说不仅是雨果思想发展的艺术总结，而且是其炉火纯青语言艺术的集大成者。小说的故事发生在1793年。共和国的红帽子联队在旺岱地区的树林里搜索敌人时，遇到了

---

① 见《文学评论》1981年第2期。
② 陈融.试论雨果小说的艺术风格[J].江西师院学报(社科版),1982(4).

带着三个小孩子逃难的农妇米舍尔·佛莱莎。联队将三个孩子收在联队里抚养起来。侯爵朗德纳克从英国潜回法国，煽动起旺岱地区的叛乱。叛军打伤了农妇佛莱莎，又把孩子带走作为人质。共和国公安委员会的三个领导人罗伯斯庇尔、马拉和丹东开会，任命穆尔登为全权政治委员，到旺岱去监督和协助共和国远征军司令官郭文。远征军很快击溃了叛军，并且把战敌包围在朗德纳克家的堡垒里。朗德纳克从堡垒里逃跑时，点燃了引火线，要烧死三个孩子。这时，农妇佛莱莎"我的孩子啊"、"救命啊"的叫喊声感动了朗德纳克。于是，他又回来救了三个孩子，并且自动就擒了。郭文认为，朗德纳克最后的行为证明他已经恢复了"人的天性"，便放走了这个叛匪头子。西穆尔登依照革命的法律，将郭文判处死刑，而他自己，在郭文被处死的同一瞬间开枪自杀了。可以毫不夸张地说，《九三年》是一幅法国资产阶级大革命的真实而又生动的历史画卷。

下面我们就借这幅"历史画卷"，对维克多·雨果的语言艺术进行一番初探。

一

高尔基说："文学的第一个要素是语言。"[①]文学家的语言，不仅仅是比常人语言更多一些艺术技巧而已，它往往是文学家全部审美意识的集中反映。这一点，正如老舍在《关于文学的语言问题》中所说："从语言上，我们可以看出来作家们的不同的性格，一看就知道是谁写的。莎士比亚是莎士比亚，但丁是但丁。文学作品不能用机器制造，每篇都一样、尺寸相同。翻开《红楼梦》看看，那绝对是《红楼梦》，绝对不能和《儒林外

---

① 秦牧. 语林采英 [M]. 上海：上海文艺出版社，1983.

史》调换调换。"①老舍这段话毫无疑问也适用于《九三年》。但雨果毕竟是一个不同于老舍的十九世纪法国积极浪漫主义作家，所以，《九三年》的语言不仅显露着作家的"性格"，而且，更为重要的是，它反映了维克多·雨果对文学与美的最主要看法。

1827年2月，雨果发表了著名的《〈克伦威尔〉序言》。这篇序言全面而有力地批判了古典主义，正面地阐述了浪漫主义的创作原则，因而一发表即被视为浪漫主义文学运动的宣言、浪漫派的旗帜。在这篇永垂史册的序言里，雨果提出了文学创作的"对照原则"，这是贯穿全篇的理论线索、联系各部分的中心论点，而且也是雨果整个创作思想的一个核心。雨果认为：自然中的万物并不是符合人的意愿，都是美的，而是"丑就在美的旁边，畸形靠近着优美，粗俗藏在崇高的背后，恶与善并存，黑暗与光明相共"。②在他看来，古典主义把这两个方面割裂开来，并舍弃了其一即滑稽丑怪，因而是一个缺陷，而新的浪漫主义文学则是同时表现了这两个方面。而这两个方面"对照"即形成尖锐的差别，能够更鲜明地刻画出客观事物的显著特点。在《〈克伦威尔〉序言》中，雨果还曾进一步形象地说明："我们在什么地方看到过没有背面的奖章？哪一种才能不随着它的光明也带来阴影，随着它的火炬也带来烟雾？某一种污点只可能是某一种美所具有的不可分割的后果。这种不协调的笔法，虽然对人有些刺激，但它使效果更完全，并且使整体更突出。如果删掉了丑，也就是删掉了美。独创性就是由两个方面组成的，天才必定是不平衡的。有高山必有深谷，如果用山峰来填平山谷，那么就只会剩下荒原和旷野，没有阿尔卑斯山了；只有沙布龙

① 老舍.出口成章 [M].北京：人民文学出版社,1984.

② 维克多·雨果.《克伦威尔》序言.世界文学 [J].1961（3）.

平原，没有雄鹰了，只有百灵鸟。"①

应该指出，雨果的这个"对照原则"，既不是马和驴配合产生第三种动物，也不是"百灵鸟"衬托出"雄鹰"的伟大与崇高，而是如先哲笛卡尔所说："这种美不在某一特殊部分的闪烁，而在所有部分总起来看，彼此之间有一种恰到好处的协调和适中，没有一部分突出到压倒其他部分，以致失去其余部分的比例，损害全体结构的完美。"②这也正如被列宁称之为"辩证法的奠基人之一"的古希腊赫拉克利特所说："相反者相成，对立造成和谐，如弓与六弦琴。"③

雨果的这个"对照原则"，在《九三年》中得到了放射性的体现。以书中的三个主要人物而言，既有人物之间的对照，又有人物自身的对照。前者是指朗德纳克与西穆尔登分别与郭文之间的矛盾冲突：朗德纳克与郭文从祖孙至亲却成了敌我关系，西穆尔登与郭文从师生厚谊却发展到势在杀与被杀。后者在朗德纳克身上是上帝与恶魔之争，而在郭文和西穆尔登身上，则是革命与人道的尖锐对立。

雨果作为积极浪漫主义作家主观性极强、理想性极显的"对照原则"，在《九三年》的语言上得到了顽强的体现。只要我们认真体察，仔细辨析，在书中这种独具特色的"对照性语言"可谓俯拾皆是。例如：

"兵士们在沉默中一步一步前进，轻轻地拨着荆棘。鸟儿在刺刀的上空啭唱着。"

① 维克多·雨果. 雨果论文学 [M]. 上海：上海译文出版社, 1980.
② 朱光潜. 西方美学家论美和美感 [M]. 北京：商务印书馆, 1980.
③ 北京大学哲学系外国哲学史教研室. 古希腊罗马哲学 [M]. 三联书店, 1957.

　　这是小说开始的1793年5月的最后几天，共和国红帽子联队的一个分队在布列塔尼森林里搜索叛军的几句描写。本来，这片"索德列树林是悲惨的"，"在这儿发生的杀人罪行之多，可以使听见的人头发竖起来，没有比这里更可怕的地方了"，但雨果的描写偏偏是"鸟儿在刺刀的上空啭唱着"！笔者认为，这就是"对照性语言"。如果换说为"一柄柄刺刀闪着寒光"，或曰"刺刀不时挑动一具具死尸"等等，皆无"对照"可言了。因为像"崇高与崇高很难产生对照"[①]一样，"刺刀与寒光"或"刺刀与死尸"也绝无对照。而"鸟儿"与"刺刀"之间有尖锐的差别，是一种强烈的对照。"鸟儿"是生，"刺刀"喻死，这是一种生和死的对照。不仅如此。这句话是"鸟儿在刺刀的上空啭唱着"，而不是"刺刀在鸟儿的扑飞中挺进"，这固然是小说的具体情境使然，但也未必就没有深意存焉。雨果的"对照"固然不是"映衬"，但他在《〈克伦威尔〉序言》中还强调了"带着一种更新鲜更敏锐的感觉朝着美而上升"，[②]笔者认为，"鸟儿"当然比"刺刀"更适宜肩负雨果这个同样是执着的嘱托。当然，这并不是"鸟儿"在前、"刺刀"在后这个词序所决定的，我们在这里只不过是借"句"发挥而已。实际上，在《九三年》中还有一段话确有弦外之音："大自然是无情的，她不同意在人类的丑恶行为面前收回她的花朵、她的音乐、她的芳香和她的阳光……"[③]这段话本来也具体反映着小说中的特有情境，当然是"弦内"，但在"弦外"也不难找到它的"和弦"。在《〈克伦威尔〉序言》中，雨果说："自然中的一切在艺术中都应有其地位。"[④]在《〈光与影集〉序言》

---

① 维克多·雨果. 雨果论文学 [M]. 上海：上海译文出版社，1980.

② 同上.

③ 郑永慧译. 九三年 [M]. 北京：人民文学出版社，1957.

④ 维克多·雨果. 雨果论文学 [M]. 上海：上海译文出版社，1980.

里，他说得更具体："世界上没有一件东西可以脱离蓝色的天空、绿色的树、阴沉的夜、风的响声、鸟儿的欢唱，万物都不能离开创造。"①在《莎士比亚论》中，他说得更明确："大自然，就是永恒的双面像。而这一切从其中产生反语的对称，满布在人的所有一切活动中，它既存在于寓言和历史中，也存在于哲学和语言里。"②

值得注意的一点是，雨果所谓的"自然"，与古典主义所说的"自然"，表面看来并无不同，其实质却大有区别。古典主义的"自然"，含义很狭小，其作品主人公都是帝王将相、公侯贵族，而雨果则认为，全部客观世界都属于"自然"，应该像莎士比亚那样，"把整个自然都斟在自己的酒杯里。"③雨果的这种观点，突破了古典主义的清规戒律，扩大了文学艺术的表现范围，甚至在描绘"刺刀"时，也让"鸟儿"飞到了自己的笔端。"鸟儿在刺刀的上空啭唱着"，被红帽子联队的士兵们终于搜索到的竟然是一位母亲和三个小孩儿！再看："至于那两个醒过来的孩子，他们的好奇的心情倒比害怕的心情来得更浓。他们欣赏着军帽上的羽毛。"

且不说阴森可怖的环境中突然出现了母与子这种"对照"多么富有匠心，单只是那两个孩子"欣赏着军帽上的羽毛"这对照性语言，就足够细心的读者欣赏一阵子了——这也许就是雨果所言："于是人们就需要对一切都休息一下，甚至对美也是如此。"④的确，"孩子"是惹人怜爱的，"羽毛"是美丽潇洒的，但在这二者之间横亘的却是"军帽"这一与暴力相关联的事物，

---

① 维克多·雨果．雨果论文学 [M]．上海：上海译文出版社，1980．
② 同上．
③ 同上．
④ 同上．

这是多么不幸！但妙不可言的是，孩子欣赏的是"军帽上的羽毛"，而不是"军帽"！这就如同上引的"鸟儿"又在带着我们"朝着美而上升"，于是我们终于发现了：这只"鸟儿"就是寄寓着雨果美学观念和崇高理想的活跃心灵。而这颗雨果之心的"对照性"外衣，又闪烁着多么光华而独特的语言才能啊！这种"对照性语言"的才能，就是"从正反两方面去观察一切事物的那种至高无上的才能。"①雨果是一个"不平衡的天才"。"在一切天才身上，这种双重返光的现象把修辞学家称之为对称法的那种东西提升到最高的境界"。②

在《九三年》中，这种"双重返光"的"对照性语言"有很多，再如：

> "这些大炮是装着铜质的滑轮的，式样古老，像一枝半圆形的花朵。"
>
> "巨大的浪头和船身上张开的伤口接吻，那是可怕的吻。"
>
> "他（叫花子）沉醉在大自然的迷人的魔力里，让阳光晒他的破衣裳。"
>
> "他在星光下睡觉，却在连珠炮弹下醒过来。"
>
> "所有的枪都集中瞄准着曙光中微微泛白的公路。"
>
> "随着太阳逐渐升高，断头台在草地上的影子也渐渐变短了。"

等等，读着以上这些"对照性语言"，我们倍受感染的心境，自然是贴近"花朵"、"吻"、"阳光"、"星光"、"曙光"和"草

---

① 维克多·雨果.雨果论文学 [M].上海：上海译文出版社，1980.
② 同上.

地上的影子"一边，但又不能不同时意味到："大炮"、"伤口"、"破衣裳"、"连珠炮弹"、"枪"和"断头台"并非远在天边，而是近在咫尺。这种"把相距最远的一些才能结合在一起"的才能，雨果认为是"天才的特征之一"，他告诉我们："事物都是通过配合而相互依存、更趋完整、彼此结合、互相丰富的。社会在大自然中发展，大自然孕育着社会。"①

除了上引各例的具体描绘中，常把代表真善美的"自然"与代表假恶丑的暴力等进行"对照"以外，在《九三年》中，雨果还常常发挥自己擅长议论的特点，公开把"人"与"自然"进行对照，从而不断地强调着人的自然属性，例如：

> "从来没见过一棵树的树枝会打起来，人却有这种现象。"
>
> "一座山是一个城堡，森林却是一个埋伏所，前者教人勇敢，后者教人险诈。……地形可以影响人们的许多行为。"

前者是站在"自然"的立场上，对泯灭自然属性的"人"进行的一种谴责，后者则引"人"在神秘的"自然"面前沉思。比较具体描绘中的语言对照来说，这种议论性的语言对照，更可以把读者的思想升华到伟大与永恒。

此外，《九三年》中有一个保王党分子自称叫"黑影里跳舞"，另一个共和战士叫"冬天唱"，这两个非常别致风趣的绰号不仅叫人过目难忘，而且稍一思忖，便会情不自禁地击节叹赏。《九三年》是一部歌颂共和国、批判保王派的史书，捍卫前者的曰："冬天唱"，为后者卖命的曰："黑影里跳舞"，这不仅与全书意旨完

---

① 见雨果为青年诗人的诗集《天神》写的序言，转引自《天津师范学院学报》1982年第四期。

全契合，而且极富"对照原则"之神韵。一是各自本身的对照，参加旺岱地区的反革命叛乱好像是在"跳舞"，但这些叛乱的参加者是在"黑影里"跳舞，因为保王派的叛乱是逆历史潮流而动，是注定要失败的；而"冬天唱"是喻为共和国而战的进步势力，虽然面临着叛乱的"冬天"，但他们勇敢而顽强地"唱"，最后的胜利一定属于他们！如果再把"黑影里跳舞"和"冬天唱"横向对照，那么，就更是意蕴判然了：一个是"唱"，一个是"跳舞"，这说明革命与反革命双方都把1793年旺岱地区两个阶级的生死搏斗看作是自己"盛大的节日"，这意味着这场斗争的复杂、惨烈和关键，但雨果的看法如何呢？一个是"冬天唱"，一个是"黑影里跳舞"！诚如雪莱所说，"冬天已经来了，春天还会远吗？"——怎能不"唱"？而"黑影里跳舞"，不仅只能孤芳自赏，人民不买账，而且"跳舞"者肯定会在"黑影里"跌跤、彻底失败的。这就是旗帜鲜明的维克多·雨果，通过其"对照性语言"，传达给每一位读者的战斗信息和胜利预言。在这里的"对照"，已经不仅仅是他全部审美意识的集中反映，而且简直是他宝贵生命的血与肉了。

综上所述，《九三年》的语言特色首先是它的"对照性"。这种充分自觉而又极其独特的"对照性语言"，不仅有比较客观的描绘式对照，而且有颇带主观色彩的议论性对照，甚至还有妙趣横生、内涵丰富的绰号般对照。"对照原则"是雨果语言的主要奥妙，但在《九三年》这部压卷制作中，却并不是唯一的艺术法则。"新的人民应该有新的艺术"。[①]雨果像他十分崇敬的莎士比亚一样，"始终严守自然，但有时也越轨而出。"（《玛丽·都铎序》）[②]

---

① 维克多·雨果. 雨果论文学 [M]. 上海：上海译文出版社，1980.

② 同上.

二

雨果属于人民。这不仅是因为他所生活的年代正是法国社会发生激烈变革的年代，而是因为他的思想在时代的风云变幻中不断向前发展。他经历过拿破仑帝国、波旁王朝复辟、菲利普七月王朝、拿破仑第三政变、巴黎公社革命等重大历史事件，而以1830年七月革命为界，此前是保王主义者，此后是资产阶级共和主义者，晚年则成为一个资产阶级民主主义者。《九三年》正是晚年雨果思想的集大成之作，也是这位语言大师留赠后人的最光辉的一笔财富。这笔"财富"不仅极其独特，而且异彩纷呈。除了上述"对照性语言"之外，还有极富时代色彩的政论性语言和史诗性语言。前者如：

> "说革命是人类造成的，就等于说潮汐是波浪造成的一样错误。……革命是社会固有现象的一种形式上的表现，这种表现从各方面压迫我们，使我们不得不把它叫做'需要'。"
>
> "革命要肢解身体，可是挽救了性命。……革命在为世界开刀，因此才有了这次流血——"
>
> "革命拒绝一切发抖的手。革命只信任铁石心肠的人。"

这种政治性语言多么雄辩有力，多么激昂而动人心魄！而《九三年》中的史诗性语言，更令人掩卷而难以释怀。例如：

> "德国人已经到了国门；谣言说普鲁士王已经在歌剧院里定下了包厢。"
>
> "跳舞的人不叫作'男伴'和'女士'，而叫作'公民'

和‘女公民’。"

"人们在十字路口的界石上玩纸牌，纸牌也充满了革命气息，他们用‘伟人’代替了‘国王’，用‘自由’代替了‘王后’，用‘平等’代替了‘侍臣’，用‘法律’代替了‘爱司’。"

"人们把排队叫作‘抓绳子’，因为排队的人一个个都得用手抓住一根长长的绳子。"

"旗子上面写着：‘只有心灵的高尚，没有高贵的阶级’。"

"马拉的屁股神经质地动了一动，他的这个动作是很出名的。"

"危险在不断贬值的纸币。在塔堡街有人掉了一张一百法郎的纸币在地上，一个过路的平民说：‘这不值得我弯腰去捡起来’。"

"坐在议会的低下的地方称为平原派。……最上等的酒在酿酒桶里也不免有酒糟，所以平原派的下面，不免有沼泽派。"

"历史可以在犯人档案里找到这十九个被包围者的名字，我们也许会读到这段历史。"

等等。这种"简练，有力"的史诗性语言举重若轻，语约意丰，抒情而不失为凝重，异常真切地反映了那个时代的独特社会氛围，这不是语言，简直就是历史，简直就是抒情诗！这种史诗性的语言，只能属于《九三年》，只能属于积极浪漫主义的文学巨人维克多·雨果！除此以外，《九三年》中还有许多格言式警语，洋溢着雨果老人非凡的智慧和深邃的思想，例如：

"谁替兀鹰修好翅膀，就要为它的利爪负责。"
"凡是豹子被捕的地方，鼹鼠可以逃走。"

"开始走第一步的人，也许脚上的鞋子就是他最后穿的一双。"

"云层后面有星星，云层给我们的是暗影，星星投射给我们的是亮光。"

"人生下来不是为了拖着锁链，而是为了展开双翼。"

这些格言式警语，在《九三年》中时有闪光，令人有"山阴道上，应接不暇"之感。就是在这种深受启迪的愉悦中，我们不自觉地变得更聪明一些了，好像是经过了无形的洗礼，浑身的每一个毛孔都焕发了新的力量。这就是雨果的语言魔力之所在！

另外，在《九三年》中，雨果还常用多义词，使句子极富隐喻性。例如：

"你把你在天堂的位子廉价出卖了。"

"丹东又说：'我像海洋一样。我有潮涨的时候，也有潮落的时候；在潮落的时候人家看见我的浅滩，在涨潮的时候人家就看见我的波浪'。"

"'你的泡沫。'马拉说。"

"国民公会本来是给巨鹰欣赏的，即被人用近视的眼光来衡量了。"

"于是这两个灵魂，这两个悲惨的姐妹，一同飞去了，一个的暗影和另一个的光辉混合起来了。"

这种多义的隐语，新鲜、别致、奇警，独标一格，不同凡响，谁读了之后，能不感到"余音绕梁"？文学语言，贵于创造。雨果的典范再一次启示我们，总是陈陈相因，就不成其为艺术了。

　　《九三年》的语言的确是极其独特而又异彩纷呈的。如果说，雨果的"对照性语言"是其中的一朵奇葩，那么，无论是政论性语言、史诗性语言，还是格言式警语、多义性隐语，都是他精心织进该书的一片片艺术之叶。整个《九三年》的语言艺术，就是一丛常青之叶簇拥着一朵永新之花。

　　而不朽的"园丁"，就是永远高大在我们面前的维克多·雨果。

伍

朋友大作品味录

每一条路上都有鲜花

——青年作家史铁生访问记

踏过雪后的满地泥泞，我迈进了史铁生温暖的小屋。

话便从"路"开始。

"人的一生，总会有些坎坷的。对于残疾人来说，这种跋涉就更加艰难。我作为他们中的一员，因为写了几篇较有影响的小说，现在仿佛成了什么'新星'。"说到这里，史铁生坐在轮椅上无可奈何地一笑。

"其实，生活是星空，到处都有闪光的星星。《我的遥远的清平湾》和《奶奶的星星》连续在全国获奖，这固然使我高兴，但如果一个残疾木匠，独臂做了一个大衣柜，或者一个普通的老奶奶，一辈子操持家务，难道就不应该受到社会的奖励吗？我总感到，我那几篇小说的价值，似乎是非常看重生活中那些普通的人，特别是其中的残疾者，他们自强自立的可贵精神，绝不亚于我的任何一篇小说。"

见我听得有些出神，史铁生递过一支烟来，向前摇了摇轮椅，为我划亮了一根火柴。刹那间，在这光线有些暗淡的小屋中，我看到一张热情而蕴满活力的脸，这是那张双腿瘫痪人的脸吗？这是那张因"尿潴留"造成肾盂积水，又面对过死亡的脸吗？

"还是讲个具体的事吧，"他也点燃了一支烟，"有一次我去看电影，因为摇着轮椅，看门的一个女同志不让进去。当时我想，要是她看过我的小说，知道我是谁，她可能会让我进去的。但我很快又想到：那样一来，我可能就再也不会知道一个残疾者被拒之大门外的滋味了！"

这话的滋味可真耐人咀嚼。

"我常常收到一些残疾青年的来信，"史铁生又从作家的角度进一步说道，"这些信中，大多袒露出一种要写小说的强烈愿望。但我认为，小说不是任何人都能写成功的，不具备这方面条件的人，大可不必在'文学小道'上不屈不挠。在人生的道路上，写不成小说并不丢人，只要是一个好工人、好个体户，或者是别的优秀工作者，就照样能受到人们的尊敬和褒扬。残疾人脚下有各种路，每一条路上都有鲜花。"

"你这小说家，怎么变成诗人了？"我情不自禁地赞叹说。

"生活本来就是一首诗。"说完，史铁生若有所思地把目光移向窗外。我发现，瓦檐上的残雪，已经在春日下悄悄融化了。

诗缘

缘分是可遇而不可求的。汪曾祺老先生素以小说和散文名重于文坛，我却看到过、听到过、受赠过他的诗，这不能不说是一种缘分。

汪老写诗确实不多，在其自选集的序言中他曾告白于世："我年轻时写过诗，后来很长时间没有写。"汪老年轻时自然是我年幼时。记得我上小学高年级的时候，曾很偶然地在一本杂志中看到过一组题为《早春》的小诗，其中有这样两句令我眼界大开："当风的彩旗，像一片被缚住的波浪。"什么叫形象思维？当时我的年纪自然不会想到这么高深的文学概念问题，只是于混沌中有所顿悟，但后来的悠悠岁月中，只要我一想到或讲到形象思维这个问题，就一定会想到或讲到汪曾祺这两句小诗。我认为"当风的彩旗，像一片被缚住的波浪"就是形象思维的最佳启蒙语。

一晃过去了几十年。去年春天，我曾有幸和汪老及其他一些作家同赴云南去参加"红塔山笔会"。记得是在瑞丽的一次座谈会上，汪老侃侃而谈时，竟然朗朗上口一首五言诗："玉溪好风日，兹土偏宜烟……"这是我第一次听汪老当众诵念自己的诗，当时禁不住想起了自己上小学时第一次看到汪曾祺那两句小诗时的情景，心中甚感欣然。当缘分这个可遇而不可求的女神又一次切近你的身边时，谁又能不如此呢？只是这一次的珍闻之缘，已经由"形象思维"的顿悟，升华至对"汪老风格"的一种独特品味了——再请听汪老自诵诗后的当时告白："诗是打油诗，话却是真话，在家人也不打诳语。"

那次红塔山笔会，71岁的汪老与同行的冯牧、李瑛等前辈作家和大家相处得极为和谐。这里的大家，不仅指参加笔会的其他作家，也包括红塔山下的职工们。去年10月，我又一次赴滇采访时，卷烟厂一位普通的打字员小张告诉我，自那次笔会之后，汪老竟与之通信不辍，甚至还给她寄了自己的两幅画，上面有专为她写的诗。汪老是中国"士大夫"文化的稀有继承者，琴棋书画样样精通，我自然很想一睹小张手里的真迹，然而行履匆匆，终未如愿。好在可以无憾的是，我归京后未久，就收到了汪老寄赠我的一幅墨宝，上面是一首非常漂亮的"调林栋"："踏破崎岖似坦途，论交结客满江湖。唇如少女眼儿媚，固是昂藏一丈夫。"这首诗如今就挂在我家的墙上，谁看了谁笑。我自然将笑一生耳。

缘分，这就是缘分。汪老在我心中，永远地首先是一位诗人。[1]

---

① 见 1992 年 5 月 22 日《北京日报·流杯亭》（内部试刊版）。

关于杂文的老友记

还是去年岁尾的一个下午，忽然对我们老中国作协曾经的所在沙滩北街2号怀恋至深，于是去造访在那里的老友朱铁志。谁知在那个大院的求是杂志社老友办公室闲聊未几，一个如上之标题竟奔上心来。回家后，我更是把此前获赠的"朱作"铺展开来，始有细阅。

到底是聊而后阅更有所感，我竟情不自禁给铁志发了一则短信："观你书，有两句话代拟有赠：此生专一杂文足矣，斯世当以杂奴自傲。大胆乱弹，不知当否？"旋，铁志有复："知我者，林栋兄也！专一好，还是专攻好？自傲，还是自居？似可斟酌。"如此被老友视为"知者"，实在令人喜不自胜。但很快我便发现，自己读老友之作实在尚浅，因为在他最早赠我的一册《自己的嫁衣》中，朱铁志早已有言在先："人生得一知己足矣，杂文庶几近之，斯世当引为同道。"

由此，我认定老友朱铁志是当代中国文坛一个值得礼赞的人。还有那个下午闲聊中的一则"铁志语录"可为"值得礼赞"之证：

"我这辈子不干别的，就干一个'四大工程'，那就是编、读、写、研杂文。"

至今品此语，犹然敬意深。这是一个文学早已失却"轰动效应"的世俗时代，这是一个杂文从来就是"文学之末"的传统国度，但曾是北大哲学系高才生的铁志老友义无反顾，矢志不渝。他说："让所有人像康德一样仰望星空、敬畏心中的道德律，既不现实，也不可能，……总要有一些'仰望星空'的人，有一些被短视的人看作'傻子'的人，有一些在这样的选择当

中乐此不疲、乐在其中的人，像鲁迅先生那样，'寄意寒星荃不察，我以我血荐轩辕'。"（《需要一些仰望星空的人》）

"'朱作'无戏言"。在"星空"下，弹指一挥间，铁志的"四大工程"已然干得有声有色，硕果累累。

一说"编"。迄今为止，朱铁志已主编《中国新文学大系·杂文卷（1976—2000）》、《20世纪中国幽默杂文》、《中国当代杂文经典》、《中国最佳杂文》（年选系列）、《真话的空间——新中国杂文选》（上下卷）、《杂花生树——中国当代杂文精品文丛》（30卷）等20余种，当之无愧可谓当代中国杂文主要编选大家之一了。且仅以其最新主编的《四方风杂文文丛》来说，出版后其得读者的认可与喜爱，不但市场销售态势良好，而且多有论者对其赞誉有加。于此"没有想到"，朱铁志"不知是杂文独特的艺术魅力使然，还是商务印书馆特有的号召力使然"，但他还是强调"甚至连大名鼎鼎的商务印书馆，也加入到出版杂文的行列当中"，并且认为"能被商务印书馆所接受、所认可，既是杂文的光荣，也是杂文家的光荣"（《〈四方风杂文文丛〉编余》）。很显然，这种说法所体现的绝不是一种"与有荣焉"的局外心态，而完全是一种深在杂文之中的力编者自慰。

二说"读"。常识告诉我们，没有"读"，焉能"编"？只有自己历览经典，才有可能编给别人分享推荐。但朱铁志的"读状态"究竟为何种景况呢？这从他写过的一篇杂文《渴望静静的阅读》中颇可玩味。"过去读书的，现在变得只读杂志；过去读杂志的，现在只看报纸；过去看报纸的，现在能看标题就不错了。"——这是在说他自己吗？你我还不是一样！但他"不免有些汗颜"，甚至"晚上疲劳地躺在床上，心中甚是慌恐"，于是在"新的一年，我要努力改变这种没有出息的精神状态。不再抱怨，不找借口"……就这样，为了"编"，铁志不仅早已研读了鲁迅全集，研读了"五四"以来有代表性的各杂文大家的主要作品，而且不断阅读着现当代很多重点杂文家的作品。实际上，年复一年，我们不仅于"编"上，而且于"写"与"研"上，均可想象到朱铁志的"读"状态是什么景况，他的"四大工程"不仅一中有三，而且缺一不可。或可谓，朱铁志的"读"，其实绝不仅仅是"读杂文"，"我之所谓值得'静静的阅读'的真正好书，是指那些经过时间检验的经典和古典，是能够长久留在人们心中，并在人类文明史上留下痕迹的书"。也许正因为求读若此，朱铁志才能涵养其编、写、研，进而成就其"四大工程"的硕果累累。

三说"写"。迄今为止，朱铁志已出版杂文《思想的芦苇》、《精神的归宿》、《文心雕虫》、《浮世杂绘》、《屋顶上的山羊》、《板凳的温度》、《沉入人海》等16种，且还有《理智的勇气》、《红楼背影》和《远眺红楼》3种即将于近期分别出版。其中《精神的归宿》一书曾荣获第二届鲁迅文学奖（杂文类），另有多篇杂文曾荣获北京杂文奖、上海笔会杂文奖、中国新闻奖、中国报纸副刊金奖等。除此之外，铁志还曾先后在《南方周末》、《法制日报》、《北京青年报》等多家报刊和一些著名网站开设专栏，不仅身体力行写杂文，而且多层次、全方位地宣传杂文，弘扬杂文。他曾在《网络时代的杂文创作》一文中深情叙说："是的，它从来没有大红大紫过，从来没有站在舞台中央，但它就像冬天的溪水，静静的，却在流；像春天的桃花，淡淡的，却在开。肃杀的风景里有它生命的律动，盎然的春色中有它一抹亮色。安徒生的童话千年不朽，而杂文，就是那个说出皇帝光腚的小孩儿。"关于《我的杂文观》，铁志一系列的真知灼见更是令人振聋发聩："杂文的骨髓里不仅有钙，而且有钢，有铁，有一切宁折不弯的材料和品质。……世间砖头百种，唯有杂文这块砖最硬。——然而用于'敲门'最不灵。……杂文的'戏剧理论'

中，只推崇本色演员，而对演技派嗤之以鼻。……不做吹捧者吹捧的奴隶，也不做诋毁者诋毁的奴隶。喜也杂文，悲也杂文，荣也杂文，辱也杂文，然后近乎杂文家……"朱铁志不仅创作成果累累，而且创作理论凿凿，实可谓当代文坛一位"文理兼修"的"杂文双殊"者。

四说"研"。仔细研读"朱作"，你会发现他对当代杂文的来龙去脉以及每一时期的枝枝蔓蔓均很清楚。但这还不是最令人感佩的，最令人敬佩不已的是，许多"疯狂生长"的杂文问题，他总能切磋二三同道及时发现，并用他那手术刀般的专能分析之，"拨乱反正"之。例如上引《网络时代的杂文创作》一文，或许是我孤陋寡闻，但于听闻"网络时代的××创作"之前，我先眼见为实了这个"文学之末"，这不能不令我对铁志老友惊喜相看。也许是"生于忧患"使然吧，在此文中，铁志的第一个判断就是"网络时代杂文依然有其独特的存在价值"。但这个判断并不是"武断"，而是建立在"与时俱进"的客观分析之上，"'海量信息、实时更新、双向互动'逐渐取代了单向度的灌输，……只要一机在手，每个人都可以成为事实的见证者，成为现场直播者。……'引导'和'教育'，必须经得起事实和民众的双重检验，……于是有人惊呼……"怎么办？铁志给出的答案，依然是继续进行客观、理性的分析："段子具有简洁、犀利、辛辣、一语中的的特点，同时也带有碎片化、浅陋化、简单化、情绪化的缺点。而杂文不受微博140字的限制，可以在思想和艺术两个层面进行更加深入的开掘，更加从容的展开，更加理性的辨析。"如此入情入理的辨析，凡识闻者，谁能"哀叹杂文的式微"？其实，与"杂文式微论"的韧性战斗于铁志来说，早已不是第一回。"自上个世纪90年代中期以来，言论写作大体呈现了'杂文式微'和'时评兴盛'的整体趋势。……对此，我是一则以喜，一则以忧。喜的是，时评的兴盛打破了过去少数'评论员'垄断言论写作的褊狭局面，……没有'定于一尊'，恰恰是走向真理的最好路径。……忧的是时评写作的快餐化、粗鄙话、肤浅化。……（且）作为时评的言论更趋向于新闻，作为杂文的言论更接近于文学。……既然杂文是'艺术的政论'，那么它必须有学养灌注、思辨训练、艺术启迪、语言感觉，而不是什么人都能随意为之的。包括朱某本人在内，对这样的美文虽不能至，但应该心向往之。"（《时评·杂文》）可以说，此文是当代中国杂文发展史上一篇重要的小记，它不仅通过对时评与杂文的及时辨析，又一次"匡正"了杂文之"式微"，而且引人注目地提出了一个"杂文应是美文"的光华之点。这不仅是对现实杂文理论的一种美的提升，而且是对未来杂文发展路径的一种光的导引。的确，对于一切杂文写作者来说，都应该像铁志一样，"对这样的美文虽不能至，但应该心向往之，当成一种目标来追求，不应仅仅满足于'有话直说'"。

上述"一二三四"之"编读写研"，我是严格按照那天下午与铁志闲聊时他的"原生态"顺序来分别评说的。我认为这种自然而然的脱口而出，显然还是有一定的意义蕴含其中。铁志之"人生四大工程"首先在意的，是（为别人）编而非（为自己）写，这个"自然而然"不能不令人想到他曾在《做一个对自己守信的人》中有所剖白："但我自信可以做到不为金钱写作。……一则我有工资收入，足以维持生活；二则我相信美丽的文学之鸟一旦为沉重的黄金缚住翅膀，就永远不能展翅高飞了。"在另一篇《说人生的意义和价值》中，铁志老友的"心向往之"就更加一目了然了："在耕耘与收获之间，他们崇尚耕耘；在奉献与索取之间，他们甘于奉献。……他们的选择，是我们应该师法的选择；他们的人生，是我们应该效法的人生。"

朱铁志，这个"铁志"鲜明的多年老友，至今还令我对那个难忘的下午怀旧不已。为了他所钟爱的杂文，我应该为他写一篇"礼赞"。①

有一本影集是他的本来面目
——高洪波散文创作的"京味儿"初探

高洪波文学创作40年，成为当代中国文坛的一块魔方。无论是从题材或体裁来看，或者是从"风格即人"来说，这块魔方的多样性与多彩性，都是在当代中国作家中很少见的。例如，高洪波是什么类型的一种作家？对这个问题的回答，无论是在文学界还是在社会各界，一定会像"哈姆莱特之问"一样，每一个人都有自己的答案。大致来说，有的人会说他是一位儿童文学作家，有的人会说他是一位诗人，有的人会说他是一位散文高手，有的人会说他是一位杂文专家，当然，还有的人一定会说他是一位文学评论家，或者说他是一位报告文学作家;甚至，完全可能的是，有的人会说高洪波是一位尽写"日记"的官员作家。但其实这些名谓之说都不重要，重要的是在这些名谓之上，高洪波都取得过什么样的成就，这才是当代中国文坛这块"魔方"最闪光也最值得探究之处。

众所周知，作为儿童文学作家，高洪波获得过该领域许多重要奖项，如中国作协举办的首届全国优秀儿童文学奖、冰心文学奖、宋庆龄文学奖，等等。作为诗人，高洪波不仅两度荣任《诗刊》主编一职，并且身体力行写了数十年儿童诗，还写了很多新诗、好诗。他在诗坛的这"两把刷子"，早已为人称道。

① 2013年9月13日《中国艺术报》。

作为文学评论家，高洪波慧眼独具，例如很早以前，他就曾预言秦文君将了不得；对于今日的收藏大师马未都，早在上世纪九十年代初，他也曾有所预言："马未都在青年作家中是个罕见的收藏家，我怀疑他正渐渐摆脱作家的身份，进入瓷器专家的队伍。"当然，高洪波毕竟是文学评论家而非人生预言家，在那篇"预言"马未都之后，他又接着写道："听他把艺术想象与社会学知识用于瓷器的鉴定中，会发现文学写作的确益处非凡。"除了马未都之"评"外，作为报告文学作家，或者说高洪波曾作为《文艺报》记者部副主任时，十年间，他也曾就"近水楼台"之便，"特写"、"报告"了很多著名老作家的文学活动、创作境况等，并就此和当时的冰心、严文井、冯牧、艾青、舒群、汪曾祺等著名老作家建立了深厚的关系。可以说，在当今中国文坛，因采访、报道或报告过已逝或健在的老一辈著名作家并熟稔他们各种情况的人除了比洪波更年长一些的周明、吴泰昌、柳萌等人，以及比洪波更年轻些的李辉、陈徒手等人，鲜有他人耳。这是了不起的一段文学佳作。

高洪波文学创作40年，他在杂文领域所取得的广泛成就也是有目共睹的。但因杂文近散文，甚至有方家亦把它归类于散文之一种，故我们在此一并言之。如果说，高洪波这块"文坛魔方"的每一面都是一本影集的话——如上所述，有儿童文学影集，有诗歌影集，有文学评论影集，等等，那么，我以为，这块"魔方"上的有一本影集最能反映他的本来面目，那就是散文（也包括杂文）影集。

为什么这么说呢？因为散文"形散而神不散"，只要捕捉其"神"，即能窥视其精神全貌，并且破译其神秘的心灵密码。这一点，正如著名文学评论家雷达所言：散文是人有感于物的心灵倾诉和人与世界的对话，是一种最质朴、本真、契合自然的文学形式，如同性格之投影于纸张，本性烙刻于文字。

但是，"捕捉"任何一位散文大家的"神"又谈何容易？说起来可能有点儿玄乎，但我确实以为，散文之"神"主要蕴藉于散文其"味"之中。但更神乎其"神"的是，这世界上的散文作家，其实很难以一"味"言之，即使是著名的"京味儿"作家老舍，难道他的作品中就没有洋味儿？要知道，老舍先生是用英文写过长篇小说的一代大家，他的"京味儿"其实是"大洋若土"。

以高洪波为例，我以为，对他数十年所写的大量散文，不可能以一"味"而观其"神"。若以"存在决定味道"而言，我们大体可言高洪波的散文创作不仅有"草原味儿"，也有"兵味儿"、"滇味儿"，更有"京味儿"。

这就不能不说到所谓的"京味儿文学"。毫无疑问，老舍先生、邓友梅、陈建功、王朔等自是"京味儿文学"的代表人物，但王蒙、刘心武、汪曾祺，也包括高洪波等，其实也是"京味儿文学"的一干代表人物。为什么这么说呢？

以高洪波为例，不能说他出生在内蒙古的科尔沁草原就必然地不具有"京味儿"，实际上，众所公认的"京味儿"作家中鲜有"北京土著"者，关键是要看你的文学创作中是否有北京人的"神"亦即"京味儿"。

那么，究竟什么是"京味儿"呢？我以为，首要条件还是创作主体不仅要形似，更要神似北京人，否则其人其作是断不可能与北京有关联的。在这方面，高洪波作为"京味儿文学"的代表人物，条件完全具备。他15岁随父进京，长居京华至今已有45年之久。早在居京仅3年又从北京十五中去云南当兵时，"由于北京话所起的特殊作用，我被首长们选中，充当团广播室的播音员，同时兼放映员、图书管理员"（见《从草原军旅走向文坛》)。不仅受益于"北京话所起的特殊作用",更受益于他后来成为"北京姑爷"陶醉在妻子朱丹江的全面影响中,高洪波早已是个地道的北京人了。得天独厚的是,在《文艺报》和《中国作家》工作期间,他还深受"北京土著"冯牧等文坛前辈的熏陶——例如冯牧晚年病重期间,他常去医院探视,"每次告别,(他)都嘱我代为寻觅一些他渴望读的书,像东方出版社出版的'火凤凰'丛书以及一些北京风俗类的书"(见《我的船长》)。我相信身教胜于言教,我相信"书虫儿"高洪波当时最起码儿也要把那些"北京风俗类的书""啃"几眼。

其实,看一个作家的散文创作是否具有"京味儿",首先从他的北京话、北京风俗类诸元素来考察他是否具有"京味儿"资格,这还是次要之辨。最主要的是,他是否对"京味儿"这种创作风格有自觉的认同、实践并取得一定的成就。且看高洪波在《闲话京味儿》一文中对这些问题是怎样作答的:"说起老北京,我满心钦敬,每个人都是一部活历史,举手投足,都浸出文化感,保不齐的您看这是位不起眼的老太太,那位是颤巍巍的糟老爷子,凑过去套套磁,往深处一侃,没准老太太是位'前格格',糟老爷子呐,祖上竟然干过内务府一等一的差事。"但高洪波对老北京的"钦敬"尚不止于此,他接下来又"嚼谷"起"元代的味儿和金代的味儿肯定不尽相同",并"揣度明朝北京的京味儿,当比清代讲究,像松鹤楼和森隆饭庄的菜"。这种对"京味儿"深入骨髓的探究,在当代作家中是十分罕见的,我想,它除了说明高洪波对"京味儿"深入骨髓的"钦敬"外,别无他解。

但高洪波最"钦敬"的还是新北京,或曰时下的北京。且看他在《胡同味儿》一文中所言:"甭说别的,仅一个公共厕所里,就蹲满了一觉醒来愤世嫉俗的哲人智者,他们抽着'混合型'

香烟，纵论古今中外天下大事，透着舒坦。"接着他自问："究竟何为胡同味儿？"他的答案是多元的、开放的："我也说不清楚，可以是浓郁的人情味儿，也可以是淡然的平民百姓味儿。有时还带点儿不管不顾的市井江湖味儿。"我认为这个答案是客观的、到位的，这是"明摆着的事儿"。——顺便说一句，这是高洪波此文的最后结语，这是一句地道的北京话，这是高氏散文语言中的"京味儿"之证，这是成就一个"京味儿"散文家的重要标志之一。

数十年来，高洪波浸淫在"京味儿"生活中的"神"，在其散文创作中，其实还是无可遁形的。"有一年深秋，我到景山公园深处的少儿图书馆去查资料……"（见《独特的世界》）；"北京现今的古玩市场，除了琉璃厂文化街之外……"（见《古玩》）；"前几日整理出一批不准备收藏的图书，拎着到北京东单的中国书店出售……"（见《卖书》）；"在北京逛街，顶好是骑自行车，这是半自动化的一种逛法。另外最好是在雨中……"（见《逛论》）；等等。我们从高氏散文中这些夫子自道，自可品出其"神"中的一种文化味儿。这也就是说，构成"京味儿"的诸要素如历史味儿（老北京）、市井味儿（胡同等），也还要有文化味儿。这三味缺一不可，但也还是要有第四味，那就是北京人骨子里那种洒脱劲儿、幽默味儿。文如其人，或者说"风格即人"，可以说高洪波在这点上最像个北京人；他的散文创作，在这一点上最具有"京味儿"。这不仅是指语言，更主要是指思维方式。

在《逛论》一文中，高洪波说："我是属于喜逛又厌逛、时逛时不逛的一类人。在北京家里一呆，蛮自在地沏一杯茶，听听京剧里的老生唱腔，比到大街上参加人挤人运动舒服得多，所以我讨厌逛。但是话也不能说绝了……在北京不逛或少逛，出差在外则马不停蹄地不逛也逛，逛瘾大发，四处乱逛……"

看到这里，谁能不乐？在另一篇《琉璃厂的发现》中，他又接着说："一逛不要紧，有小小的发现。我首先发现两位作家的字很值钱，一位是李准，另一位是周而复……每幅字均千元以上。在小说家的真迹面前我驻足良久，心里盘算着怎样与这二位'套瓷'，抽空儿也求一幅字挂挂，不光是附庸风雅，明显着是值钱的玩艺儿！"这种幽默中带着自嘲的味儿，正是"京味儿"思维的真实写照，正是"京味儿"语言的恰当表现。但这个例子似乎还有欠饱满，在另一篇《寻找鲁园春》中，高洪波对当时他居家附近的东四街头一家老馆子的消失深感"忿忿不平"，"取代的是一个戴眼镜的美国小老头，洋气十足，也神气十足，他镇日站在鲁园春的窗口，把一种叫作'肯德基家乡鸡'的快餐端给北京人"。尽管对此"京味儿之变"，高洪波一再地"忿忿不平"，但最后他"凭心而论，炸鸡的味道蛮不错。可我还是忿忿不平，我想寻找鲁园春，并将固执地寻下去，我不相信有什么能够代替美味的炒肝儿、糯甜的元宵，我想说的是鲁园春三个字本身所代表的文化内涵，绝非几块炸鸡所能取代的，甭管它是美味的肯德基家乡鸡还是傻乎乎的火鸡"……

我能证明，高洪波在这篇散文中所体现的思维方式、思想感情，以及语言特色等，完全可作当地北京人的代言。因为我亦时居该地，亦吃过鲁园春的炒肝儿，亦"侧目"过忽然冒出的肯德基。一直到今天，我也为高洪波当时能写出我们这些老北京人的块垒之气而深感欣慰与自豪。高洪波不仅是北京的姑爷，更是一位北京文化之子。受益于此，我们欣慰并自豪于他曾写出一大批"京味儿"浓郁的优秀散文如《三访智化寺》《西皮流水》《龙宫神游》《鹿皮关记》《小街》等等，但比起很多功成名就的"京味儿"作家来说，高洪波至今所创作的"京味儿"作品，起码有一点也是有目共睹的，那就是其数量尚少。

仅此一点，我们对实力雄厚又勤奋异常的高洪波充满了期待。

高洪波，我们喜爱你的"本来面目"，我们殷殷期待着一本更大更厚的"影集"！ ①

人生的秘密花园是美丽的
——读存宽先生诗词有感

不管是哪一位的人生，能有一个自己的秘密花园，不仅是幸运的，更是幸福的。而不管是哪一位不速之客，若能一窥某个秘密花园的人生之魅，那就更其幸运和幸福了。

笔者有幸，因夫人是刘存宽先生同事之便，最近拜读了先生所著《望山书屋诗词》及《望山书屋诗词·续集》二书，因此有了上述感慨系之。在存宽先生的秘密花园里，他曾经的美丽人生应有尽有。

下面就是我的诸多观感。

存宽先生的秘密花园是与其书房抑或主卧紧密相连的，这是其秘密花园的第一个特点。那么，存宽先生的"书房抑或主卧"究竟是什么呢？那就是"历史"。刘先生是一位著名的历史学家，不仅是中国社会科学院近代史研究所研究员，而且有《沙俄侵华史》、《二十世纪的香港》、《回到天安门》等与人合作的编著译著名世，因此，他在其"秘密花园"里的诗词创作就自然而然地具有了独标历史之特色，举凡"敦煌怀古"、"越王殿咏史"、"灯下读古诗有感"、"过景山崇祯帝自缢处"，等等，莫不如此。这一点，从其众多诗友的赠诗或和句中亦可得到印证，例如："深

---

① 写于高洪波文学创作四十周年之际。

钩前代隐"（风雷）、"吊往兴今疏史鉴"（王明甫）、"近时唯有黄公度"（吴慧）、"曾吟包文正，曾吟文天祥"（曾景忠），等等。正因如此，在存宽先生的诗词花园里充盈着学术品格的历史味道，难能可贵，可喜可贺。

第二个特点，存宽先生的诗词花园虽属古典一隅，却是非常对外开放的。那里面不仅有"葡萄美酒名天下"的波尔多，不仅有"莽原万里悄无语"的西伯利亚，而且有"此番何去，国会山前临海处"，甚至还有"华府归来感兴多，萍踪又寄圣迭戈"……如今已然进入耄耋之年的刘存宽先生，曾经游历或旅居过全世界很多地方，独树一帜的是，刘先生把他在国外的这些所见所闻，都用中国古典诗词这种艺术形式"摄录"下来，并永远保留在我们今日得见的"望山书屋"了。这当然是一种功力，但又何尝不是一种精神？以我之能的这种化外功夫，就是尽人皆知的我国中兴之策：改革开放。在这方面，刘先生的创作可谓硕果累累，令人敬仰，可喜可贺。

第三，在刘先生的秘密花园中，最姹紫嫣红的其实还是一个情字。举凡亲情、友情、爱情等等，莫不在其诗词中饱满洋溢，真诚感人。例如亲情，在其年方22岁时，曾"偕二妹、华田出川赴京"："青春结伴下渝州，舟入瞿塘似箭流。万岭千滩拦不住，西陵一过水悠悠"。这既是自己人生旅途中的一段青春回忆，又何尝不是当年"出川赴京"时的一种亲情记录。而记忆正是记录的证明，而记录又恰是记忆的再现。这就是此诗的妙处所在。及至2000年11月，存宽先生已然72岁——即离上诗写就已然50年之后，他又写了一首《二妹存德古稀华诞志禧》："犹记秋高九月天，嘉陵江上小篷船。沧桑已改人康健，不减亲情似少年。"半个世纪，往事历历而亲情绵绵，一切均在存宽先生的两首七绝之中。这就是秘密花园的人生魅力所在。当然不仅如此，再说友情。诗如其人，词亦如是。我们从以下一些诗词题目上便可了然刘先生是多么重视朋友、同事，甚至一些萍水相逢者之间的缘分与情谊：赠金景芳教授、于老夜访、与西北大学友人同游华清池、偕北京大学老校友冀东游、偕香港大学校友游青城山、出院赠医生、悼亡友、偕秋韵诗社友人游忘忧湖即兴、近代史研究所诸友人赴顺义郊游即兴、重九偕近代史所众人游北京西山大觉寺，等等。仅从这些我信手拈之的题目来看，这几乎就是一部存宽先生的友人交往史了。我们甚至可以从中悟到：一个人能够在一个群体中交到朋友不难，难的是能够在人生的一个又一个群体中都能交到一拨又一拨的好朋友，那才是最难最难的啊。而存宽先生既有的人生，显然是已经做到了这一点。真是可喜可贺。

再说爱情——这也是存宽先生秘密花园里的优良品种，例如："更喜伊人无限好，孩儿风雨有同舟"（22岁：携华田之东观）、"醉卧燕山晚，休言落日斜"（58岁：偕华田、一苇游龙庆峡）、"携妻行壑底，策杖上云端"（71岁：偕华田游昆明西郊郊野公园）、"兴至时光忽倒转，歌声唤醒众山鸣"（74岁：与存淑、干成、华田、博志、张敏、祖昌、晓明同游京郊珍珠湖），等等，这些人间至真的爱情诗句绵延数十年，像一条爱的河流，至今还撞击着我们每一位读者的心灵。她是那样质朴深绵，又是那样清澈甜蜜，如果我们观双句尚不足以知先生，那就让我们再赘引存宽先生两首完整的"爱情诗"吧：

其一　浣溪沙·妻骤病

鞭炮声声不是春，苍天无眼祸斯人。催肝裂胆内如焚。

自信好心得好报，安将吾体代伊身？人间至爱本难分。

其二　采桑子·华田古稀华诞

难忘故里初相见，豆蔻春风，憧憬无穷，岂畏蓬山远万重。

年华似水匆匆去，一样春风，一样情浓，共喜今宵烛更红。

　　前词读来让人心疼，后词读来令人心畅。这一疼一畅，均是存宽先生数十年如一日的"爱情"之作。这显然是佳作——上佳之作。真是地老天荒，高山仰止。真是可喜可贺。

　　当然，在存宽先生的秘密花园中，不仅有纯粹的爱情诗、更有真正纯粹的爱乡诗、爱国诗，甚至是爱地球诗。这就是存宽先生诗词创作的第四个特点。我们不难发现，在《望山书屋诗词》中收录的第一件作品《感时》，即是存宽先生年方13岁时"愤而赋此"的爱国"处女作"："国破民涂炭，敌机日犯川。血流盈巷陌，残体挂枝端。"其后又有《潼关告急》、《中国载人飞船首航成功》、《纪念改革开放三十周年》等等爱国主义作品绵延不绝地流注笔端。鲁迅说过，从水管里流出来的都是水，从血管里流出来的全是血。对于刘存宽先生那一代人来说，从他们的血管里流出这些爱国主义的诗词自然是再正常不过的事了，更何况他还是一位以研究历史为己任的专业学者。但也许正因为如此，在这座刘氏秘密花园中，最一般的花朵才有不寻常的异香。除"爱国诗"之外，像视角独特的"爱地球"之作那就更多了。2005年，已然77岁高龄的存宽先生又一次泛舟莱茵河上，虽感叹"华发人渐老"，但仍不改对异国他乡一条河流的激情之爱："崖顶女郎安在？歌声何去不还？女郎归来兮，我愿做一船夫，凝眸仰望山头。……我愿化为白鸥，沿河飞舞览全流，冬夏春秋。此愿何时了，此念何时休！"这就是一个中国老人对欧洲莱茵河的人类之爱。爱乡、爱国、爱地球，在存宽老人的秘密花园里，爱是一枝永远飘香的奇花异草。她是那样浓郁，又是那样热烈，有幸能够亲近她的人，真是有福了，可喜可贺。

在存宽先生诗词创作的秘密花园里，花香满径，枝叶纷披。这是一个人生之魅应有尽有的美丽花园。如今，幸运又幸福的存宽老人还在他的秘密花园里辛勤地劳作着，且看他的《八十戏作》："年迈犹怀少小狂，赢得众友唤刘郎。但求赤子心长在，日吐拙诗八九行。"

哪里是"戏"？这分明就是一个赤诚的"作"字。想到此，我感到自己更幸运和幸福了，因为在我面前矗立起一个美丽的榜样。

归去来兮的大地歌者

——王巨才《退忧室散集》读后

说来有趣，最近受赠巨才先生《退忧室散记》精装一册并附赠其《退忧室散集》清样半卷。如此不拘一格，实令笔者满心欢喜之余，不能不想到陶氏那篇《归去来兮辞》似曾有言："何则？质性自然，非矫厉所得。"

又，所谓"归去来"，史有定解："于官曰归去，于家曰归来，故曰归去来。"（毛庆藩《古文学余》）我以为此解于巨才先生的既往与现状，似尚妥切，只是巨才先生之"于家"绝非寻常人家，而是"大地"之谓也。且仅以半卷散集细观之，我以为巨才先生实可谓"归去来兮的大地歌者"。

还是来说"于官"。"王巨才，陕西子长人。一九四二年生。毕业于陕西师范大学中文系。曾任创作员、报社记者、编辑，后长期从事文化宣传和党政领导工作。曾任中共延安地委副书记、延安行政公署专员，中共陕西省委常委、宣传部长，中国作协党组副书记、书记处书记。六十年代初开始诗歌创作，后转入文艺理论批评，著有《退忧室散稿》、《退忧室散记》等。近些年时有散文作品见诸报刊，并多次入选全国性年度排行榜和作品集……"此系由作家出版社出版之《退忧室散集》的"作者简介"，其中"于官"之引人注目，恰如一个巨大的问号，使人对巨才先生"于家"后究有何为充满了好奇与探究之心。

《退忧室散记》曾是一个答案。

《退忧室散集》更是一个最新的答案。

且看《散集》中那些写在祖国大地上一个又一个的醒目标题吧：《坝上的云》、《孝子峰随想》、《扬州思维》、《常熟的往圣今贤》、《品读番禺》、《半岛的律动》、《灵渠踏访》、《鲅鱼圈风致》……

有好标题自然会有好文章，且看在巨才先生笔下，今日之祖国，究是怎样一番锦绣大地、动人风光：

"到坝上，……最引人注目的，是那……惊心动魄的云。……记不清什么时候见过这样的蓝天，要说，也是儿时躺在家乡的杜梨树下歇晌的时候，但那已是半个多世纪以前的事了。……这样的天空是能够让人陶醉的，感动得掉泪的。"《坝上的云》不仅是自然美到极致，而且饱蕴返璞归真的人生之美；当巨才先生身处塞罕坝的林场展览馆时，"我真是被他们崇高的精神品格深深感动了，眼眶止不住噙满泪水。"这时候，我们不能不像巨才先生一样"想到了'高山仰止'这个词"，这也许就是巨才先生这篇散文所独具的一种魅力吧。

"因为文章，喜欢上了莲花。这几年南来北往，……印象最深的，还数石城的莲花。……我插话问，一个人一天能剥多少莲子？答说六斤左右，每斤少说也三百颗莲子。又问，一年能有多少收入？答说六亩地，两万来块钱是有的。"接下来，巨才先生用一支灵动的笔详叙了这对采莲老夫妇相互调侃、嗔怪、体贴、快慰之种种，酣畅淋漓，诸情毕至，实为"百花"中独异的一幅《遍地莲花》图！

"飞机进入临沂上空，心头止不住一阵猛跳。其实我只是第一次到这个地方，这种归心似箭般的激荡，说不清从何而来。是小说《红日》？是舞剧《沂蒙颂》？是影片《沂蒙六姐妹》？还是与生俱来的老区情结，挥之不去的红色记忆？也许是，也许不是。但这种油然而生的亲切感却是千真万确，连自己也觉得奇怪。"这段朴实无华的文字，是《沂蒙行》的开头部分，谁读了能会"觉得奇怪"呢？因为古希腊的文学大家索福克勒斯早就说过："凡是出自内心的，也一定能够进入内心。"

在扬州造访时，巨才先生从秋山最高处的拂云寺漫步而下，其间曾"误入迷宫"，结果却是"如电光石火，令我茅塞顿开"——那是导游"几句不经意的点拨"："其实完全不需这样辛苦。忘记教您一个口诀，叫'明处不通暗处通，大处不通小处通，直处不同曲处通，高处不通低处通'。"巨才先生于此小导游的"点拨"竟至"仔细想去，又觉意蕴无穷"，终于写出一篇《扬州思维》的通达文章。他说，"扬州人是精明聪慧的，又是圆通务实的"；"扬州没有大拆大建"，"扬州人就是如此不一样"。好一个"扬州思维"！的确令人茅塞顿开！

"灵渠，位于湘桂交界的兴安县，距桂林只五十七公里，但人们往往与它擦肩而过，失之交臂。"但"归去来兮的大地歌者"巨才先生则不然，他在《灵渠踏访》中曲径通幽，不仅通过"司机小唐"之口告诉我们"别看兴安是个小城，却曾经两次改写过中国历史"；而且为之自豪地告知我们"灵渠……与郑国渠、都江堰并称古代三大著名水利工程"，曾"被郭沫若先生誉为'足与长城南北相呼应'的'世界奇观'"。至于今日的灵渠、今日的兴安，巨才先生在此文之末进一步告知："此次兴安采风，印象颇佳。得益灵渠滋养，兴安……全县三十八万人，银行存款余额达七十多亿。"噫吁嘻，这无异于古老灵渠的一曲青春之歌！

综上所述，无论是位于阴山山脉和大兴安岭余脉交界之塞罕坝上那令人"惊心动魄的云"（那里林场工人的奉献精神令人"高山仰止"）；也无论是静心细品"号称中国白莲之乡"的石城"那种情景，那种气象"的"遍地莲花"（那里的一对采莲老夫妇曾经相互打趣，喜态毕现）；抑或是拂云寺下小导游令人茅塞顿开的"扬州思维"（那里"没有大拆大建"，古老的园林一如往昔）；或者是在灵渠踏访时，"让人意识到这是一个注重教养的地方，古风犹存，暖意融融"（那里曾有位千余年前的地方官员，不但注重修渠护渠，而且功成不居，真乃"谦谦君子也"）；等等，均是巨才先生近几年在祖国大地上的不倦行走所采撷的一朵又一朵新鲜之花、祥瑞之花。这些美丽的花朵都是会歌唱的，我们因之称不辞辛劳的、可尊敬的巨才先生为"归去来兮的大地歌者"。

但前面所言"于家"系"大地"之谓，其实并不排除故乡及其小家亦是"大地"的一个组成部分——甚至是一个非常重要的组成部分。所谓天下国家，本同一体，没有小家，哪有大地？

在《退忧室散集》中，巨才先生用心最重、下笔最多的，自然还是他对自己故乡和亲人们的由衷之爱。而且这种"归去来兮"之爱，尤显厚重，更其深刻。从篇目讲，散集中不仅有《老家的年味》、《回陕北》、《回望延安》、《唱吧》、《二妮》、《父老乡亲》、《沉重的负债》等，实令人有登华山而"一览众山小"之感；而且于这些篇什之外，巨才先生也曾由衷地引领我们"他乡遇故知"，例如在《常熟的往圣先贤》一文中，当他得知常熟可看的景点当属虞山和尚湖时，"意想不到的是，这两个地方，又都与我的老家陕西有着颇为密切的关联。关山万里，时空遥隔，想来让人匪夷所思，却又油然生发一种他乡遇故知的惊喜、激动。"特别是身在姜太公也曾垂钓过的尚湖时，巨才先生竟至"对我这位三千年前的乡贤选择如此清幽的所在避世独居心生追慕"了。此种真情流露，不过是人之常情一种，却因其打上了一枚"乡贤"古印而独异他文，不由得便令人有一种超现实的厚重之感了。是的，凡有故乡怀抱在心的人，都是祖国大地上的厚重之人。

在《退忧室散集》中，巨才先生那些念故乡、爱故乡的深情叙说都是厚重之文。例如关于《老家的年味》，巨才先生情有独钟又别出心裁地喻之为"是在阅读一篇活色生香引人入胜的精彩之作"；在"中国的科威特"，巨才先生不禁"想起我在延安工作时乡亲们生活的困难情状，……听了我的自责，南主任宽慰说，……那时哪有这样的条件啊。对他的理解，我深表感谢，……在陕北的这些日子，我正是在这种欢欣的观感和深长的思绪中度过的"。正是：一曲《回陕北》，欢欣竟无前。胸怀有红色，大道更妍妍。还有一篇《沉重的负债》，是巨才先生怀恋自己生母与养母的泣血之作，其题材之独家、情状之委曲、描摹之真挚、情感之纯粹，以及事过境迁的淡定和与生俱来的质朴，等等，均令人读之而动容，掩卷犹太息。这是怎样的一种人间至情至爱啊："孩子们常问我，姥姨和奶奶，你究竟看着谁亲，这让我每次都窘迫语塞。我似乎从来没想过这个问题。我只是知道，这两位境遇不同、性情各异的女性，几十年来牵肠挂肚，担惊受怕，为生我养我、拊我畜我、顾我复我竟日操劳，夙夜忧叹，付出了操不完的心、受不完的累、流不完的泪水，以至每一想起，都让我感到一种永远无法偿还的精神欠债，一种永远报答不完的情感重荷。如果说，这样的歉疚感每个人都有，那么我自己则因为她们之间曾经有过的猜度、怨望而更觉加倍的深刻，加倍的沉重……"

巨才先生不仅是如此性情中人、厚重之人，而且是一位颇有情怀、颇有定力的士人。这从他"归去来兮"一以贯之的"退忧"三书即可窥豹一斑。范仲淹说："居庙堂之高则忧其民，处江湖之远则忧其君。"巨才先生用他的身体力行说，此"君"如"家"，实为"大地"之谓也。"是进亦忧，退亦忧，然则何时而乐耶？"范仲淹问。

"归去来兮不足忧，歌咏大地实堪喜。"我以为，这就是巨才先生对仲淹先生的最新回答。[①]

岁月总是"柳萌"
——对一种"实境"散文的赞美

春天就要来了，一抹新鲜的绿色已经萌动在柳树枝头。这时候，你不由得会想到著名作家"柳萌"先生的这个笔名起得多么形象，多么美好。年年岁岁"柳萌"，它意味着希望、温暖、光明……

有什么样的笔名，就有什么样的作家。但有一次，当我在电话中向柳萌先生求证这个笔名的上述含义时，他竟淡淡地说："当时（起这个笔名时）也没想那么多，就是取了个与本名谐音的。"哦，刘濛——"这么说，倒是'无心插柳柳成荫'了？""也不完全是。当时倒也想过，柳树好活。"接着，我们又聊起柳溪、柳倩……放下电话，我的第一回味就是：这老刘，不仅是个"柳"字专家，还真是个实实在在、老老实实的人。

就是这样一个人，在其至今岁月的老实之初，竟然漫长地

---

① 2013 年 4 月 26 日《文艺报》。

背上一个"不老实"的沉重黑锅。这真是当今的很多年轻人确实很难想象也很难理解的一段荒诞历史——且听柳萌先生的"老实交代":"在我的心中,这是一块芳草地,……非要上大学不可。其实那会儿我已在北京一家报社当编辑,……非要报考北京大学,而且非中文系不上,(可是)距走进大学考场不过十几个小时,一场灾难突然袭来……后来我才清楚了我的所谓问题:一是我在天津读中学时听过鲁黎、阿垅、王琳等人的文学讲座;二是我的两位诗人朋友林希和山青,由于同阿垅、吕荧的关系正受审查,我表示过同情;三是我本人喜欢文学,又发表过一些东西。因此,在某事件中,本单位没有'和尚'要打我这个'秃子'的主意,……这样'恶劣'的态度,在两年后再次爆发,结果来了个新老账一起算,从此我被打入另册。"(见《只有遗憾》)

从以上的断续之引,我们约略可悉柳萌先生年方22岁时即被打入"另册"的彼情彼况。从此,他不仅远离了"芳草地",而且又是长达22年在"苦难"中艰苦跋涉,"那带着雪花的北大荒的风,那夹着沙粒的内蒙古的风,……如同刀刻斧削的镂痕,紧贴在我的血肉之躯上,成为生命中难以剔除的部分"。这是重获自由身之后又20年,柳萌先生感慨那段"另册生涯"写下《关于风的记忆与怀念》——请注意:除了记忆,还有怀念——"因为,那些关于风的可憎经历,它又往往是跟人的友爱相连的……今天回想起来怎么能不感念呢?"在这篇散文的结尾,柳萌先生又写道:"哦,我记忆中的风,面对时是那么强悍,回忆时又是这般温馨。"

这不能不令细心的读者又联想到"柳萌"这个笔名的真意。尽管它属"无心插柳",但实为"柳成荫"。柳萌先生也说了:它好活。

"柳树好活。"这真是柳萌先生耐人寻味的一个说法。粗略思之，我们可以觅得这样几层意思：一是它曾身陷苦难；二是战胜苦难说难也不难；三是战胜苦难就是"好活"，而且一定会活得更好。再一思之，莫非这就是柳萌先生的人生三部曲？

其一已如上考，柳萌先生这棵大树曾经身陷苦难。其二，战胜苦难说难也不难，首要在感念"人的友爱"之"温馨"。"我这一生，可夸耀的事情，几乎没有。唯一可以自慰的，那就是朋友比较多，而且很有几位，称得上是真正的朋友。……即使是在我头带'右'字荆冠以后，他们也从无歧视和怠慢。"（见《希望的茶馆》）这是朋友的温馨可感，更有亲人的温馨可铭："记得搬来住的第一夜里，我和我爱人都没有睡好，我们俩人……谈论着过去那些伤心的往事，越发感到今天的家的温馨、恬适。如同远航归来的水手上了岸，……那有过的风波险路，此时都化为一缕缕轻烟飘走了。"（见《家》）

实际上，除了善交朋友之外，善于忘却也是柳萌先生战胜苦难的人生智慧之一。"每当那些不愉快的往事，悄悄爬上心头的时候，唯一的希望就是忘却。……记忆有时也许是一种快乐，然而，忘却有时也许是一种幸福。让有快乐往事的人永远记住快乐，让有痛苦往事的人永远忘却那痛苦，这样命运对谁都显得公平合理，生活也会因为五彩斑斓而极富诱惑。"（见《忘却有时也是一种幸福》）

还有，柳萌先生告诉我们，在苦难面前，要学会《放飞心灵的风筝》："以我自己的经历为例，可以说一生都有压力。……我总不能不活下去吧？倒霉时没有出头的指望，劳累时没有别人来代替，唯一的解救方法，就是，自己疼爱自己、自己安慰自己，尽量让自己过得快活些。这时我常常想起乡间的马车夫，赶着辆破车走夜路，一边唱着一边吆喝着往前行，反正既不能沮丧又不能停下，再艰难最后总有到达终点的时候。"在这篇散文最后，柳萌先生还告诫我们，"学会给自己减压是一生的事情"。他并且鼓励广大读者："放飞心灵的风筝吧，以恬静的蓝天白云为伴，那压力不过是线绳一根，即使不可能彻底剪断，总会在悠悠荡荡中松弛。"

不过，以上在苦难面前的"柳萌三策"，还大约可视为技巧性的战术方法，在大量散文（含随笔、杂文）作品中，他其实更主张人们要对苦难进行理性思考，如："人生在世几十年，谁能说得清会遇到多少事啊……"（见《怀旧是间老房子》）"即使在极其艰难的逆境中，我也未放弃对美好生活的向往。"（见《假如我现在还年轻》）"我非常敬佩这样的人，……他们很少叹息和喊叫，因为他们深知，苦累跟创造、幸福总是紧密相连的，人活着就应该如此，不然人生还有什么意义？……苦累的土壤上总会有鲜艳的花朵开放。"（见《生活三题》）

这最后一语，已经属于前言"柳树好活"其三了：战胜苦难就是"好活"，战胜苦难之后一定会活得更好。柳萌先生于此认识是坚定不移的，"人一年年地活着，得过许多坎儿。……真的是岁月不饶人哪。而这岁月就是坎儿。……祝愿我们每个人都过好坎儿，以求一生一世的平安幸福。"（见《人生得过坎儿》）

诚如柳萌先生所言："岁月就是坎儿。"

而我们从上引一些散文章句中所感悟的即是：岁月总是"柳萌"。的确，年年岁岁"柳萌"，它意味着希望、温暖、光明……

这是一种希望的散文、温暖的散文、光明的散文，我们不能不由衷赞美之。柳萌先生说："'人生有迹，岁月无痕'。……人生可以复制的东西很多，唯有时光和生活无法复制。可要当心哪。"（见《岁月年轮》）

此情切切，金石为开。我们不能不更深切地感悟到，柳萌先生所写的散文，是有用的散文，是大有益于广大读者特别是青年读者的"实境"散文。

在司空图的《二十四诗品》中，"取语甚直，计思匪深。忽逢幽人，如见道心。晴涧之曲，碧松之阴；一客荷樵，一客听琴。情性所致，妙不自寻。遇之自天，泠然希音"，谓之"实境"。实是实在，境即境界。数十年来，在柳萌先生所写的大量散文中，或直抒胸臆，如《腕上晨昏》《缱绻乡情老少时》等；或触景生情，如《母亲的肩膀》、《月圆之处是故乡》等；或风物细描，如《芦苇丛》、《窗前树》等，都可谓之"实境"。

"实境"贵乎直率陈真。在柳萌先生的大量散文作品中，这个创作特点最是闪耀夺目，可谓俯拾皆是。除前引层出不穷之例以外，再品一则："从原来居住的地方，迁入新居以后，总算有了个客厅，这样，朋友们赠我的字画，也有了个挂处。起初像小孩子得新衣，一件一件试着穿，我喜欢的这些字画，也是一件一件换着挂。开始选画的时候，只是从形式上考虑，例如哪幅画装裱得好、哪幅画的颜色相宜，等等，这倒也给了我些许乐趣。但是重复几次就觉得没意思了，后来就从内容上挑选，哪幅字画中的意思，更贴近自己的想法就选哪幅挂在显眼处。"（见《得大自在》）我们从这一段"挂画"文字中，只可以读出"直率陈真"，无他。

当然，"实境"之文，毕竟还要有"境界"在。所谓境界，确如静安先生在《人间词话》中所言："有境界，则自成高格，自有名句。"但散文毕竟不是诗词，"自有名句"当存不论；在柳萌先生的大量散文作品中，"有境界"而"自成高格"者，仅以文题试观之，还是令人赏心悦目几至目不暇接的：《挂在心幕上的电影》、《薄纸寄忧欢》、《秋色正浓茅荆坝》、《歌声起落的岁月》、《路至远方有佳境》、《捉摸不定的夏天》、《远远近近王府井》……

这其中，又属《雪的往事》《雨的记忆》《风的怀念》以及《幼年生活拾趣》等佳作令人读之而神往。例如《拾趣》中"风筝"一章，开头是这样的："朗日晴空，微风托起片片风筝，在孩子的眼里，这便是春天了。别的什么，譬如河解冻，譬如树发芽，都算不上春天。我的童年也是一片风筝。"

何须多引？柳萌先生那童年的风筝"拾趣"悠绵而意旨高远，他就是那一片永远的风筝！

岁月悠悠，风筝飘飘。在一年四季中，柳萌先生独爱春天。他在《春天多美好》一文中曾有这样的"直率陈真"之语："是的，春天实在是太美好了。……在这美好的春天里，祝愿大家，都有春天般的好心情，像春风那样愉快地忙碌，像春雨那样辛勤地劳作，让我们的祖国永远青春常在。"

是为岁月总是"柳萌"。

李硕儒：一片永远的绿叶

说李硕儒是一片永远的绿叶，大意是谓：未及而立，他便不由自主地从人民日报社漂泊至内蒙古乌兰布和大沙漠边缘——而未坠青云之志；未及不惑，他又开始在京城"为他人作嫁衣裳"，身体力行"红花还要绿叶扶"——同时用一支青笔书写自己的文学画图；年近花甲的郁郁年华，他又现身大洋彼岸的旧金山，虽环妻绕子阖家团聚，却又时时自问"是落叶生根还是叶落归根"——没有答案，只有那曲《绿叶对根的情意》缠绵缱绻，日夜低徊……

所有这一切，我们都可以从硕儒先生一卷又一卷的大作、一篇又一篇的佳作中找到答案。但这不是文字的答案，而是人生的答案。

　　哪一个渴求完美人生的青年不希望有一个如意的开局？但"文革"前夕，未及弱冠便进入人民日报社工作的他，却因故"被列入了批判帮助的对象"，先是被派往京郊工作锻炼改造，后来索性又被发配内蒙古。从天之骄子坠入沙漠"地狱"，青年李硕儒失落过，彷徨过，甚至哭泣过，但文学的青春之梦，在每一个痛苦的夜晚，从来也没有从他的脑海里消失过。早在京郊当"四清"工作队员时，"几个月中，我写脚本，方成制作幻灯片，竟合作完成了两部幻灯片、一个独幕剧、五六个评书相声段子！"（见《荒原晓月》，下同）及至调入巴彦淖尔盟晋剧团做编剧以后，他很快便"改编并执导了《收租院》，移植导演了晋剧《智取威虎山》和《奇袭白虎团》"，甚至"不光写、导，人手不够时也上台充数，演《智》剧中的一个'金刚'，演《奇》剧中的美国顾问"。后来，他又被调往《巴彦淖尔报》任文艺版主编，也常外出做采访记者——"我的一篇篇通讯与报道发往报社，其中大多数上了显要的版面"，同时，由报社一位副总编辑穿针引线，他还收获了如期而至的一份甜蜜爱情……这时候，乌兰布和大沙漠早已从"地狱"变幻了一番新景，"唯见一个个如山如崖的巨浪闪着红色的光、紫色的光、黛色的光，气吞山河头舞角动地朝我们扑来……"青年李硕儒不由得感叹："没想到沙漠竟会这么丰富、这么富于色彩！"

　　其实，大千世界，色由心生。也许正如歌德所言："灰色的理论到处都有。我的朋友，只有生活的绿树四季常青，郁郁葱葱。"

　　1978年，随着北京的春风吹遍四野，这一年的秋天，已近不惑之年的李硕儒重回故里，被借调中国青年出版社试用工作。虽属"借调"与"试用"，但这片"永远的绿叶"却十分受用，"那陶醉、那吟味，甚至每个毛孔都感到一种快意的舒张。"（见《春残秋清》，下同）很快地，这片"绿叶"便投入到"扶持红花"的大量工作中，并先后责编了张扬的《第二次握手》、叶辛的《蹉跎岁月》、礼平的《晚霞消失的时候》、白桦的《妈妈呀，妈妈！》、王朝柱的《李大钊》，以及《张抗抗中短篇小说集》《王安忆中篇小说集》和她的第一个长篇《69届初中生》，等等。如今，这些"名人名作"都已经在共和国的当代文学史上各安其位了，可谁又记得李硕儒这片"绿叶"当年曾为之所起的光合作用？以《第二次握手》为例，当初出版社选题所有的，只是搜集来的众多手抄本，可其作者张扬是谁？张扬在哪里？谁也不知道。为了寻找张扬，这"功夫在编外"的重担就落在李硕儒和他的同事肩上。可谁又能想到，这完全是一场高高低低的特殊战斗！"寻找"发现，有人曾对张扬有过确凿的批示："着公安部门立即收缴手抄本《第二次握手》，作者很可能是坏人，查查他的背景……"而张扬本人，虽年仅25岁，当时却已经在监狱里被关押4年且尚未脱"罪"。情况是如此复杂而沉重，但李硕儒及其领导和同事们没有气馁，他们又凭借中青社的共青团背景，为张扬和《第二次握手》向时任中组部部长请命，"未料，不出一个星期，胡即发来批文，大意谓：若果如你们所说，此事应该认真追查。一个年青人写了一部好作品应该鼓励，何罪之有？……应抓紧出版……"有了这柄"尚方宝剑"，社里"于是决定由我去湖南交涉。正值盛年的我接到这一使命后真可说热血沸腾，恨不得马上飞抵长沙。"后来，虽"抢救"张扬出狱成功，但其病情依旧，"这个审读梳理所有（七八种）手抄本，之后取舍联缀，形成一个完整长篇小说初稿的任务就落在我头上。"一直到张扬的身体日渐好转，"这时，我的初稿工作已整理告罄，于是交张扬最后修改补充创作完成定稿。"再后来，《第二次握手》的出版引起极大轰动，头版供不应求。又两年后统计，全国各地印刷发行此书总计有430万册之多。而作为"绿叶"的李硕儒，在此期间，不仅对张扬这朵"红花"百般呵护，甚至还成功地为他做了一回"月老"……

历史无言，有青天为证。但这是我的感慨，而非李硕儒书中所言。值得欣慰的是，在甘为他人作嫁衣裳的同时，李硕儒不但早已转正不再是"借调"与"试用"之身，而且，1984年，当中青社甫一创办大型文学刊物《小说》时，他即被任命为《小说》副主编兼社文学编辑室副主任。工作之余，他不但创作出版了文学作品集《"红魔房"之夜》等，他还与王朝柱、彭名燕"三人合作，一人一稿"，共同创作了以孙中山和李大钊为主人公的8集电视连续剧《巨人的握手》，且半年拍竣，并荣获当年电视"金鹰奖"二等奖。这一时期，在北京的文学圈子里，李硕儒声誉日隆，但远去大洋彼岸的妻儿呼唤，也愈来愈强劲了。

其实，早在18年前，李硕儒的爱妻便携一双小儿女远赴美国定居了。他之所以迟延未去，除了办签证等一些技术原因外，更主要的原因，是他对故都北京那份难以割舍的爱。这一点，在他离别北京之前，众多朋友们于太阳宫酒店为他举办的践行之宴上可以见得，"大家要我说点什么，我说……至于去美国能做什么，实在不敢想也不敢说。说到底，不过是告老还乡而已——因为我的太太孩子在旧金山。可惜，我的家在旧金山，故乡又在北京，就怕误认他乡为故乡……"

这最后一句"就怕误认他乡为故乡"，实为即将走出国门的硕儒先生自己给自己上的"最后一课"。从此后，《绿叶对根的情意》那支名曲便在大洋彼岸袅袅升起，日夜低回……

"一夜不安稳，不知是梦是醒……依稀是礼士胡同的旧宅。玻璃窗下，母亲花白的头发正忽高忽低缓缓挪动……"（见《东去西来》，下同）

"斜阳落何处？大洋的那边。那边是何处？我的故乡故都。不过此时的故都不是黄昏，她是翌日的清晨。……父亲在庭院里养的花木总是送来一天的蓬勃……神思邈邈，思乡的魂已经不觉走进北京的家。"

去国经年，步入花甲继而步入古稀的硕儒先生从未"误认他乡为故乡"，他无时无刻不在怀恋着自己古老而又年轻的父母之邦。他先是神思邈邈，继而笔耕不辍，先后创作出版了散文随笔集《外面的世界》、《浮生三影》、《彼岸回眸》、《寂寞绿卡》、《浮尘岁月》等；策划编辑出版了《北美寻梦》、《美国华人名家散文精选》等；除担任国内热播的长篇电视连续剧《延安颂》、《冼星海》、《周恩来在上海》的文学顾问外，他还担纲创作并在央视播出了42集历史连续剧《大风歌》，由他主创、将近70万字同名长篇小说也于2009年6月由重庆出版集团强力推出。这些突出的文学成就，让硕儒先生这片"永远的绿叶"愈老弥鲜，青春永驻。

屠格涅夫早就用诗一样的语言说过："啊，青春！青春！或许你美妙的全部奥秘不在于能够做出一切，而在于希望做出一切。"

但对于文心浓郁的硕儒先生而言，即使他"希望做出一切"的创作指向是明确的，那就是无限表达自己"绿叶对根的情意"，也还是需要一根触动的火柴——点亮他所身居的异域夜空。而这根契机之"柴"，竟然来自他的"洋"女婿："一天，女婿对我说：'中国的历史太迷人了，我喜欢！'说着，他拿出两瓶啤酒，跟我碰了碰杯：'可有些中国历史剧，抱歉，我记不清它们的名字了，为什么很像我们美国那些无聊的肥皂剧，尽胡编乱造呢？'听了他这话，我刚饮了口啤酒，就再也咽不下去了。他抱歉又期待地望着我说：'爸，你为什么不写历史剧呢？'"（见《那老

人催我回家》）

于是有《大风歌》横空出世。

于是有了"大风起兮云飞扬，威加海内兮归故乡，安得猛士兮守四方"这句古典名诗与"不要问我到哪里去，我的心依着你……这是绿叶对根的情意"这首现代名曲的奇异交响。它是那么别致，又是那么动听。可当我们倾耳细闻时，却又只能听到一片永远的绿叶簌簌作响。

可敬的硕儒先生即是那片人生的绿叶。

思接千载　心骛八极
——试论王彬散文的想象艺术

在"山阴道上"看王彬散文，最是为他的想象艺术倾倒不已。这是思接千载、心骛八极的惊鸿一瞥，然而留给读者的亘久印象，却是独到的启迪与多样的享受。

且以《翠屏山》为例。作者"初到蓟县，总有些异样的感觉"，这"异样的感觉"成就了此篇异样的文章。他先是因这里"有许多以渔阳为名称的场所"而想到"渔阳与蓟县有什么关系"，继而想到"渔阳鼙鼓动地来"那句唐诗并联想这里是"安史之乱的策源地"，于是乎，"来这里的游人，很少有人会想到胭脂色的马嵬坡，想到白居易的名句'宛转蛾眉马前死'"，而他想象到了。但千古文章喜曲不喜平，如果作者就此展开、铺陈下去，"思接千载"固然如是，但"心骛八极"恐有欠缺，于是他的想象力陡然一转，来到了"宋时又称蓟州"之今蓟县东北的翠屏山。"因为这里是《水浒传》发生大转折的地方。从这里，从翠屏山逃出了杨雄、石秀与鼓上蚤时迁，从而导致了三打祝家庄的战争。"至此，寻常的（河北）蓟县一行，竟然又一次别开生面。
这还不算，最独到之处，在于作者非常有选择地略述"杨雄杀妻"
那个"我总感到冷风吹袭"的故事以后，他情不自禁地告诉读者：
"我曾经做过统计，七十一回本的《水浒传》，'英雄们'杀戮的
对象最多的是女人与穿麻衣的草民，并不是贪官污吏。"他进而
喟叹："奇怪的是，多少年来，我们在给孩子们编写的教科书里，
却将这些人歌颂为英雄！""这么想着，望望对面的翠屏山"——
于此可知，成就此篇"异样"文章的因由，端的全赖作者非同
一般的"想象艺术"了。尚可注意的是，彼情彼景，尽管作者"心
情是复杂的"，但"那时候"与"现在呢"却是泾渭分明："逝
者无知，只能给今天的生者留下伤痛与感触。"这大约就是作者
要传递给我们的一种绵长的启迪与深刻的"享受"吧？

难能可贵的是，王彬的想象之烛一点儿也不神秘。它通体
透明，令人一目了然。几乎在他的每一篇散文中，都"直白"
着他的夫子自道；而有时候，他的这些"夫子自道"又颇具"烹
饪艺术"。前者如"我有时候想"（《细腰》）、"不过，细细一想"
（《罗袖》）、"这当然只是我的一点想象"（《安息》），等等，均令
人想到巴金老人关于"文学的最高境界是无技巧"那个明确主张；
后者如"我有时候叹息"（《方砖厂》）、"我有时候常常陷入沉思"
（《兆惠与北顶》）、"可惜，这样的想法，只是我个人瞬间的思维"
（《水浒的酒店》），等等，这些关于想象的"烹饪艺术"均令人
对普列汉诺夫曾经说过的那句趣言咀嚼不已："要知道，食物所
含的热量绝不排斥高明的烹饪艺术。重要的不仅是原料是否新
鲜，还有烧法。"

其实，想象艺术即是我们写好散文的多种"烧法"（手法）
之一。但"想象是创造形象的文学技巧最重要的手法之一"（高
尔基）；"你有细腻的推想能力或者假想本事，这才是真正的才能"

（契诃夫）。巴乌斯托夫斯基也曾说过："想象是……散文的黄金之邦。"

我们可以把上述"直白"的"烹饪艺术"总结为质朴。在当前姹紫嫣红的散文创作中，这种质朴实在是一种难能可贵的品质。除此以外，王彬散文的想象艺术还富有十分罕见的探究精神。非如此，思接千载、心骛八级的想象艺术又焉能够脚踏实地？如上述《翠屏山》一文，若非作者对当地"有许多以渔阳为名称的场所"的好奇与探究，哪里会有什么想象艺术的发生与推展？而这样的例子，在王彬的散文作品中实为所在多有。又如在《香光》中，他对洛阳龙门山上那座卢舍那大佛的"巨丽之象"探究不已，终于得出它是"以武则天为原型，或者，卢舍那佛根本就是武则天"的结论，并进一步明确指出："她至今还在愚弄着我们。"另在《赤湾》中，他对（宋）少帝墓的探究亦饱蕴想象之光，实可谓于种种文丛中独领风骚。

但是，品性质朴也罢，勇于探究也罢，这些王彬散文中的"软实力"，其实都来源于他长期知识积累的这门硬功夫。在他的散文作品中，不仅灵动着关于"蟋蟀中的高品"、"做擂茶有两个工具"、"耐冬这种植物"、"雪子，是雪的一种形式"等百科知识的种种叙说，更有一些史地气息浓郁的文化知识不断夺人眼球，例一："什么是净军？男子被阉割以后称净身，由净身组成的军队称净军"；例二："南方的古建与北方不同……用杜牧的话说，叫做'檐牙高啄'"；例三："在中国的传统中，墓园里从不栽种柳树"；例四："满是金的后裔，金的习俗是崇拜东方，图海的坟恰恰相反"，等等，若非学养深厚，焉能信手拈来？焉能够令人惊艳？

这就不能不令人又想到王蒙先生于三十年前发表的那篇一时之论《一个值得探讨的问题——谈我国作家的非学者化》（《读

书》1982年第11期）了。如果说，与大多学养深厚的现代作家们相比，20世纪80年代初的中国作家们确令大家王蒙"忧心忡忡"的话，那么，我们今天仍然无法逃避的这个问题，显然就更加严峻、更加令人难堪了。只不过仍有例外，王彬即是其中的一个。即使他前不久所著的散文集《旧时明月》，亦有上世纪三四十年代的一种书卷气息扑面而来。在我看来，王彬散文即可谓当代中国学者型作家散文的一轮"明月"。

王彬其实是个复合型人才，他不仅能写散文，搞文学创作，而且长于叙事学、中国传统文化与北京地方文化研究；他不仅有散文作品《沉船集》等行世，而且有学术著作《红楼梦叙事》、《水浒的酒店》、《中国文学观念研究》、《北京微观地理笔记》、《清代禁书总述》等风行于市。可以说，王彬写作的这种"复合型"特点在他的散文创作中亦时有表现。那么，除了近学术而去神秘，尤显质朴、总是从探究出发且颇以"知识性"取胜以外，在王彬散文的想象艺术中，还有什么特点呢？

培根说："书并不以用处告人。用书之智不在书中，而在书外，全凭观察得之。"而我们知道，想象的来源，就是观察。我以为，在王彬散文的想象艺术中，通过对外部世界的独到观察而把书本知识运用神妙的例子，实在不胜枚举。例如在有篇构思十分讲究的散文中，作者因偶见一座小教堂而"心里奇怪，小小的庐山，有多少基督徒呢"？于是探究起来，先是观察一位"老太太向我们布道"，同时"暗自思量，这老太太是干什么的"，自此引出"《圣经》我是读过的……"继而，"回到住地，翻检有关庐山的材料，还真寻觅到了几条"——作者对书本知识的态度是因观察而寻觅的，实为"用书之智"！然后作者又开始"寻觅"这座小教堂隐秘的"存在史"，"回到北京，查到了……"并且"后来读《庐山会议实录》一书知道了"，"他的住地大概离这座小教堂不远"，于是，"哪里料到，不久，便爆发了一场斗争呢"。最后，这篇神妙之文又回到"老太太"那里，"'最终，我们都会在天堂里见面的。'老太太冷冷地甩出一句话。这就难了"——此显然是作者"全凭观察得之"——"因为，原本就没有天堂。"

还有一篇《美丽的火车》，可谓是王彬散文想象艺术的集大成者。照例是"现在想来"、"在我的印象里"、"但我疑心，这只是我的想象"种种叙说的质朴；照例是"我有时候奇怪，这是为什么"、"我有时也奇怪，……为什么还有这么一章"、"但我还是奇怪，……这样的想法，无论是对我还是对别人，又有什么深层次的意义"的探究不已；照例还是关于乘火车"便游"的介绍、一个挂钩上的"詹天佑"阐释以及"蝉与杜甫"等的知识点阐发；照例是"一些与火车相关的文学作品"，如《记忆像铁轨一样长》（余光中）、《这是四点零八分的北京》（郭路生）、《透过火车的窗口》（瓦格纳）等"用书之智"的善于观察，但这篇散文的想象艺术既圆融，又很有张力；既丰盈，又十分细腻。尤其令人称道的是，这篇散文取得了感性与知性的平衡，而且是自然而然的，浑然一体的。我们乘此《美丽的火车》，实有在王斌散文的"山阴道上"对他的想象艺术"应接不暇"之感。但这是多么充实又令人愉悦的心灵之旅啊："朦胧中，瞥见山海关的剪影，但我疑心，这只是我的想象，因为，夜色里，山海关是无论如何也撞不进视线的。但为什么，我总觉得看到了呢？我想，大概是山海关历史的负荷过于沉重，容纳了太多的含量。秦皇、魏武、纳兰，马蹄如雨，画角吹碎夕阳……"

不知不觉的，我们每一位读者也仿佛"思接千载、心骛八极"了。

他在民国一隅梳理美文

——向马力的"沉潜"精神致敬

"沉潜"这个词，如今在我们的生存词典里是愈来愈难找了；实际上，这个词在我们今天的文学词典里也不是那么很容易就能找到。但在前不久中国社会科学出版社郑重推出的一部皇皇巨著里，你一定能读懂"沉潜"这个词的全部含义，并对这本书的作者马力所独具的沉潜精神肃然起敬。

这本书的名字叫《中国现代风景散文史》，分上下两册，近百万言。有评家古耜先生曾精到地为之计算过，全书以1919年至1949的现代中国为时限，"其中进行过具体作品点评的作家，不下200位，而列出专门章节或以较大篇幅加以分析论述的，亦近百人"；"至于全书涉及的作品数量，仅统计上中下三编所附的'风景散文书目'，即多达618部。而'导论'一节，在不长的篇幅里，竟胪陈了100多位作家的数百篇作品"。如此体量的如此"风景"，非"沉潜"数年甚或十数年，焉能够独自完成？任何人观此书，首念及此，焉能够不对马力所坚守的这种沉潜精神肃然起敬？

还有一位评家刘德谦先生曾赞誉"马力的这份有关中国现代风景散文的研究，实在不愧为中国现代文学史中的'填补空白'之作"。此言自是不虚。但甚有必要继续思忖，新中国成立至今已经半个多世纪，无数的专家学者对中国现代文学的研究成果早已汗牛充栋，那其中的"空白"又怎能是轻易可以"填补"的？可以说，非沉潜者，不能步入此胜任之门也。任何人观此书，复念及此，焉能够不对马力所深具的这种沉潜精神肃然起敬？

著名学者、作家王彬先生亦曾赞誉马力"是一个优秀的散文作家，而且进行理论研究，是一个难得的两栖人才"。王彬此言不由得让人想到，《中国现代风景散文史》确是一部颇有特色的"两栖"之作，它不仅具有一般史著的谨严、完整的体制，而且富有文学内涵的感性叙说。这二者的有机结合，不仅需要一定的沉潜时间，更必要相当的沉潜功夫。而马力在此著中，不仅做到了，而且做得天衣无缝，了若无痕。这就好比马力有一双"隐形的翅膀"，韵味悠悠地在《中国现代风景散文史》中自由飞翔。任何人观此书，吟咏至此，焉能够不对马力在"自由飞翔"中所呈现的这种沉潜精神肃然起敬？

众评家眼里的马力"沉潜"若此，那么，马力的"自供状"是否又的确若此呢？我们不妨对他曾发表在《人民日报》上的一篇小文《尝试有意味的历史叙说》细细考证：

"从前我读郑振铎《插图本中国文学史》，"——《中国现代风景散文史》其来有自，可谓"龙生龙，凤生凤"——"印象就留在心里抹不去。……往后能够写成这样一部书便是那时的一点私衷。"迄始"从前"终至"往后"，谁能不想到"那时"沉潜？

"我是副刊编辑，几十年经手的，"——几十年！"经手"即编辑，"以写景散文为多。自己也写一些。"——亦编亦写，"日子一长，心思自然就落在这种文体上了。也看，"——亦编亦写亦看，"古代的、近现代的山水记给我的影响不小，心有所感，"——亦编亦写亦看亦心有所感，"就想写写这个过程，给此种文体的研究打个底。"用"几十年"的亦编亦写亦看亦心有所感"打个底"，我们不能不对马力的这种沉潜功夫深表敬意！

"况且在我的作者里面，许多人就是从三四十年代过来的，身上流着新文学的血液，"——所谓血脉相承，非沉潜不足以致远。"我和'五四'的精神联系也就更紧。我如果不下笔……这样一想，心里发沉，竟至有点急。"——沉下潜上，沉潜是也。"我要做这件事，虽则没有谁给我下令，我是从内心领命。"——最高的自觉，是沉潜的极致。

"1992年，佘树森先生要编一本写景散文的集子，……我应约参与其事……有一天，我去佘先生家谈书稿……心上忽然跳出'风景散文'四字……在我，风景散文的概念也就入了心。"——古人云："一名之立，旬月踟蹰。"又谁知"风景散文"之立于今，几近二十年矣！

"语言很重要……假定这本书在叙述上还有一些味道，文字上的着意，功有其半。"——此谓"文字上的着意"，又岂能轻而易举？非深谙语言三昧者，实不可稍许为之也。实际上，马力此著魅力独具的成功之处，尤在其非"尝试"的而实为成熟的"有意味的历史叙说"——这"有意味的"马氏语言，第一个特点就是它的独创性。"我喜欢让述史带点个人笔调，即节制中的扬厉。"马力是这么说的，也是这样做的。且看他对何其芳的总体评价："诗意的温情和理性的光芒，熔铸了何其芳独异的散文风景。把个人的成长辙印清晰地烙印在创作语境中，让文字建筑代表完整的人生，他由此实现了文学与生命的双重建设。"这样的"评价"是不是如韩愈所说的"惟陈言之务去"？是不是做到了姜夔在《白石诗说》中所言的"人所易言，我寡言之；人所难言，我易言之，自不俗"？我想是的。

在《中国现代风景散文史》中，马氏语言的第二个特点就是它的简约。这个特点对于一部将近百万字的巨著来说，尤其难能可贵。"我读钱基博的文学史讲义，风格简峭，唐刘知几所谓'疏而不遗，俭而无阙'，他做到了，故能古意盈满纸上，深让我敬佩。""敬佩"之余，马力学以致用，因有多年的沉潜功夫，自是立竿见影，如他为现代作家群像所做的鲜明梳理：徐志摩是"天地之间迸燃的精神光焰"，朱自清是"绿色踪迹萦响的自然清籁"，林徽因是"盈盈顾盼中的意象建构"，沈从文则是"湘西远空萦绕的朴野清歌"，等等。这些简约之喻无不精到、贴切，既能让读者从林立群像中有所梳别，又能令读者对每一座雕像均识见清晰，印象深刻。马力语言的此等简约功夫，不能不令人想到陆机在《文赋》中的千古名句："立片言而居要，乃一篇之警策。"信然！在《中国现代风景散文史》中，马力的语言功夫实在是出众多多，例如它的第三个特点，那就是"杂糅"。在规范的现代汉语中，"杂糅"其实是指一种错搭的负面句式。但在马力那里，"我一向以为，中国文言让今人读来，虽难顺畅，它的精湛和典雅却是最有精神的。我不通古典，只粗读一些，也稍受熏习，下笔述游，便在白话中掺点文言的味道进去，谓之杂糅。"——可见，在马力那里，"杂糅"的含义和常人的理解是不一样的，它主要是指在白话中"杂糅"文言——这当然不是马力的首创，但却绝对是马力的别解并鲜明的语言主张。他在《越吟的古韵》中，还进一步强调："续弹旧调，或许为方家所不屑。鲁迅记禹祠，只用去二百余字，换了通俗的话，如何写得完？"

马力此问，充溢着沉实的底气。这不禁又让人想起"沉潜"二字来。上言《越》文来自《山水文心——与大师同游》一书，而此书正是《中国现代风景散文史》的前世今生，并曾荣获第二届冰心散文奖（理论类）。除此之外，马力迄今尚有《鸿影雪痕》、《南北行吟》、《走遍名山》、《走遍名水》、《什刹海的心灵游吟》等散文作品集风行于世。也许，正因为有这么多成功的作品沉潜于胸，马力关于"杂糅"的语言主张才能够那么底气沉实吧？

接着看《越吟的古韵》："此篇《辛亥游录》，枝叶全由古典的根蒂来，韵致直似唐宋人做出的那些，竟至可以从文字间看出柳子厚、苏东坡的影子，且令我对旧游的绍兴山水向往，仿佛又坐入乌篷船，在轻细的拨桨声里穿过水巷，直朝鉴湖悠悠荡去。"

"杂糅"影影绰绰，知语更胜景语。这就是马力独特语言的最大魅力所在。这就是马克·吐温所曾说过的那句谜一样名言的最好答案："正确的句子与几乎正确的句子之间的区别如同闪电与萤火虫之间的区别一样。"

了解马力的朋友们都知道，沉潜于世，专心写作，是他生命的常态。在《尝试有意味的历史叙说》一文中，他也曾有所告白："我不是专门治学的，没有大块时间，只能利用编余完成这部书稿。"是的，近些年来，在国家旅游局的大楼后面，在马力供职的那家报社，身为副总编辑的他，也许只有在每天看大样儿到很晚并最终签字付印之后，才能骑上他那辆老旧的自行车，风雨无阻，目标始终如一，慢慢地踩向他的理想家园……

《中国现代风景散文史》不仅是一种学术理想的终于实现，更是一种沉潜价值的终极证明。但愿在今后的日子里，不仅在马力的人生词典里，而且在我们每一个人的奋斗词典里，都有"沉潜"这个词熠熠闪光。

为周明的"私人文学"喝彩

"传说鱼的记忆只有7秒，7秒之后便不记得过往事情了"，这是徐志摩在一篇文章中的"记忆"；但《文坛记忆》这本书的作者周明最近却告诉我："没有料到，今生做编辑工作竟至30多年，而且是在《人民文学》。这本以记叙作家、艺术家的生活与创作为主的散文集，正是多年来我同前辈作家和同辈作家朋友们交往的一些亲身感受，一些片段记忆。"

尚有仁人志士瞿秋白、柔石、萧三、沈钧儒等，还有艺坛精英王洛宾、胡絜青、赵丹、沙飞等，以及著名的港台诗人、作家卜少夫、周颖南、犁青、柏杨、张香华、罗兰、江南夫人崔蓉芝，等等。光这些济济一堂的名字至今视之，我们便不由得深感荣幸，那么，对于这"名人堂主"的周明——这位了不起的"记忆大师"，我们能不首先致以"文学的敬礼"吗？

其次，我们要感谢周明的，不仅是他力荐给了我们一批名家、大家，而且这些可尊敬的前辈先贤们，无一例外地给我们上了一堂又一堂的课。这都是些什么样的课呢？请看——

知识课：你知道"希望有更多好作品出世"这句领袖题词的来历吗？

周明在《茅盾先生二三事》一文中告诉我们，1976年1月20日《人民文学》复刊号刚一出来，他就拿了5本新刊去给相识于60年代初的茅盾先生送去。茅盾先生很高兴，对他说："嗬，我还是《人民文学》第一任主编呢！"他见复刊号的《人民文学》封面用的是毛泽东的手书，问周明这是什么时候写的？周明告诉他是1962年4月写的，这次是经主席批准第一次公开刊用。闻此，茅盾先生说，1949年《人民文学》创刊时他就请毛主席题写过封面字呢。骤闻此说，周明喜出望外，立即求观。茅盾先生慨允，转身回卧室不久，即拿着一个大信封走了出来。于是周明始见毛主席一封亲笔信有道："雁冰兄：示悉。写了一句话，作为题词，未知可用否？封面宜由兄写，或请沫若兄写，不宜要我写。毛泽东。九月二十三日。"周明说，这当然是1949年9月23日。信中所说"写了一句话"，即后来一直被文艺界广泛刊用的"希望有更多好作品出世"的题词。

还有——情怀课：你知道"巴金"这个名字对中国现代文学馆意义何在吗？

周明在《巴金一生最后一件工作》一文中告诉我们，1979年春天，巴金曾三次出国访问。在国外耳闻目睹一些相关场馆的过程中，巴金逐渐形成了在中国也要建一座"文学馆"的念头。经此后几年的倡议与奔波，中国现代文学馆于1985年在北京西郊万寿寺正式成立。但这个地方曾是慈禧太后的一座行宫，既属应予"文保"的古建，其使用面积又十分有限，故几年之后便不堪其用。于是，巴老又不断为此奔波劳顿，并于1993年亲自上书中央领导同志，建议觅新址建新馆。巴老当时称这件事是他"一生最后一件工作"，"这工作比写五本、十本《创作回忆录》更有意义"。为此，巴老当时还做"三项决定"以实际行动支持筹建新馆工作，其一是拿出15万元稿费做新馆筹办基金，其二是所有旧著再版时的稿费将永远转赠现代文学馆，其三是将自己藏书中的中国现代文学部分全部捐赠给现代文学馆。就是在巴老这样的鼎力支持下，中国现代文学馆1996年终于在北京朝阳区的一块相宜之地破土动工了。但是，当时最应该也最希望出席奠基仪式的巴老却因病不能光临了，他只是在一封贺信中又一次感人肺腑地说："我希望：方方面面，齐心协力，快一点建好新馆，拜托了！"后来，当中国现代文学馆经几年建设举行落成典礼时，巴老也终未实现他要来剪彩的夙愿。但这一切都并未影响他要做好"一生最后一件工作"的大师情怀。如今，可亲可敬的巴金老人虽然离开我们了，但他仍然时时刻刻与中国现代文学馆在一起。你看：在文学馆大门上有巴老的手模，每个进入这座文学殿堂的人都可以和他亲切握手；在展览大厅里，不但墙壁上有巴老题写的馆名，还置有"20世纪文学大师"的巴老专展；如果你到文学馆的美丽庭院里散步，还会看到正在进行"随想"的一尊巴金铜像，他是那样逼真，栩栩如生，近在眼前。

再如——幽默课：你知道冰心老人还是一个幽默老人吗？

周明在《冰心的幽默》一文中告诉我们，同冰心交谈的时候，"她总有一些轻松、随意的幽默，表现出她的平和与智慧"。例如，如果经常去北京西郊拜望老人家的周明因种种原因有一阵子没去其家了，冰心老人一定会给他打电话说："你怎么好久没来了？就那么忙？要是你再不来，就只有瞻仰遗容了。"再如，冰心老人是上世纪的同龄人，每年10月5日是她生日。每逢此日，周明和一些作家必要登门拜府给老人家祝寿。开始一直是冰心老人最喜欢的玫瑰花篮有奉，后来谁也没想到，老人家"加码"了："要拜寿，就应当磕头嘛！"于是周明清晰地记得，老人家92岁生日那一年，他和吴泰昌两人高高兴兴、认认真真地给冰心老人磕过头后，她嘿嘿地笑着说："好了，好了，起来吧！"然后又笑着说："今天邓友梅来也磕了头。冯骥才来也磕了头——可大冯跪在地下还比我坐着高。他真个儿高！"

还有——编辑课：你知道"一代师表"叶圣陶先生"编辑"出多少名家、大家吗？

周明在《一座大山倒了》一文中告诉我们，1975年《人民文学》复刊后，搬入北京东四八条52号办公，正好对门的71号即是当时叶圣陶先生的家。于是"近水楼台先得月"，他这个小编辑便和叶老先生这位"大编辑"有了"工作接触"的可能。"当时，叶圣陶先生已是83岁高龄的老人"，周明说："我多次拜望叶老时，几乎每次他都关心地询问起编辑部近来收到什么好稿子没有？发现了什么新作者？他的作品有何特色？等等。"叶老的这些问询除了不断激发周明做好自己编辑工作的动力，也不断激发他对叶先生几十年来是怎样做好自己编辑工作的好奇，于是他逐渐进一步了解到一些鲜为人知的文坛佳话：

其一是，巴金的成名得益于叶老的发现与扶持。那是1928

年秋天，时在巴黎的巴金在几个硬皮本上写下了他的处女作——中篇小说《灭亡》，并把它寄给了国内一个在开明书店工作的朋友。叶老看到这部作品后，立即决定在次年春季的《小说月报》上连载。叶老并亲自为它写了内容预告：《灭亡》，巴金著，这是一部青年作家的处女作，写一个蕴蓄伟大精神的少年的活动与灭亡。"于是，年仅24岁的巴金从此登上文坛。半个多世纪以来，巴金对叶圣陶先生一直怀有深深的敬意。每次到北京来，他总要去看望叶老，向叶老问候。其二是，丁玲的第一个短篇小说《梦珂》，也是1927年叶圣陶主编《小说月报》时在一堆来稿中发现并安排在头条位置给予发表的。而且接下来丁玲写的《莎菲女士的日记》等，也都陆续得以在《小说月报》的显著位置刊发。后来，叶圣陶先生还帮助丁玲在开明书店结集出版了她的第一个短篇小说集《在黑暗中》。就这样，一颗新星冉冉升起于当时的文坛，以致后来丁玲不止一次地对人说过，如果没有叶圣陶，就不会有作家丁玲。1979年夏天，当丁玲历经20年的苦难复归北京后，第一个去拜望的就是叶老，并再一次向叶老坦陈自己的"文学姻缘"。其三是，抗战时期，秦牧曾经给开明书店出版的《中学生》投过一篇稿子，但他当时写的字比较潦草，后来听书店的朋友说，这篇稿子不但为叶圣陶先生所赏识，而且发稿前他又亲自代笔给誊抄了一遍。经此一事，秦牧终生未忘，一直铭感于心。其四，像这样的例子还有很多很多。例如茅盾也曾说过，《幻灭》的催生婆是叶圣陶，就连"茅盾"这个笔名也是叶圣陶的"杰作"。还有施蛰存、戴望舒、臧克家、李辉英、徐盈、彭子冈、胡绳，等等，或他们的处女作为叶老所发现、发表，或他们的代表作系叶老所推荐、推出，都曾甚得叶圣陶的"编辑"之益。而叶老也确曾夫子自道，如果有人问起他的职业，他将会回答说："我的职业，第一是编辑！"

"课"无尽而纸有涯。如果有朋友读至此而意犹未尽，自可到《文坛记忆》中去穿堂入室，尽探周明这卷"私人文学"的全部奥秘。这是文学的奥秘、作家的密码，但又何尝不是人生的真谛、命运的启迪？

第三，让我们在这"私人文学"的"记忆之课"中，进一步看看作者本人即周明究竟是怎样一番表现！从这个角度，我们是不是也应该感谢他？

例一，他对编辑工作满怀兴趣。歌德说过："哪里没有兴趣，哪里就没有记忆。"

在《举着生命的火把》一文中，周明说："而我，从在大学读书时起，就对文学史很感兴趣。"因之，1969年底，当他与张天翼同在湖北咸宁一片荒野的"五七"干校又"同住一室"时，他的"记忆"派上用场了："我何不利用这个宝贵的机会，向他虚心求教一些知识呢？！后来，我们的话题逐渐就转移了。我问他的个人经历、创作历程，我问他的许多名篇的写作动机和构思，我问他同鲁迅先生的交往，我问30年代文坛许多作家和作品的情况，等等。"——于是，一篇关于张天翼先生的"私人文学"便储之"记忆"并择时花开了。我们能不因此而对当时周明的这种"兴趣"心怀感激吗？这篇"私人文学"像书中的很多作品一样，既属情义无价，又必将传之久远。

例二，他做编辑工作十分专注。爱德华兹说过："锻炼记忆力的良好方法是锻炼自己的注意力。"

在《柯岩与〈船长〉》和《柯岩：美的追求者》两篇文章中，我们可以充分感知到作为一名编辑的周明，他当时对由诗人和儿童文学作家始写报告文学的"新人"柯岩是多么专注。他不但能够准确地说"柯岩从事报告文学创作，应该是1978年的春天"，而且能够详细叙说当时她那篇《奇异的书简》写作缘起、经过、影响，以致"这使诗人也受到鼓舞，增强了写作报告文学的信心"。接下来，柯岩又陆续写出了报告文学佳作《美的追求者》和《船长》等，"常常激起读者很大的反响"。更为难能可贵的是，作为一名"专注者"，周明不仅洞悉柯岩及其作品的方方面面，而且对其笔下的一个又一个主人公亦可谓了若指掌，例如《美的追求者》写的是画家韩美林。写作年月：1979年10月—11月。那时这位年轻的画家还并不被很多人所注意，所知晓……头一次，韩美林到柯岩家时，比较沉默寡言，什么话也没说"。就是在这样的"周氏专注"中，我们不但了解了柯岩这篇报告文学佳作的种种来由，而且清晰地了解了其主人公韩美林在作品之外的方方面面，这真是一种难能可贵、可遇而不可求的"私人文学"。为此，我想不管从哪方面来说，我们都应该对编辑家周明当时的这种"专注"功夫深表感谢！

例三，他做编辑工作乐在其中。莎士比亚说过："志向不过是记忆的奴隶，生气勃勃地降生，但却很难生长。"

在一卷《文坛记忆》细针密线"为他人作嫁衣裳"中，我们很难见识其作者周明自己的为文心迹。唯一的蛛丝马迹也就是在该书"后记"中周明有言，"我没有料到，今生做编辑工作竟至30多年"，这"没有料到"，不由得你不为周明想到莎士比亚那句前言痛语——尤其是当你进一步揣摩与欣赏周明这卷"私人文学"的艺术特色时，你不能不隐有一种公正的痛感。

是的，在《文坛记忆》中，确如识家范咏戈引王国维言有评："写情则沁人心脾"，"写景则在人耳目"，"述事则如其口出"；也确如著名作家石英曾经有评的那样："周明最经常和最拿手的当属他写人物状貌、心灵轨迹、性格特点乃至不同人物身处时代与各自领域的精确定位。"这些艺术特点，仅从周明那些独具特色又深蕴华彩的文题中即可窥豹一斑，例如写曹靖华的《水流云在百年情》，写郭小川的《风定犹闻碧玉香》，写李季的《人有尽时曲未终》，写黄宗英的《插柳不叫春知道》，写陈白尘的《历尽坎坷无媚骨》，写沈醉《岸在北京》，等等。

周明对自己至今走过的漫漫人生路无怨无悔。他总是对自己从事的编辑工作满怀兴趣，他总是对自己参与的各项活动十分专注，他总是对自己身负的文学使命乐在其中，以致在京城文学圈，甚至在当代中国文坛，这位郭风笔下"可称是一位特殊的作家"的周明，素来享有"文坛'活字典'"（柳萌）、"一部活的文学史"（范咏戈）等美誉。

据我所知，在京城文学圈，现在还有这样一段文坛佳话在悄悄地流传：几年以前，著名诗人雷抒雁还健在的时候，他曾于烟台一个会中信笔写下"打油诗"《送周明兄》："胡子一刮，精神焕发。说过七十，好像十八。一边落叶，一边开花。人生至此，值啦值啦。"

"值啦值啦。"仅以此人间"雷语"为周明的"私人文学"喝彩！

崇高，是不能忘记的

——孙晓青新著《高原长歌》喜读记

接到晓青快递来的新著《高原长歌》时，我其实早有心喜准备。因为早在2008年12月22日在现代文学馆由网时读书会主办的一次诗歌朗诵会上，我曾惊艳于他的独家散文《歌声飘过帕米尔》。这次收到其400余页长达30多万字的著作，显系同属"崇高"之作，能不喜上加喜？

我一边喜读之，一边也情不自禁地想起关于晓青的一些往事：大约上世纪70年代初，我与他相识于云南边陲的一辆长途客车上。当时，我还身为一个知青，而他已经由知青专职为思茅军分区的一个新闻干事了——由此可知三件事：他不仅是个老新闻（人），而且是个老边陲、老战士。后来，他做新闻一直做到《解放军报》总编辑、社长；而且"老边陲"的身份也神奇地得以延续：从2000年11月至2003年2月两年多的时间，他从《解放军报》副总编调往祖国西南边陲任职南疆军区副政委。"那两年，我不仅到过边防一线绝大多数小散远单位，而且参加了和平时期难得一遇的高等级战备活动，耳闻目睹了大量震撼心灵的故事。那些故事诠释了一个词：崇高。"

是的，未及掩卷，我便被老军人孙晓青这卷可喜大作中的许多故事深深感动了：

> 库尔干边防连有个独特的鸽子屋，称"和平居"。它创建于2000年夏天，里面养着百十只和平鸽。我在连队营区参观时，鸽群不时起飞，在连队上空盘旋，一会儿融入蓝天白云，一会儿越过雪山之巅，似乎昭示着干部战士坚守西陲的全部意义，即对世界和平、民族和睦、社会和谐、家园和顺的维护和企盼。

——"鸽子屋"，多么美丽的崇高！

> 长期在高原缺氧的环境中生活，各种反应因人而异，有的人指甲凹陷，有的人心室增大，有的人生育能力降低，有的人孩子有先天疾患，张定雁的典型症状是脱发。2001年5、6月间，我陪中央电视台"世纪初年走边关"摄制组在红山河采访时，认识了机务组这位驻守时间最长的老兵，奇怪的是，无论屋里屋外，老兵的头上总扣着一顶破帽子。

摄制组要拍他的镜头，请他脱帽，他先是不肯，后来轻轻掀开帽子，不好意思地说："头发快掉光了，实在不好看。"

——多么崇高的"实在不好看"！

当中国援助巴基斯坦的物资从红其拉甫口岸出关时，正在执勤的连队副指导员项新佟眼泪夺眶而出，他说："你不知道，亲身体验祖国强大是一种多么美好的感觉，而当你意识到这种强大里也含有你的贡献时，你会觉得更神圣，更自豪。"我问项新佟："此刻，还想家吗？""当然想。"他微微一笑，"不过，大家小家我们拎得清。"

——"拎得清"，这是一种多么神圣与自豪的"崇高"呀！

南疆军区有个独一无二的连建制——水上中队。由于班公湖地处边境，水上中队装备巡逻艇，担负着水上巡逻，捍卫国土的神圣使命，人称"高原水兵"，诙谐的说法又叫："西海舰队"。

——你好，班公湖！"高原水兵"不愧崇高之师，谁人不知，哪个不晓？

如今的帕米尔，由各族群众组成的护边关队伍已然壮大，一座毡房就是一个警惕的哨所，一个牧民就是一名游动的哨兵。巴亚克祖孙三代和乌斯曼父子两代义务巡边的故事，让官兵们看到了自己工作的价值，也体验到"真正的铜墙铁壁是群众"的真理。

——"铜墙铁壁"今犹在，试与帕米尔比崇高！

南疆军区是全军离北京最远的军级单位，守卫的数千公里边防线大多属于高寒缺氧地区。全军驻守海拔五千米以上的边防连、前哨班，几乎都在我们区，包括海拔5380米的神仙湾边防连和海拔5390米的天文点前哨班。在这片连"氧气都吃不饱"的高原雪域，广大官兵书写了无愧于红军的英雄篇章，仅被中央军委授予荣誉称号的单位就有"喀喇昆仑钢铁哨卡""喀喇昆仑模范医疗站""卫国英雄连"等，还有一批名扬全军的先进单位和模范个人。他们和全区官兵一起，共同创造了南疆军区特有的"喀喇昆仑精神"。

——喀喇昆仑精神，多么荣耀的崇高！

就这样，未及终览，我已经为这"只取一瓢饮"的"崇高"深深感动了。晓青的文字是这样朴实无华，却又满怀深情，读来令人感其厚重而难以释怀，特别是浏览其中，常常会遇到晓青那真诚、晶莹的泪水，禁不住让读者像他一样难以释怀……

例如：数万名官兵的齐声高歌，把一曲《当兵走阿里》唱得荡气回肠……我流泪了。高原的歌、战士的歌，在我心中轰鸣、回荡。

例如：2002年9月17日，听了一处英雄墓园的守墓人——一位维尔族老人艾买提·依提的肺腑之言后，"我默默地听着，不敢抬头，因为我的眼睛里已经满含泪水"。

——看到这句话，你不由得会想起艾青那句人所皆知的诗："为什么我的眼里常含泪水？因为我对这土地爱得深沉。"

实际上，"写作中，翻看那些纸页泛黄的老笔记，辨认那些如同乱码的速记字，就像隔着时空同故事的主角对话，谈到什么问题时他们哭了，说到什么事情时他们又哭了，居然历历在目。常常让我写着写着泪水已滴落到键盘上。"这是孙晓青在这卷《高原长歌》写作后记中的自述——有道是：男儿有泪不轻弹，只因未到"崇高"处。

究竟什么是崇高？在孙晓青笔下，还有一个清晰的标杆儿，叫刘长锋。晓青说，有人说他"活得很累"，"我想说，他活得充实，活得崇高。"为什么晓青这么说呢？

在"雪山雄鹰"这第十三章中，我们可以找到明确的答案。"那是十六年前春节过后发生的故事"，——一个体格健壮、年富力强的边防连连长，怎么会突然英年早逝？一个边防连长的逝世，怎么会在官兵中引起那么强烈的反响？在全军最遥远的边防连，这位连长究竟是怎么带兵的？这里面究竟隐藏着多少鲜为人知的故事！……请原谅因为篇幅太多，我不能把晓青所讲的这个"崇高"故事再详尽地复述于此，而只能把他的点睛之论稍作引用：刘长锋这个人物出在南疆军区，绝非偶然。亲历南疆戍边的那些人和事，我最深的感受就是：高原军人是市场经济条件下的一个奇迹。"没错，西陲那片隆起的高原，就是我们今天的精神高地。"

是的，虽然这卷《高原长歌》中许许多多真切感人的英雄故事大多发生在"17年前，我曾在南疆军区任副政委"的时候，但新疆，是那种去过一次还想再去的地方；而遥远的西部边陲高原，则是去过一次就再也忘不掉的地方。"真的，每每看到都市的繁华和人们的欢笑，高原军人的身影就会在我的眼前晃动。"崇高，是不能忘记的！

掩卷喜感，还有如下一些方面：

阅读此书，你会对作者独创的一些"数字化说法"印象深刻，进而感佩。例如：总有人问我，高原有多高，边关有多远？我很难精确回答，只能摊开中国地图告诉他们：如果以武汉为圆心，以1000公里作半径画一个圆，上下左右的北京、广州、西安、上海，基本都在其中；而若以乌鲁木齐为圆心，同样以1000公里作半径画一个圆，位于祖国版图最西端的喀什则不在其内。再如："雪山雄鹰"刘长锋曾经驻守的什布奇究竟有多遥远？我计算了一下：从北京到乌鲁木齐的铁路里程为3768公里，从乌鲁木齐到喀什的铁路里程是1588公里，从喀什到狮泉河的公路里程约1345公里，而从狮泉河到什布奇大约还有450公里，如此算来，刘长锋连长驻守的什布奇边防连距北京7151公里，其遥远程度堪称全军之最！

于"遥远"处，可思"崇高"！

阅读此书，你还会对作者的周到频感亲切，进而击节！那就是此卷始终，凡讲到任何一位戍边将士，晓青必介绍其籍贯，例如连队的机要参谋许明天，甘肃张掖人；有个叫惠立峰的边防营长，是陕西蒲城人；"雪山雄鹰"刘长峰是河北盐山人，等等。甚至还有一位于田县某乡武装部部长金龙，身高1.83米，维吾尔话说得很好，可看上去却不像是维吾尔族同胞。晓青问他："你不是当地人吧？"他笑了："我是北方人，而且是北方的少数民族。"他让晓青猜。晓青试探着说出几个民族："蒙古族？汉族？朝鲜族？""猜对了，我就是朝鲜族，祖籍辽宁。"

从这饶有趣味的民族探讨和对籍贯的介绍中，我们能读出作者的何种匠心？无他，西南边陲像祖国大地的任何边地一样，讲究的是全民边防——不分地域，不分民族，也不分男女老少等等，我们的边防就是全体国人铸就的钢铁长城！难道不是吗？

阅读此书，你会不断地为作者完全、彻底地把自己融入"采访"情境之中而深受启迪，感动不已。其实，尽管任职南疆前后的很多年里，孙晓青都是有"采访"天职的资源报人，但在任职南疆军区副政委"专业"期间，他却完全可以置"采访"于身外，因为他当时毕竟另有"重任"在肩了。他说："从那时起，我便萌生了一个心愿：为南疆的高原军人写一本书，讲述他们的故事，讴歌他们的精神，让更多国人知道，中国西部边陲有一片社会主义市场经济条件下的精神高地，坚守这片高地的当代军人特别值得赞颂，特别值得景仰！"

读到这里，我好像进一步读懂了崇高。就这卷近年来颇为罕见的"中国好书"而言，它不仅生发自一位具有高度责任感的当代优秀作家超敏感的写作自觉，而且深植在祖国西南边陲千千万万各民族军民常备不懈的矢志坚守中。是的，"大将筹边尚未还，湖湘子弟满天山。新栽杨柳三千里，引得春风度玉关"。这是后人讴歌左宗棠将军收复新疆的不朽诗句；岳飞的后人岳钟琪屯兵新疆时，也曾写过这样的诗行："峭壁遗唐篆，残碑纪汉军。未穷临眺意，大雪集征裙。"于今，可敬可佩的孙晓青将军挥笔一曲《高原长歌》告诉我们：

崇高并不遥远！它就在你良知所系的万里边关……

没有"全民健康"，哪有《山河无恙》
——杜卫东长篇小说《山河无恙》赏析

杜卫东发表了长篇小说《山河无恙》，可喜可贺之余，细读之后，我觉得这部小说的确是近年来颇为难得的一个文学样本。它所蕴含的种种信息，不仅杨柳翻新，而且启人创新——是的，我们的种种创作观，"欲穷千里目"应该"更上一层楼"了。或可曰，创新文学，此其时也。

创作诸事多，其实最主要的就是两样事："写什么"和"怎样写"。后者暂不论。关于前者，白居易那句名言"文章合为时而著"，至今如雷贯耳。那么，我们现在就换个说法，何妨借眼看取材——

首先可借的就是新闻眼，笔者注意到，迎来创刊90周年之国际时政报《参考消息》2021年元旦"改版"第一天的时候，竟然破天荒地出现四版"健康周刊"，即健康新知和健康生活。这自然值得我们大呼其好，除此以外，难道我们的文学创作不该借此反观一下自己的"取材"现状吗？

还有一双经济眼，也是我们的文学创作可借鉴的。这方面的例子就更多了。例如：某知名企业家在接受媒体采访时，即曾明确地把"大健康"定义为一桩"喜事"。他自己所在的公司去年做了两个比较大的医疗中心，小的10万平方米，大的30万平方米。除此之外，还做了妇儿中心、疗愈系酒店、健康公寓、康养社区，"都是大健康的事儿。大公司就要主动跟大健康相融合"。

"夫风生于地，起于青萍之末"乎？非也。笔者所见杜卫东这卷《山河无恙》的初稿是创作于2020年5月2日，在三亚棕榈滩；二稿和三稿则分别于2020年8月28日和9月5日完成于北京儒林苑。这也就是说，仅从白居易"文章合为时而著"的现实敏感而言，杜卫东手里的文学之笔，并不亚于上述大报之改版或某些经济弄潮儿的所谓"喜事"。

当然，尽管都是从"大健康"着眼，说以《山河无恙》和新闻眼或经济眼做横向类比，恐也未必有完全的说服力，因为文学毕竟是文学。那就再做一个中国小说史的纵向之问吧：谨自魏晋南北朝时期的志怪小说以降，无论是种种拟话本或白话小说，抑或诸多近现代文学名著，有以"全民健康"为写作要旨的么？笔者孤陋，但认定即以当代小说特别是长篇小说创作扫描之，杜卫东这卷《山河无恙》都可谓中国"健康说部"的拓荒之作，或谓之"开山之作"，恐亦未过。

道是出类却由衷

《山河无恙》是一部以"健康中国"为而背景的都市生活长篇小说。故事发生在2015年6月至2017年6月两年间。

该书以青年中医青桥与黑心保健品厂商史一兵的斗争主线贯穿始终，其间，不但穿插了养老楼盘"霞光宫殿"的起落、一种抗阿片类药物依赖中药组方的研制进程、青连山遗产的风波、"韦斯林"与"康寿"的商业纠葛等几条副线；而且辅以青桥、罗小力、牧婧、于雪菲、小米勒、史一兵等人错综复杂的情感纠葛。

显而易见，杜卫东这卷著作的大视野、大健康之体，正如歌德所说"取材不在远，只消在充实的人生之中"。与此同时，也正如鲁迅所说"选材要严，开掘要深"，它又绝非是什么速成的、粗糙的应景工作，这也是显而易见的。

而这种出类拔萃的取材能力，就杜卫东而言，实在非一日之功力。据考，其一，他其实是一位非常资深且卓有成效的办刊者媒体人，曾先后在《追求》、《炎黄春秋》、《人民文学》、《小说选刊》等名刊大刊中身居要职。毋须赘言，无论是"新闻眼"还是"经济眼"，他都可谓是"眼眼通神"，否则，数十年来他怎么可能长久置身其中呢？其二，他在创作小说特别是长篇小说之前其实是以创作了大量报告文学及散文作品为雄厚基础的——这也是他与众不同的一个"小说家"的专业所在，难道不是吗？当代小说家中有哪一位曾与他一样写过那么多名动一时的"非虚构"，格外关注并反映现实的优秀作品呢？例如《青春的思索与追求》、《走出人生的梦境》、《中国人口大浪潮》等。这其中被改编成电视剧，且广为人知的就有《新来的钟点工》、

《洋行里的中国小姐》等。他还创作了大量的纪实性散文,如《明天不封阳台》、《路边有个剃头匠》、《我的兄弟叫四贵》等,都是"文章合为时而著"的现实主义动人篇章。总的来说,杜卫东从上世纪80年代初开始创作至今,一直是具有强烈社会责任感的人民作家,一直践行的是当代写作的现实主义文学之路,因此,他曾先后获得过"中国潮"报告文学奖、《人民文学》报告文学奖、《北京文学》散文奖、"青春宝"全国杂文奖及全国报纸副刊年度金奖等奖项。

杜卫东这卷最新创作的长篇小说《山河无恙》,不仅是他开拓性地再现,是自2016年党中央把"健康中国"提升为"国家战略"的"春风第一枝",是他自己对"现实主义文学创作"的又一次宣言。鲜为人知的是早在他的长篇之作《右边一步是地狱》(2004,作家出版社)的序言中,当时的《人民文学》主编程树榛就曾说过:"这是杜卫东同志的第一部长篇小说,可以说是出手不凡,一鸣惊人,是他文学生涯的一个巨大转折点。"这个"转折点"在当时谁不知道其来有因呢?杜卫东创作的第二部长篇小说《江河水》(与人合著),后被改编成长篇电视连续剧,曾在中央电视台播出,更是"其来有因"地以曾经写过的一部报告文学为底本。他说,报告文学的属性已无法释放他心中的压抑,或许只有写小说才能实现他的心志。

于是,这才有了今天的《山河无恙》。一切都是那么水到渠成,一切又都是那么"百尺竿头更进一步",这也许就是《山河无恙》的一把金钥匙。

青桥是最新榜样

高尔基曾经说过,文学即人学。这"人学"具化在小说中,即是老舍先生所曾经说过的,"创造人物是小说家的第一项任务"。

　　事随人走，我们在细品《山河无恙》中，不难发现这一点。而这个"人"是谁呢？他就是新中国新时期文学画廊中又一个典型环境中的典型人物——青年中医青桥。

　　是的，他不是解放战争或抗美援朝时期的战士，他也不是新时期以来的什么"风云人物"，但他却是一个我们越来越需要也一定越来越引人注目的新时期"大健康"的守护者。

　　《山河无恙》写的是2015年6月至2017年6月这两年间，"健康中国"遭遇的"史一兵式"的种种挑战和"青年中医青桥式"的种种应战和战无不胜！

　　巧合，往往是客观环境的典型证明。这典型环境中的"两年间"，且看这个"青桥"究竟是怎样一个现实主义中国的典型人物：

　　首先，青桥一出场，即以其出众的身高和外形以及题为《中医怎样助力健康中国》的现场报告惊艳了众人。特别是"整个一个女神范"的漂亮姑娘罗小力——这开篇不仅生动，具体，而且非常独特。

　　再往下的全书二十余万字，一直是以青桥与黑心保健品厂商史一兵的斗争主线贯穿始终。他先是揭露"康寿"的不法行为遭遇"高价"封口，紧接着又深陷"猥亵门"，又被猎头"猎中"，给受骗的侯小霞当"卧底"等，但他医者仁心，不但与破坏"大健康"的黑心厂商史一兵斗争，而且为患者试药，并努力试制新的中草药，等等。在感情生活中，他理智地拒绝了罗小力的深情而义无反顾地选择了牧婧——这个史一兵的"前妻"，都是那样与众不同发人深省。书中的主要反面人物史一兵是康寿保健的集团总裁，他旗下拥有保健品公司、制药厂、疗养院等一众公司，在业内可说是大名鼎鼎。是的，史一兵与青桥都是"大健康"这个典型环境中不可或缺的主要人物，他们间的拉拢与反拉拢、迫害与反迫害等，N多交手与交锋，叮谓是善与恶、正与邪的势不两立，可谓是"大健康"时代的殊死较量，都是我们"健康中国"种种独特现实的客观反映。庆幸与可喜的是，这场殊死较量，最后当然以青年中医青桥为代表的新一代为胜利方，这才有了《山河无恙》。也只有"健康中国"，才能"山河无恙"。

同时，"在一切大作家的作品里根本无所谓配角，每个人物在他的地位上都是主角。"海涅在剖析歌德作品时早就这样说过，我们今天用海涅这话来剖析杜卫东这卷《山河无恙》，其中"无所谓配角"也恰如其分。

例如一开场即提到的那位漂亮的姑娘罗小力，她不仅作为《大众健康报》的当家花旦，不为名利所诱，而且一再揭发并痛击史一兵等破坏"全民健康"，坑害广大人民群众的种种阴谋诡计；甚至在其父罗院长助纣为虐时，坚决地站在了正义的青年中医青桥一边。

还有那个从加拿大成归来要创办"YBL生活馆"的于雪菲，还有那个坚持社区"大健康"事业的牧婧，等等，都是像青年中医青桥一样的中国新时期的新榜样。在他们身上凸显了当代年轻人为推进全民健康奋不顾身的拼搏与奉献精神。特别是在青桥身上，更是集中体现了中华民族的文化自信与时代担当。与此同时，《山河无恙》也对史一兵的商业欺诈和罗凡院长的自我毁灭进行了深刻的揭示与批判。

全书已有一点做了明确提示，青年中医青桥是"健康中国"文学巨廊中的第一个英雄人物，但绝不会是最后一个，这不仅是其创作者杜卫东的满怀期待，也是我们每一位读者"细品之后"的必然心得。

故事原来不寻常

事随人走，固然强调的是在小说创作中，写好典型环境中的典型人物最为主要——如在《山河无恙》中，杜卫东创造出青年中医青桥这个"健康中国"捍卫者的英雄形象，但与此同时，这个"事"即"故事"也要跟得上，也要跟着精彩才行。或者说，没有一个精彩的故事，又怎么能够塑造出像青年中医青桥那样光彩的人物来呢？

杜卫东深谙此道，早在他创作的第一本小说《右边一步是地狱》的后记中，他便曾这样说过："这部作品也反映了我的基本文学主张，故事应当是小说最基本的局面，——在我负责最终把关的杂志《小说选刊》，我曾对编辑部申明，房地产业有三要素：第一是位置，第二是位置，第三依然还是位置。那么，对于小说而言，在注重它的教化与认识功能的前提下，第一是好读，第二是好读，第三依然是好读。"细品这卷《山河无恙》之后，我们不难发现，这的确是愈发"好读"的一个非常精彩的故事。一方面，它非常符合生活的真实，仅以书中那个黑心保健品厂商史一兵的种种坑蒙拐骗行径而言，难道在我们今天的现实生活中，就已经绝迹了吗？再进一步说，英雄人物青桥与之种种的斗争行为，不仅符合现实生活中我们不难亲见耳闻的种种真实，而且非常符合我们国家现在已把"健康中国"上升到战略层面的必然逻辑，这显然是一种更宏观、更深刻的可预期的巨大真实。另一方面，故事原本不寻常，英国作家毛姆早就说过："正如画家是用画笔和颜料来思考一样，小说家是用他的故事来思考。"

更具体说，这卷《山河无恙》之所以"讲故事"很精彩，除了有青年中医青桥这样的非凡人物激荡始终之外，杜卫东的"思考"还有如下一些寻常又不寻常的创作手段：

首先，在《山河无恙》这个精彩但也确属性理之中的"寻常"故事中，还有一个并列始终"又不寻常"的老米勒与柳若兰的"朝鲜传奇"实在出人意外，引人入胜。他们"不打不相识"于异国他乡，当年的加拿大士兵（老米勒）矢志"寻找在朝鲜战场上给了他第二次生命的东方女神，数十年如一日，当他年近老境时，还不忘派其孙子小米勒出差中国并对他有一个重要的私人请托"。当"他郑重向孙子讲述了自己和这位叫柳若兰的志愿军女翻译之间的世纪传奇"时，"小米勒泪流满面"，后来，当老米勒和柳若兰在北京喜相逢时，"一瞬间，日月倒转，电光石火"，却也是西医与中医深度地接触与融合之良机。柳若兰的孙子青桥说："西医和中医最大的不同就是叫法。西医看的是人得的病，中医看的是得病的人。"老米勒则"拍了拍青桥的肩：西医有完整的理论体系，中医则蕴含深奥的人生哲理"。就这样，加拿大非同小可的医药保健品公司"韦斯林"与具有深厚学养的中医世家后起之秀青桥相知相融相合，这不但是一段跨越半个世纪"美丽传奇"的可喜延伸，而且是非常难得的没有任何商业色彩的一种红尘反思。它启迪我们不但要更加珍惜今天的和平生活，而且一定要携手起来，共同构建美好的人类命运共同体，这个大故事的小传奇，实在很不寻常，由此可见，杜卫东独出心裁"讲故事"的本领是怎样了得！

还有《山河无恙》中的很多场景，不仅讲得精彩，而且意涵广泛，令人对今日中国讲究"大健康"的必要性有了更深刻的理解。例如三年后史一兵又搞了一场"听证会"，老专家还是应邀与会，这次青桥科室不请自到。严婷婷说："每人两万元的专家费，她和小米勒都没有领。"三年前的论证会，实发X炮的老专家也没有领，史一兵掩盖着心中的不安，开始致辞："康寿集团是一家以促进大众健康为宗旨的大型民办企业，自创办以来为推进全民健康殚精竭力……"此时他早已被青桥的突然出现扰乱了头脑，不知往下要再讲什么了，就把麦克风推给了一位院士。而严婷婷则适时开始播放VCR，其中居然还有一个小草药的视频，配音为"康寿治好了我的癌症"，青桥在底下看得不动声色，院士"本来想闪"，但"也许重要的是兜里装了多少票子，连寺院都成了收敛财之地——，化蛹成蝶，还是作茧自缚，由它吧"。他上去了，几位专家则在台下洗耳恭听。院士发言道："我看了，像什么抗氧宝、护眼宝、关节宝、益肠宝、护颜宝等新的，就很不错嘛！"说完，"院士抬起手，有力地做了一个下场的动作，以强化收尾的力度"，这时候，青桥注视着史一兵，目光如剑，寒光一闪，他说："请问一下院士……""青桥步步紧逼"，"穷追不舍"，"毫不退缩"，最后正色道："也是在这种场合，我爷爷青连山教授三年前就揭露过假中医药之名，夸大疗效，销售伪劣保健品的行为。"原来他是青连山的孙子！院士连忙说："我还有一个活动，就先告辞了！"此段描写衔接紧密，刻画逼真，引人入胜。

再有，"情节就是故事"，这是前辈作家孙犁先生的一句名言。杜卫东在《山河无恙》的创作中，不仅对这句"教导"心领神会，而且能够精益求精。我们仅试举书中一例"寻常"情节以领略其故事"不同寻常"之精彩：

严婷婷这个任务，虽美而"恶"，她作为黑心厂商史一兵的副总自是其得力助手，她总是唯命是从，亦步亦趋，她几乎成了《山河无恙》的第二大祸害。但其实，她却是忍辱负重、有坚韧毅力和智慧的一个奇女子，如：她"奉命"派侯小霞到青桥身边做卧底，却也暗中把侯小霞"奉命"下的药换成了蛋白粉，因而神不知鬼不觉地救了青桥一命。妙不可言的是，及至卷终，我们才终于看明白，这个美丽的副总，其实才是潜伏在"恶魔"

史一兵身旁的"卧底"！十年前,她的姐姐严妍因为轻信"康寿"做的一个虚假广告,不仅冤花了20多万元钱没做成"隆胸手术",反而致使乳房变形,发炎溃烂,最后导致精神崩溃,跳楼自杀。这是何等的深仇大恨呀！"不是不报,时机未到",一旦时机成熟,勇敢的严婷婷就以本来面目对大吃一惊的史一兵说:"那个时候起,我就下定决心,不管多难,我一定要把你这个人面兽心的坏蛋、人渣,送进监狱,送上刑场！"

真是痛快又精彩！这个情节出人意料,却也完全合乎情理,因此"情节就是故事",这个"故事"确实好看！

除了故事中又套传奇,场景"寻常又不寻常",情节设置既出人意表又在情理之外,杜卫东的这卷新著中还有很多独家细节,令人过目不忘。

例如:当一筹莫展的青子朔偶然听到新闻节目时,一下子触动了他,"如果将霞光宫殿和养老项目挂起钩来,估计会得到政策上的扶植——霞光宫殿也许会起死回生"。这个因偶然听到一条新闻而联想到"起死回生"之说的细节,不仅符合一个濒危房地产商人"最后的"精明,而且是推动之后相关情节种种发展的开始,因此,它重要,而且因其余全书要旨的宏观氛围相谐而颇见作者的匠心独造。

而这个小小的细节描写,是我在这全书二十多万字中随手拈来的而已。篇幅有限,恕不再赘。

仅就《山河无恙》的故事性而言,我们完全可以因之想到莫泊桑曾经说过的一段话:"小说家想要给我们的是一幅确切的生活图画,他们的目的不是仅用讲故事来娱乐我们或打动我们,而且要迫使我们思考和理解那更深的、隐藏在事件中的社会意义。"

语言亦可年轻态

最后，《山河无恙》中的语言特色"年轻态"还是值得专门来品一品。说一说，因为上述"全民健康"捍卫者青年中医青桥及其小伙伴们鲜活形象的塑造成功，还有种种情节、细节之精彩连连，都离不开作者非常独到、"年轻态"的语言功夫，这里亦可理解为语言的时尚化。

前已说过，《山河无恙》是一部以"健康中国"为背景的都市生活长篇小说，谨从其都市生活而言之，其语言能不城市化、年轻化甚至"时尚化"？

而恰巧以其曾办过《追求》、《中国校园文学》等很多名刊的"专业属性"而言，或者是凭其曾写过《洋行里的中国小姐》、《外交部里的"小字辈"》等许多报告文学的"时尚资历"论说，小说家杜卫东的文学语言非常具有"年轻态"的特点。

这不能不令人想到古罗马著名诗人贺拉斯早已说过的，"神说话，英雄说话，经验丰富的老人说话，青春热情的少年说话，……其间都不大相同"。

确实如此。且看《山河无恙》中的"年轻态"语言表现：

第一类以刻画人物为要。不管书中是哪个人物，是什么年龄段的人物，作者的语言都能符合其身份，同时又能为读者特别是广大都市生活中的青年读者所喜闻乐见。例如罗小力正在高拉训练机上做拉伸，她穿一身耐克健身服，生命的活力包裹不住。当她看到青桥来了以后诡异一笑："我还以为是维密男版秀的模特走过来了呢——这样休闲式东西，意大利品牌，潮得很，华尔街金融小圣的穿衣首选，看你脚下这双英伦风格的乐福鞋，一整块牛皮手工制作，与意大利单西搭配，天衣无缝，简直就是教科书般的搭配。"青桥这才知道于雪菲所送礼物价值不菲。

而再讲起于雪菲和罗小力、牧婧三位女孩儿彼此之间的区别与关系来，作者的语言"手术刀"就更闪闪发光了："在牧婧面前，于雪菲与生俱来的野性被贴上了封条，不能由着性地生长，理智多于感性，顺从多于争辩。也许，是牧婧高冷中的不怒自然让她有点发怵。和罗小力的交往就不同了，就性格而言，两个人基本同类，都率真、奔放，都热烈和阳光，只不过，于雪菲奔放中带着一股野性，像草原上奔驰的烈马。罗小力的热烈中透着几分冷峻，如同刚刚淬过火的一块好钢。"就此，我们不能不想起那句托尔斯泰式的妙言，这三个女孩儿的美丽都是一样的，但她们都各有各的可爱。但其美，任何读者仅从作者的语言魔力中就得出这样一个"可爱的"结论殊为不易，这完全是作者功力非凡的一个证明。不仅是青桥和三位女孩儿，作者对"反一号人物"史一兵的语言刻画也非常为青年读者所喜闻乐见。例如："史一兵就是一只乌贼，他卖了吴迪一个面子，又弄出一个附加合同，其实是为掩护自己吐出的墨汁。"此外，书中那个颇具欺骗性的罗凡罗院长，其实是正义且勇敢的记者罗小力的父亲，他有句口头语"搞什么搞"，在书中起码出现了几十次，而年轻读者看得越多，就越能心领神会其道貌岸然却又习性可笑，因而对其人其行品味更深。

书中第二类年轻态语言，主要来自王国维《人间词话》的不朽之论："昔人论诗词，有景语、情语之别，不知一切景语，皆情语也。"杜卫东于此深得其味。如："北京就是这样，如同一枚硬币的两面，奢华与贫困并存，现代与简陋共有，人们在同一片蓝天下，为了截然不同的人生奔走与忙碌。"这是"景语"吗？只需知道全书卷终"史一兵在逃"，"他是骗人的，康寿集团毕竟被查处了"。这的确是"一枚硬币的两面"，是"同在一片蓝天下"，我们便更加确知书中的"景语"，就是"情语"。的确，我们维护与捍卫"全民健康"的斗争还没有结束，因为"史一兵在逃"，我们应该为"大健康"继续努力与战斗，才能确保山河无恙。全书中结尾的"景语"，其实也是我们共同期许的一种"情语"，"柳若兰打开纸盒，从里面拿出一个画轴。在上午的阳光映照下，在温暖的春风中，露出了林则徐雄劲的四字草书：'山河无恙'，难道不是吗？"

除了这林则徐草书之外，在这卷《山河无恙》中，还有很多蕴含中外文化元素的语言符合"都市生活"中众人特别是年轻人的口味儿。这也是作者杜卫东深得个中之味的见证与动力所在。例如"即使是肖邦在世，此刻也弹不出……"（音乐家）；"想你时你在天边，想你时你在眼前，想你时你在脑海，想你时你在心田"（歌词）；"问世间情为何物？直教人生死相许"（诗词）；"想到晏几道的那首《清平乐》正好和自己时下的情绪契合，于是（罗小力）敲打键盘，在博客中打入了这句词"（词语博客）；"手机吧嗒一声收到一条信息，是尼采的名言，罗小力发来的"（哲学家）；"小霞也讨好地说：'青桥哥，昨天你那首郑智化的《水手》唱得太棒了，绝对专业范儿。（流行歌曲、电视节目与歌星）；"前锋从德国归来"（足球）；《亮剑》中李云龙说得好，最好的防守就是进攻"（电视剧）；"他是堂吉诃德，在跟一个假想敌诈战，而我方根本没兴趣作那无辜的风车——"（外国文学名著）；"米勒，中国有一位著名的诗人，他写过一首诗：你站在桥上看风景，看风景的人在楼上看你；明月装饰了你的窗子，你装饰了别人的梦"（中国现代名诗）；"老米勒送上了为柳若兰准备的礼物：油画《游廊上的人》，作者科尔维尔是20世纪加拿大著名的油画家"（外国名画）；等等。

下面请走进《山河无恙》这座花园里，看看作者独创的语言之花吧！那就是这样一些很可能会被"年轻态"读者当作座右铭的精言警句：

缘分是一本书，翻得不经意会错过，读得太认真会流泪。

人最难遏制的是心中的欲望，它是本能的一部分。

爱是一罐喷香的酒，发酵的时间越长，也许味道才会越发醇厚。

故事如果注定没有结局，倒不如及早给它一个落幕。

鹰飞翔不需要鼓掌，卖萌的鹦鹉才希望听到喝彩呢。

善良人的自私，是鱼片中未曾剔除的刺，会在不经意中给人更深的伤害。

成长，就是把经历的所有磨难调成静音。

爱情多像旅行攻略，你原定的和你实际入住的也许并不是一个房间，但是谁能说，你后住的房间不更适合自己呢？

走点弯路也正常，生活就像心电图，如果成了一条直线，人就该挂了。

人生就是一场舞会，教会你最初舞步的人，未必能陪你走到散场。

客气有时是隔阂的别名。

良知和贪欲像一枚硬币的两面，被人高高抛起时，不知落地后哪面朝上。

不难发现，这些精言警句，都是高度个性化的语言，这些言语都非常"年轻态"，大多是关于爱情、婚姻、成长、进步等，都是青年人深陷其中而渴求得到的"语言玫瑰"。歌德早就说过："人应起码每天听首小歌，读首好诗，看幅好画，如有可能，说几句合情合理的话。"杜卫东这些"合情合理"的精言警句，正是为广大都市生活中的青年读者创造了这样一种获取的可能。

尚不止于此。在《山河无恙》这卷新著中，杜卫东还运用了大量熟语、古语、俗语、歇后语以及精彩的比喻句等语言之花。

比如：跟砸夯似的，我们就肝颤儿，我就纳闷了，扯闲篇儿，脸呱嗒一沉，那随你便，倒插门，没工夫陪你逗闷子，别在我这儿念秧了，等等，这是一种；还有一种如：颐和园后湖，烤鸭店，西苑饭店，潭柘寺，紫竹院，等等，不难看出，这些都是带有鲜明的北京地域特色的语言。

再如书中精彩的比喻句真是很多很多，非常"年轻态"，例如："风把她的满头银发吹起，像是一只美丽的白鸽"；"她像极了贝壳，表面坚硬，内在却很柔软；心里藏着一颗美丽的珍珠，只是不肯轻易示人"，等等。这些比喻的语言之花洋溢着美感。

再如古语"靡不有初，鲜克有终"；再如歇后语："简直是庙里长草——慌了神"；"壶嘴焊在壶把上——这是哪儿挨着哪儿呀"；再如中外名胜介绍："班天是加拿大历史最悠久的国家公园，因其优雅、恬静和怡人，被誉为落基山脉的灵魂。有人甚至说，一个班天可以抵二十个瑞士，是永远不会让人失望的地方。"等等。

总览全书，我们不难看出其人物刻画非常精彩，故事讲得十分生动，语言的"年轻态"可谓很时尚。因此说，这卷《山河无恙》可谓近年来颇为难得一个文学样本，特别是其主题昭示我们，没有"全民健康"哪有《山河无恙》，十分难得，值得喝彩！

假若细品之后，非要"鸡蛋里挑骨头"的话，我认为作者的笔力还是有一丁点儿过猛，再冲淡一丁点儿或许更好，但毕竟这卷《山河无恙》有大气魄，主要也是给都市生活的当代人看的，也许正青春的年轻人就喜欢看这样有点儿"过猛"的文学作品呢？

再次祝贺杜卫东这卷《山河无恙》"和为时"而盛开！尤其是在构建人类卫生健康共同体方兴未艾的当下。

书写滨海传奇的人是可敬的

——读《滨海 光电交响曲》

就在一周前，我从《参考消息》上看到一则"拉美社哈瓦那10月9日电"，题目是《中国，渤海之滨的奇迹》；恰在那一天，我刚刚读完剑钧所著将近20万字的长篇纪实文学《滨海 光电交响曲》。仿佛是天意，这篇文章的"奇迹"之说，恰恰就是我读完剑钧这部大作的最主要感想。只不过，"奇迹"之说更具新闻性，"传奇"之谓才是纪实文学这种体裁的本源。溯本追源，我认为：书写滨海传奇的人是可敬的。

创造就是书写。那些滨海新区的创造者将在中华民族的史册上永迹其名

剑钧的这部作品是纪实文学。纪实文学相较于纯文学而言，固然亦"可以兴，可以观，可以群，可以怨"（孔子），但其"可以观"的认识功能，其实是最主要的。这也就是说，一部成功的纪实文学作品，必须向读者提供某人某事或某些人某些事的最大信息量和最优信息质。我以为，剑钧的这部纪实文学作品不但做到了这一点，而且做得很好。读完这部作品，我们不仅了解了滨海光电人在新区创造的种种奇迹，而且全面、细微地了解了这些奇迹究竟是怎样创造出来的，以及这些奇迹创造者都是些什么样的人，他们具有什么样的思想、情感等。因此，读完剑钧这部作品，我们不能不对天津滨海新区的所有创造者怀有深深的敬意，并由衷地向他们表达我们同为共和国儿女的感谢之情。

的确，创造就是书写。那些滨海新区的创造者将在中华民族的史册上永迹其名。例如，滨海供电公司组建十余年来，历

任七位总经理，可谓人事有更替，断裂了无痕。这是一条继往开来的奔涌之河，恰若"黄河之水天上来，奔流到海不复回"。因此，仅仅十年的历史一瞬间，在滨海新区2270平方公里的昔日退海滩涂之地，早已孕育出一颗璀璨瑰丽的渤海明珠。诚如剑钧在他这部《滨海 光电交响曲》中所言："如果说，摩托罗拉手机、康师傅方便面、王朝葡萄酒是早期'天津制造'中新上的一大批高水平大项目，像空客A320大飞机、新一代运载火箭、百万吨乙烯、一汽丰田汽车……又让'天津制造'发生了质的变化。（据统计，如今）在世界500强企业中，就有三星电子等120多家在此投资设厂。"

沧桑巨变，魔幻升级，谁能说滨海新区的十年发展史不是一段惊世传奇？谁又能说，那些书写这段惊世传奇的最普通的滨海创业者不是我们最可尊敬、最应该感谢的父老乡亲、兄弟姐妹呢？

书写也是创造。那些滨海传奇的书写者是在为我们中华民族创造精神财富

在剑钧这部沉甸甸的纪实文学中，有众多对于滨海传奇"纪实"的书写。其中不仅有从中央到地方乃至公司层面各级领导的题词、讲话甚或报告片段，而且还有来源于国内外各种媒介如网络、广播、报纸等的多种消息或新闻特写等；最难能可贵的是，其中还有一些普通员工写的短信及发表的演讲，甚至还有当地中学生写的几篇作文！但显而易见，所有这些纪实的文字都还不能算作"纪实文学"，只有把它们有机地结合在一部作品中，这些具有新闻价值的文字才有可能质变为文学。在这方面，剑钧毫无疑问是一位"质变"高手，他不但长于在海量的、各种各样的"外材料"中去粗取精，还善于把自己以前写的一些

散文、散文诗等点缀其中。这种"外材料"和"内材料"的水乳交融，尤其使人对他的"剪裁功夫"十分钦佩。但常识告诉我们，这种写作中的剪裁功夫，也一定是苦功夫、笨功夫。因此，我们不能不对他怀有由衷的敬意。相比较而言，他竟然用一支交响曲的四个乐章进行总体构思，竟然把海量的、各种各样的写作材料谱写成一曲荡气回肠的滨海传奇，我们对他的这种巧功夫、真功夫，就不能不怀有深深的敬意了。剑均这种巧于构思的真功夫，正是其大作颇富文学性的又一写照。

但无论是巧于构思，还是精于取材，剑钧这部将近20万字的心血之作给予我们的最大启迪，其实还是他对当代"海滨传奇"这个题材的真情厚爱。在当代的纪实文学创作中，"写什么"其实一直比"怎么写"更引人注目。且看剑钧对这个重要问题是怎样回答的，剑钧用他散文诗一般的动人语言，把他这种题材抉择的情感依据表露无遗："滨海，一片充满神奇和魅力的土地；滨海电力人，一群充满激情和智慧的人们。正是他们用光与电的音符奏响了时代的交响曲，正是他们用拼搏与热汗创造了滨海电力的辉煌！"

见仁见智，剑钧在这部《滨海 光电交响曲》中所呈现的"主旋律"映像是昂然而前行的。实际上，这种一往无前的书写也是对我们中华民族精神财富的一种创造，正如歌德所言："创造性一个最好的标志就在于选择题材之后，能把它加以充分的发挥，从而使得大家承认压根儿想不到会在这个题材里发现那么多的东西。"

诚如斯言。让我们再一次对剑钧及滨海传奇的全体书写者表示由衷的感谢和深深的敬意！

读赠随感录

在中国的文化传习中，"雪夜闭门读禁书"一直为人们所津津乐道。但那多属旧时"不亦快哉"，于今我们已然身处网络时代，实可谓条条大道通阅览，所以，今天我们的"不亦快哉"，自当别具只眼。

就我个人的读书经历而言，最是"读赠随感录"不亦快哉！

这其实是我最近的一个人生心得。

因为要装修房子，所以得把家中多列书柜及多处纸箱中的书全部移出室内——但我做事从来不会"单打一"，自然会兼之以更多作为，例如借机把此前众多文友陆陆续续赠我的许多大作归拢起来，逐一再览为快。

当然，我这里所谓的再览，尽管是认认真真地"逐一"，却也只能是走马观花而已。因为积数十年来所受赠，没有上千也有数百本大作堆积眼前，你又怎能一下子细览之？

尽管如此，我的"再览"还是别有洞天，在"不亦快哉"中还有如此一番意外的"新大陆"发现——

我指的是作家们在赠人己作时的表达风格真是太丰富了，真是各有千秋！只眼一经发现，随感自是涌流如泉：

例如马力，在我受赠他的众多大作中，大多竟无任何题赠文字，就好像是刚从书店里自己买回来的一样。为何会如此呢？无论是受赠其散文集《鸿影雪痕》、受赠其《昨日楼台：老建筑的文学追忆》时，还是受赠其大著《中国现代风景散文史》的时候，记忆犹新，他都是这样说的："别写字儿了。这样多干净！"记忆犹新且震怀：此语只应天上有，人间能有几回闻？

王彬也是我的多年好友，综合其题赠我的许多大作，主要是其扉页题款的位置和写字大小有了明显变化。在其早期赠作如《禁书·文字狱》（九三年二月——赠时。下同）、《红楼梦叙事》（二〇〇一年十月）等的扉页上，题款多在正中或偏右上的显著位置上，且字写得较大，而在其近年赠作如《水浒的酒店》（二〇一〇年十一月）、《旧时明月》（二〇一二年八月）、《无边的风月》（二〇一六年三月）等的扉页题款，字已不如先前之大，且其位置已经明显改在左下角一隅了。我以为这一"心灵的抉择"其实是很有意味的，所谓退居一隅，其实海阔天空。奈何作如此解？无论早间与晚近，赠其著之题款均为一笔一画之谨严，便是明证。

高洪波以为少年儿童写作为主，兼及各种文体为大众写作，几可谓著作等身。在我现有他二十余种赠作中，最与众不同之处是赠之所至，时有率性而言，例如其赠《醉界》，扉页有云："林栋兄：何妨一醉"；"九四年深秋录辛词以赠"《本来面目》则为"林栋兄：更无花态度，全是雪精神"；"九六年元月避斋洪波"有赠《人生趣谈》则为"悟人生之趣，不亦快哉"；有赠《高洪波军旅散文选》时则信笔为诗一首："林栋兄：心系滇南营门柳，情系边地哨所灯。灵魂曾经军衣染，从此常忆五星红。"洪波是性情中人，且看他在《为青春祝福》扉页上的有赠："林栋兄：忆昔少年，绿色情思。如今往矣，诗兴犹存。"其下落语为"乍得新书一包首赠之，内有评兄旧作一篇俨然历史陈迹也"；更见其童真性情的，当属其着意赠我女儿两书时的有言，其一为《我喜欢你，狐狸》："送李楠侄女，祝诗和你交朋友。高洪波叔叔赠。一九九〇年十二月"；另一为《喊泉的秘密》："李楠小朋友留念。高洪波叔叔赠。一九八八年六月一日"——此为儿童节赠礼也！篇幅所限，我不能把洪波赠书与众不同的特色一一笔录于此，但他的率真、亲切、温暖、快乐，每读其长年来的众多所赠，便会扑面而来。这不仅令我时感愉悦，也增益了如今已长大成人的女儿的诸多追求。感谢你，洪波！

柳萌先生是我十分敬重的前辈作家。数十年来，我经常能感受到他师长一般的温暖与关照。特别是他每有新著，必定要赠我一阅，如今我对其著的收藏已经高可盈尺了。这常常令我感怀不已。至若他的随书赠言，最是那颇具他那一代人涵养的书写法度令人欣喜。例如《空谷回声》（柳萌自选集·纪实文学卷）："林栋贤弟哂正。柳萌。庚寅年岁末。"其字精益童子功，且伴有古朴篆印一枚。如此雅赠，多乎哉，不多也。谢谢柳兄！

纪鹏是著名军旅诗人，岁月荏苒，今年是他去世十周年了，我内心里十分怀念他。因为他不仅是我 1988 年在昆仑出版社所出诗集《送你一束红烛》的责任编辑，而且绵绵记忆中他是一位非常好相处的"老前辈"。近日又翻阅他曾不断请我"正之"的许多诗集，竟发现其中也不乏"纪式特点"，例如有赠《水和北京的恋歌》一书时，他着意落款为"编者赠"——因为是其所编而非原创，而且同编者还有王宗仁——这种似易而实难的自觉与本分，不能不令时人之一的我感慨万端。再如：无论是在《纪鹏抒情诗选》（二〇〇一年一月）还是在《茉莉花集》（一九八七年十二月）中，纪鹏先生都夹有几帧微剪报，大抵是关于此书的当时书讯或简评，这个"赠书附阅"，实为纪鹏先生独家所有！甚至，在上述《水和北京的恋歌》有赠时，其中还附有纪鹏先生写给我的一帧 32 开小笺："林栋同志：你好！寄去小书一册，望多指正。几次约你赐稿，你忙未给。否则，大家留个纪念多好！"如今，"大家留个纪念多好"声犹在耳，又仿佛天音渺渺了。纪鹏先生，除了怀念，你有赠于我大作中的片纸衷言，永铭我心！

王宗仁，这位受人尊敬的著名军旅作家，早在上世纪 80 年代初，我们便因同获《体育报》首届"体育文学奖"而相识相知了。在漫长的岁月中，尽管其"创作形象"持续劲挺而昂然，但其赠我的每一本大作永远都是书言"林栋同志指正"！这"指正"二字于他而言当是谦虚本性的自然流露，但于我的感受除愧不敢当外，更多的是压力、鞭策与鼓舞。因此，我认为宗仁兄赠书有谦虚风格，实可垂范广众与后人。就像常言说的，越是有成就的人，越是会渴望听到别人的批评指正。

其实，上谓宗仁兄"有赠"中多用"指正"一词作谦，并不意味着非如此之用便是"非谦"之意。肯定不是这样，因为在我们中国的题赠文化中可选用的词汇真是太丰富了，例如还有存正、雅正、教正、哂正、惠正，等等。而究竟以何名赠，实与惠赠者的秉性气质及其与受赠者关系等诸多因素密切相关。因之，各得其赏，实为不亦乐乎。例如我所受赠的当代诗评大家吴思敬老师的许多大作，无论是其早期有赠《写作心理能力培养》（一九八六年三月十九日）、《诗歌基本原理》（一九八七年六月十二日）、《诗歌鉴赏心理》（一九八七年十二月卅一日），还是后来陆续有赠的《心理诗学》（一九九七年五月廿日）、《走向哲学的诗》（二〇〇四年三月五日）、《吴思敬论新诗》（二〇一五年九月五日），等等，吴老师赠我的大作中数十年一贯制，一律题为"林栋存正"，简而明，温而久。那是一种宽容的期许，也是一种久远的相伴。我明白！我感恩！

朱先树也是我的一位多年老友、诗坛大家。在他赠我的大作中，不但有"林栋同志指正"（《追寻诗人的脚印》一九八七年五月廿二日），而且有"林栋同志雅正"（《诗歌的流派、创作和发展》一九九二年春），也有"林栋同志存正"（《新时期诗歌主潮》二〇〇五年九月和《寻找阳关》二〇一二年五月），等等。我深知，这不仅是先树兄思维活泼且多跳跃的随性特点使然，更是其平易近人、不拘一格人生状态的持续反映，非常真实可亲。我喜欢！

还有李瑛同志。很荣幸，这位中国诗坛出诗集颇多的当代诗人曾经赠过我四种大作，其一为《多梦的西高原》，其他所赠三书为日本某交流公司1990年7月出版之《日本之旅》、《睡着的山和醒着的河》（一九九二年一月）和《山草青青》（一九九二年八月）。李瑛同志在这三册扉页上的书写都是一样的："林栋同志。李瑛。"接着就是年月日了，其中没有任何"正"之类。而且我发现在这四册有赠的相应位置，也没有任何"作者简介"之类，霎那间，仿佛于无声处听惊雷——李瑛同志，果然不凡！杰出风范，当为世人之表。

"读赠随感录"真是一眼涌流不止的甘泉。再比如王巨才同志，每当我翻开他曾有赠于我的两卷大作《退忧室散记》和《退忧室散集》时，即刻好像进入了一个门楣简约又厚重的文学堂奥，那恭恭正正、一笔一画的用心墨迹，那同样郑重而辨识度很高的署名，以及那枚颇具远古韵致的朱红私印，无一不令人印象深刻而悠思满怀。更有其诚意用语愧不敢当："林栋先生方家赐教"或"林栋先生方家教正"——实不敢当！倒是由此，你不难终有一悟：巨才先生的"大"，非"高山仰止"所能尽也。

同样具有如此魔力的题赠尚有很多。例如"曾祺一九九一年五月"有赠《汪曾祺自选集》时所题三字"林栋存"，虽亦无"正"却笔风尽显，至今睹字如闻其语，而可爱可敬的汪老已然往游天国久矣！无限缅怀，祈祷汪老在那遥远的地方安然快哉、乐天自在！又如《人民日报》（海外版）原副总编辑郑荣来于1999年2月5日"林栋兄雅正"其著《无序脚印》时，内中有夹一签复云"寄上小书一本，供睡觉时垫脚用。顺颂大安"，老郑真是谦逊之甚而可爱至极了，《无序脚印》焉可"垫脚"乎？一哂。汪兆骞系原文学重镇《当代》副主编，近年来宏著颇丰。在其有赠《文坛亦江湖》的扉页上，兆骞兄郑重所题"林栋指正"及"丙申春北京抱独斋"均抱朴用心，私印亦方正有致，实为笔重而意丰，令人感动而珍视矣！至于题赠的独抒心机而又不落窠臼，我喜欢茅盾文学奖获得者凌力有赠《少年天子》（一九九一年五月八日）时在扉页上的那种称谓："林栋君"；我也喜欢泰昌有赠《吴泰昌散文》（一九九四，岁末）和李硕儒有赠其《浮尘岁月》、《寂寞绿卡》（二〇一二年春）时不约而同的称谓："林栋老弟"；还有，中国散文诗泰斗、已故柯蓝先生于"八七年冬"赠我《爱情哲理诗》时，他在扉页上所书"李林栋同志览正"及其署名真迹，均流畅入法，帅气十足，令人不能不以书法珍品热爱之！

最后有两件趣事在这不尽甘泉中还是要涌一涌的。它们在任何受赠者的藏书中出现的概率应该很小很小，但在我最近的"读赠"中，不但出现了，而且出现了两次！其一是我的一位忘年交、山东作家协会原副主席牟崇光。他早在"1991年4月于北京"即赠我一著《关于生与死的报告》，而"2002年于北京"他竟又"请林栋老友教正"同样一书；同样的事情还发生在早年间好友杨锦的诗集《漂泊》一书上，"95.5.25"和"95.5.26"仅仅相隔一天，他竟连续两次有赠我同样一本大作，而且扉页上的有题完全一样："林栋兄批评。"岁月已经掩却了太多的细节，人生回首不尽那些毫无必然性的缘由，权把这则"妙手偶得"的"读赠随感录"当作一朵迷路的小花吧，它透露的奇异之香，依然悠久又漫长。

读赠随感录，又何尝不是一朵又一朵的岁月之香？它们弥漫在人生的阅览室，其香有赠，所书当珍啊。不仅于我自己，相信读到此"赠"而有感的朋友们，都是如此吧。①

---

① 2016年第九期《三月风》。

陆

读写别裁亦关情

寻找柳先生

从这一刻开始,我就要不断地去寻找柳先生了。从2017年6月26日早晨7点15分开始,我的寻找将无分昏晓,只念曾经……

我首先找到一张报纸,那是2004年5月13日的《天津日报》。那一天该报的"文艺周刊"上刊载着我的一篇文章《寻找北京人》——哦,当年就是柳萌先生带着我这个北京人到天津去"寻找北京人"的,且看有载:"柳萌先生是个'老天津',他所言'在北京工作的天津人要比在天津工作的北京人多得多'自是不虚。"他还说:"一直以来,在北京生活和工作的天津人很多,光他们毕业于天津一中后来到京城而成为名人的就有李光羲、白金申、穆祥雄等十几位。"——现在想来,那次参加"作家走近司法行政"活动去天津的路上,柳萌先生这位"老天津"的乡情流露,不仅潜移默化地影响了我,而且冥冥中指引我找到了进津后最值得落墨的珍稀采访方向,再看有载:"但尽管近津情更怯,我还是无端地期冀着,要是我一到天津就碰上个在天津'做贡献'的北京人该有多好啊!"

为此,我要再一次寻找柳先生,无分昏晓,只念曾经,我要再一次向他的灵前祭奉一朵感恩之花!

同样要"感恩"于柳萌先生灵前的,据我所知,还有很多很多"寻找者"——例如刘建军,就在柳萌先生去世第二天,他就在微信朋友圈里发了个"九宫格"并真诚地说:"2011年以来,柳萌老师先后主持策划了我的《滨海 光电交响曲》、《中国智能之城》、《守桥翁的中国梦》三本书的研讨会。作为晚辈,此时此刻难表悲伤感受,难表感恩之情,唯有默默祈祷恩师在天国继续纵笔挥毫,书写人生华章!"如今已然著作甚丰、成就斐然的建军(剑钧)此说入情入理,因为他这三种大作从写作缘起到研讨经过等等，我是不多的知情者其一，只消看这接连三著题材内容全是写天津的，明眼人就会洞悉这一定与"老天津"柳萌先生脱不了干系！甚至，我还清晰地记得，2011年9月16日在天津滨海新区开剑钧作品《滨海 光电交响曲》研讨会的时候，我是被柳萌先生"钦定"的4个重点发言者之一；后来，我的那篇题为《书写滨海传奇的人是美丽的》发言稿还很快见于10月21日的《文艺报》。

近日难以自抑地寻找柳先生，这是我又找到的第二张报纸。墨香犹在，柳先生已然杳如黄鹤，但我还是要寻找，寻找，再寻找……

一封电邮又浮现我的眼前。内容："林栋，附上我家乡中学校长的一部书稿，请抽空代我看看，并提出修改意见。你是行家。拜托了。柳大哥。"时间：2015年12月23日上午9：52。感想：柳萌先生是1935年生人，曾就读于天津一中，也曾当过兵，但早在20岁左右时，由于"发表过一些东西"，他就到北京从事文化工作，当一名编辑了。尽管后来他也曾流落北大荒和内蒙古等地，但一直到82岁终了，应该说，他这一生在北京生活的时间最长，他早已是一个地地道道的北京人了。但如果你仔细"寻找"他的行为轨迹，你就会发现，他常常以"老天津"自居，总是想方设法要为"家乡人"多做点事。这一点，在他从《小说选刊》杂志社社长的工作岗位上退下来之后最为明显，因为他可以自由支配自己的时间了。在北京的很多朋友都知道天津有个宁河，而且都知道宁河原来是个县，后来变成天津的一个区了。这是因为，大家都知道天津宁河是柳萌先生的老家！就我自己而言，这些年曾多次跟柳萌先生去过宁河，那里的七里海是华北平原最大的湿地，宛若绿肺；那里的银鱼、紫蟹、芦苇并称"宁河三宝"，声名远播；而那里的芦台古镇，曾经"商贾辐辏，庐井繁多"……

当然不仅如此。且不说柳萌先生那封电邮所饱蕴的桑梓情深怎样令我"义不容辞"吧，还是来看看在这几天的寻寻觅觅中，继"寻找"到作家剑钧发在微信朋友圈里的那些感恩之言以后，我又在那同一个圈里的最新发现吧——还是9张纪念照片组成的"九宫格"，既是柳萌先生近邻又是其中国作协同事的作家班清河在其上有言："从手机里翻出来几张照片，缅怀柳萌先生。主要是把柳萌先生家乡的朋友撰写的回忆柳萌老师的文章贴出来供大家一阅。"在"九宫格"下，作家清河（青禾）有引宁河人士"植梅放鹤"《忆柳萌》片段："柳老确实是常回宁河来，而且每次来都会带上文学界的朋友来了解宁河，宣传宁河，推介宁河。记得去年，耄耋之年的柳老来宁河时，拄着拐杖，满头银发，走路颤颤巍巍的样子……他说，他来宁河的机会不多了，但是只要有一口气他都会来……老人言语悲怆，一颗留恋故土之心让在座者无不动容。"

"此夜曲中闻折柳，何人不起故园情"！

就这样，近日寻找柳先生，无分晨昏，只念曾经，我已经"寻找"到两张报纸、一封电邮、两则微信朋友圈的帖文，但以柳先生情怀之大、亲朋之丰、为人之可钦可敬，即使是仅仅限定在他的老家天津地域范围内，那难以忘怀的点点滴滴也还是"剪不断理还乱"呀！我只有继续寻找——"昔人已乘黄鹤去，此地空余黄鹤楼"。

这是两帧照片，只是我与柳先生共享的很多照片中信手拈来的两帧。一帧是在天津滨海新区的"基辅号"航空母舰上——当然它早已变成一个名闻遐迩的"主题公园"了。那天天气很热，是剑钧笔下那个"守桥翁"书法家接应我们上舰的。在航母甲板的环形炮台下，剑钧、柳萌先生、我，还有文学评论家陈先义，我们四个人合影留念。睹照思人，昨日重现，那时候的柳先生还是很健康的呀，起码从他脸上还看不出一丝病容呀，……那时候多好！另一帧照片是在天津去意大利风情街采风的路上所摄，照片上除柳先生和我外，中间那位穿红衣的女子是与我们同来天津参加一个"当代散文创作研讨会"的北京作家韩小蕙。记得这张照片的拍摄者应该是我们一路同行的共同好友鲁迅文学院原副院长王彬。记得这次研讨会就是他和著名小说家秦岭共同发起策划并实施的，但大家印象中当时会内会外的真正主角其实是柳萌先生，因为他不仅德高望重，而且近些年来身体力行，尤其在散文创作方面成绩斐然。更因为——你看他这帧照片上的样子，成就斐然而难掩布衣本色。也许这就叫淡泊足以"服众"？

寻找柳先生，尽管是无分昏晓，只念曾经，看来也只能是一种难于止步的无涯之旅。又或者可以有涯代无涯，"死不是死者的不幸，而是生者的不幸。"——我终于在古希腊哲人伊壁鸠鲁《论道德》一文中，找到了这样一个终极答案。

安息吧！可亲可敬的柳萌先生。

文坛自有真情在

——岁月总是"柳萌"

文人相轻，这是自古以来的一个说法，当代文坛也不乏此评。可实际上，人间自有真情在，中国文坛也并不例外。就在不久前的六月二十六日，在一个出人意料却书香浓郁的小小舞台上，上演了一出"岁月总是'柳萌'诗文朗读会"，场面真挚，感人至深。

但凡对当代文坛有些了解的人，大多不会对"柳萌"这个名字感到陌生。"但有一次，当我在电话中向柳萌先生求证这个笔名的美好含义时，他竟淡淡地说：'当时（起这个笔名时）也没想那么多，就是取了个与本名谐音的。'""哦，刘蒙"。

是的，刘蒙（1935—2017），笔名柳萌，系我国文坛资深编辑、出版家、活动家，同时也是当代文坛一位著作颇丰的散文家。他曾先后供职于《工人日报》、《新观察》、《中国作家》等核心报刊，也曾先后担任过作家出版社常务副社长、中外文化出版公司总编辑、《小说选刊》杂志社社长等重要职务，以及我国文坛第一、二、三届鲁迅文学奖评委和首届郭沫若散文奖评委等。他曾先后创作出版了二十余部散文集，并有《中国当代散文精品文库——柳萌散文》、《当代散文名家精品文库——柳萌卷》、《柳萌自选集》等结集出版，甚获好评。著名作家蒋子龙曾称柳萌先生在中国文坛"气场阔大，交友三千"，或可当得起"无冕之王"。

但是，很不幸，享年82岁的柳萌先生已不幸病逝。而深怀其人的很多文坛内外人士，至今还对他的人品与作品念念不忘。六月二十六日这天，京城赤日炎炎，为纪念柳萌先生逝世两周年，由中国散文学会和网时读书会主办，中国纪实文学研究会和内蒙古乌兰察布作家协会、北京市东城区作家协会、东城区第二图书馆协办的"岁月总是'柳萌'诗文朗读会"在京城东南一隅美丽的"角楼图书馆"拉开了序幕。

其实，《岁月总是"柳萌"》这个名目是柳萌先生的老友之一、作为网时读书会会长的我发表于2012年2月1日《文艺报》上的一篇评论文章。那时候，柳萌先生76岁，还看不出有病的样子。这篇文章发表之后，曾被当时的很多文友誉为是柳萌先生为人与作品的真实写照，十分"柳萌"。可不是么："春天就要来了，一抹新鲜的绿色已经萌动在柳树枝头。这时候，你不由得会想到著名作家'柳萌'先生的这个笔名起得多么形象、多么美好！年年岁岁'柳萌'，它意味着希望、温馨、光明……"

此引数句和上引"哦，刘蒙"数句其实都摘自本人那篇无意中对柳萌先生风雨人生和创作实践的评价。在这次朗读会筹备伊始，主办方代表、著名散文家、评论家韩小蕙和协办方代表著名小说家、报告文学作家、编剧杜卫东都对这篇"佳评"的调子深为满意，并认为其恰可为这次的"朗读会"即"纪念会"所用，于是，这个会的调子就这么定了。

于是，男儿女儿有泪均不轻弹，是为"岁月总是'柳萌'"的一场"充满着希望、温馨、光明"的"诗文朗读会"便正式登场了……

这场历时两个半小时的节目，经主办方和协办方众多柳萌先生的生前好友们精心策划和新颖设计，十分充实又别致。整场节目清晰地区分上下半场，中间的转场则为一个特别环节。上半场，以东城区第二图书馆馆长左堃领衔的一些艺术家倾情朗诵了我的《岁月总是"柳萌"》和柳萌先生遗作《关于风的记忆与怀念》（散文）、《在桠溪》（散文诗）以及中国散文学会原会长王巨才的《感怀之什》（片段）、著名诗人查干的《风吹芦花白》（片段）、乌兰察布作协主席王玉水的《柳萌的乌兰察布心》（片段）；下半场则是成立于三年前，如今已是京城"读书界"一支重要文化力量的"网（络）时（代）读书会"集中参与的一个朗读专题。柳萌先生当年作为"网时读书会"成立时的30个联合发起人之一，至今还在读书会内外广受尊崇。下半场的这个朗读专题，无论是作者还是朗读者，都是网时读书会的资深成员，都是柳萌先生非常熟悉的的书友同道。那天下午，无论是赵润田倾情朗读秦岭的纪念作品《从初识到别离》，还是牟新艇倾情朗读剑钧的纪念作品《心灵的天空有一位老人的身影》，或是王征倾情朗读华静的纪念作品《他微笑着走在去天国的路上》，都令人倍感亲切，热念丛生。

是的，人间自有真情在，中国文坛也并不例外。在网时读书会上百个成员中，也大多都是文坛中人。继下半场开端的朗读专题之后，这次"岁月总是'柳萌'"的重头戏即"座谈会"

开始了。但始料未及的是，这部分自由发言的既定主持人，著名旅美华人小说家、影视编剧李硕儒竟然在"开场白"没几句，一回忆起柳萌老友时，便哽咽泪下，难于自己了。于是，其身边的我只好边解释"硕儒先生是性情中人"，边不得不权且代之了。接下来踊跃发言的，首先是韩小蕙认真有备，继上半场亲自朗诵柳萌先生的散文诗《在桠溪》之后，她又围绕"善良"这个总体评价，一桩又一桩回忆起她所亲历的许多"柳先生的往事"……接着发言的杜卫东于公于私其实跟柳萌先生关系最深，但他站起来却只是热泪盈眶，欲说还休："我到现在什么（回忆文章）都没写……每当想写时，就是写不出来，就是……"李晓燕是资深媒体人，也是鲜为人知的小说家，她为人低调是出了名的，但她这次却抢了个"第三发言权"，她一一说到柳萌先生的善良、宽容、乐于助人等，在场的很多朋友都有同感；班清河是作家、诗人，他不但是柳萌先生的近邻，还是柳萌先生在中国作协的经年同事，无论日夜，他与柳萌先生相处的时间最长最久，也最了解他的人品与文品，他又一次真情难抑："我生命中最精彩的一部分，被柳先生带走了……"陈德宏是著名编辑、作家和文艺评论家，早在甘肃当《飞天》主编时，他即与柳萌先生相识相知，他说："柳萌兄给我最深的印象，就是真诚。今天大家聚在这里纪念他，也充分说明人间自有真情在……"接下来陆续发言、从而不断印证中国文坛也"自有真情在"的，还有著名作家或媒体人王升山、石厉、张健、张庆和、朱小平、刘丙钧、高远、刘春声、赵润田、牟新艇、王征、黄长江、王亮鹏，等等。另有一位慕名前来参会的"意外人士"系中国政法大学的一位教授，他说自己上学读本科时，最爱看《小说选刊》，对社长"柳萌"这个名字很熟悉，印象很深，所以今天特意赶过来"表达我的感激与缅怀之情"。这位教授先生姓名鲁照旺，他的由衷之言令大家深受感染，也都为柳萌先生深感欣慰。

最后，中国文坛资深活动家，著名作家、编辑，年已85岁高龄的周明先生总结说："柳萌离开我们大家两年了，但我至今不习惯，不接受。今天，如果他还在这里该有多好啊！……今天这个活动搞得非常好，很有意义！不仅人间自有真情在，我们中国文坛也是自有真情在的。当然，这首先是因为柳萌先生曾经非常真诚地对待过我们每一个人……相信今天他要在，也会很高兴的！"在热烈的掌声中，柳萌先生的公子、凤凰网财经研究院院长刘杉博士像他父亲一样真诚地再一次向大家的到来与由衷之言表示非常的感谢！大家则纷纷称道他与夫人杨光于会前向每一个与会者都相赠了柳萌先生的遗作《经年后，往事都是笑谈》，都夸他并感谢他"想得真周到"。

在这次"岁月总是'柳萌'诗文朗读会"举办之前，或在外地，或在培训，或因种种原因不能与会的很多柳萌先生的生前好友如吴泰昌、冯并、冯秋子、胡健、罗文华、王彬、陈先义等都对这次活动热情支持并表示了良好的祝愿，其中，冯秋子的来信经我在会上宣读后引起了大家广泛的共鸣。冯秋子说："柳萌老师既是我的老领导，也是我三十多年的师长和朋友。从柳萌老师的为人为文，我学习到很多东西，随时间推移而知道它们是长久的，弥足珍贵。柳萌老师虽离开了，但不会淡忘。（他）使人更好地为人为文的激励，会持续往前，往远……"

另外，在这次活动上，像中间转场环节，还举办了班清河副会长代表网时读书会暨柳萌先生的儿媳杨光女士共同向北京东城区第二图书馆捐赠书刊近二百册的交接仪式。

人间自有真情在，中国文坛自然也不例外。余音袅袅，心香犹在，谨以此文复述于柳萌先生灵前……

这时候，繁星满天

——"不良于行"备忘录

进入"狗年"之后，我家的"帅哥儿"行走愈来愈困难了。说起来这也没什么可奇怪的，它毕竟已经15周岁都多了，按照1岁狗龄等于人的7岁来算，它现在已经是超百岁的高龄老犬了。但这老犬的不良于行，对于我这个"家长"来说，却也显然是一个越来越严峻的挑战。

想当初，它曾把家里的电线和沙发套什么的，都能疯狂地咬断或咬碎；可如今呢，它的两条后腿儿已经站立不起来了，每次都要我托其尾巴根子才能助力其起身，然后它才能缓缓站定，慢慢地按照我的"指令"，一步步地下楼去"解决问题"。

这是必须的。一天两次，上午一次，下午一次。于是乎，帅哥儿的不良于行，却原来是别有洞天，甚至也可以说是繁星满天。

且看它的"残障"备忘录如下：

首先是进电梯。进电梯首先要迈过电梯门开启后形成的那道寸把宽的地缝儿。要不是帅哥儿总是对它发怵，我还真没注意到天底下竟然还有这么一道缝儿的存在！但现在它显然成了我们帅哥儿眼中的一条黄河或一道长江了，它总是迟疑其前，再三踌躇，就是不敢大步往前走——实际上，它现在也的确是迈不开大步了，只能一小碎步一小碎步地往前蹭，那小心翼翼状，那反复求索状，看着着实让人心疼，当然也不能不令我这个"带路的"为之着急。

这时候，有人说话了。"别着急。""它可能是有白内障了。""小心它狗爪子踩到那缝儿里去！"……而我也顾不得这些话都是谁说的，因为我的眼睛一直在盯着正艰难"跨越"的帅哥儿呢！但当这"地堑变通途"之后，一等电梯门关上，我就不能不对先在电梯内宽容地等候帅哥儿的诸位楼上下来的邻居们道一声歉了："真对不起……""没关系。""它老啦，走不动啦。""它够棒的啦，每天还能跟你上来下去的。"大家纷纷这样说。直说得我心里热乎乎的，愈发过意不去了。可又有什么办法呢？

这时候，刚刚费劲跨入电梯的帅哥儿又趴在地上了，因为它现在的两只"不良"后腿儿其实撑不了多久。很快，电梯下到了一层。我急忙蹲下，又去撑它的后尾巴根子——但我顾此又焉能让电梯门别迅速关上啊？！这时候，有位楼里的阿姨该下而未下，她一边用半个身子顶住了电梯门，一边对我说："别着急，等它慢慢出来。"而我还没顾得应她，就听见另一位等着进电梯的大哥说了："我来吧！您走您的。"这时候，我们帅哥儿已然立定了，作坚强状，正要起步去跨越那"一条大河波浪宽"了；我也已然站了起来，赶紧对那位大哥说："谢了！"他则冲着帅哥儿开玩笑地说："我说这电梯怎么半天不下来呢，原来是让你这狗腿儿给耽误了！"

帅哥儿不知所以，它还在对着那条黄河抑或长江做着"跨越"的复杂准备呢！

认真说起来，我们帅哥儿还真是这楼里最老的一条狗了。楼里的很多人都认识它。甚至连一些送外卖的、送快递的、送报纸的外人也都很喜欢它。但是，只有我这个"家长"才深深知道，今非昔比啊，它现在很可能给大家带来的"困扰"是多么地始料未及——

你看你看，说着说着"困扰"它就来了！出了电梯，刚一进入大堂，众目睽睽之下，帅哥儿竟然"不良于行"地拉出了一截儿又一截儿的"狗东西"！更始料未及的是，它是边走边拉，才一拉完，就扑通一下卧倒了！好在这不是第一次，我早有备在身。可今天这"狗东西"一截儿又一截儿的，还半稀不干的，我随身常备的两张报纸不管用呀！谁知马上就又有两张报纸适时地递到我手上了。原来是大堂保安老白！我也顾不上谢他了，赶紧蹲在地上，把还没擦干净的地方使劲又擦——但能够如此这般地"除旧布新"么？我一边儿使劲地擦着地面，一边儿恨不得有条地缝儿钻进去！正狼狈着，恰值打扫卫生的小梁师傅从大堂侧门出来了，只见他急急上前来对我说："您别管了。一会儿我来弄！"我不由得说："这帅哥儿真是愈来愈不像话了！""哪儿的话呀，它现在不是后腿儿不行了吗？人家原来可不这样！"听小梁师傅这么一说，我也只好默认事实的确如此。

因为还担忧着帅哥儿的另一项事宜，我只能又去托它的后尾巴根子，助它起行。然后，我还有一法宝，就是用随身带的一小截一小截的肉棍儿，隔五六步远就诱它前行一次。它还就吃我这一套，几乎每次都是不良于行又不断前行。尽管如此，这期间给别人造成的"困扰"还是一桩接一桩：

例如：出了楼门以后，虽有台阶可下，但它早已经不能下去了。每次它都只能是顺着阶侧的一斜坡即无障碍通道"不良"而下——倘若在此时正好有人推着自行车或小推车什么的欲逆而上，那就只能够退步立等了，或人家干脆就转侧抬车上阶了。每当这时候，我对慢腾腾迟缓缓的帅哥儿真是急不得恼不得，只能对一位又一位的不幸而待者连连道歉说"对不起，对不起"，而人家呢，几乎是无一例外地回我"没关系，没关系"，甚至有的人还会充分理解地夸上帅哥儿一句："它已经很不容易了。够棒的！"

还记得，有一次帅哥儿在楼门前的地界儿趴下了，它显然是撑不住，走不动了。可这时候，恰巧有一位从楼里送完快递的小哥出来，他急匆匆地蹬上满满的快递车要走，而卧在地上的帅哥儿正好挡着他的道。我急忙弯腰去托帅哥儿的后尾巴根子，但当时它的两后腿儿都往后平直伸着，我自然是一下子托它不起。看我有些急，那快递小哥一边说"您别着急"，一边纵身下车，很懂行地先帮我把帅哥儿的两后腿儿直向前去，接着使劲儿一托，帅哥儿就起身立住了。"你怎这么懂呀？"我又欣赏又好奇地问。这很能干的快递小哥爽朗地笑了，"经常看您这么帮它，我还不会？"噢，始料未及却又别有洞天呢！我恍然大悟，又觉得帅哥儿这一桩又一桩的"不良于行"，说它是繁星满天也未尝不可。但我一下子又回过神儿来："耽误你时间了。时间就是金钱呀，真对不起！""看您说的，金钱算什么呀？您这'狗坚强'才金贵哪！"说着，这快递小哥脚下一蹬，走了！我本想再说什么，心中却充溢着"狗坚强"一说，只感到这快递小哥真会说。

就这样，从去冬到今春，我家帅哥儿的"不良于行"竟然"备忘"多多。再比如这一桩：

帅哥儿现在的大便事略小如上说，但其实它的小便种种，不仅次数多，困扰更多。每于此道，它自然也是不可能行走太远，于是在我家楼前，经常会有一幅又一幅的可观"地图"淋漓于地——当然，我对此是前有预谋的，绝大多数"地图"并不有碍观瞻。但该位"地图高手"偶尔也会"任性妄为"，而我大感受挫之余也只能是顾此而失彼——于是有一次当我先行"助力"帅哥儿打道回府，然后再复出楼外"补充料理"时，却见温暖的夕阳下，一枚金色的身影正在用一个喷壶洒水清洗着那"帅哥儿"牌地图……

那一瞬间，百感交集。《庄子·杂篇·徐无鬼》中那句名言"狗不以善吠为良，人不以善言为贤"涌上心来……又想到某当代作家曾说过"一部作品写人写狗最后留给读者深刻印象的往往是狗而不是人"——倒也不尽然如此；倒是拉封丹寓言《失去耳朵的狗》中有一句话值得我们永久回味："其实，看起来糟糕的事情也有它好的一面……"

就这样吧。"不良于行"却原来别有洞天，也可以说是繁星满天啊！

对不起了，我的"帅哥儿"

忽然想到：狗东西因我（的照料）而幸福，我则因狗东西（的存在）而安宁。现在，每日里，唯我与狗东西彼此相伴的时间最长。屋子不仅属于我与妻及远在他乡的女儿，它还属于最迟来家的狗东西。自它进入这个家的第一天起，每日里它就在这个家里自由自在地活动着，任躺任卧任吃任喝随它便。它真是家里完全平等、绝对自由的一个生灵——禁不住又想起前不久它被迫"上山下乡"那十几天的情景，每次我去看它时，只见它从幽居的冷房中被放出，然后就是无异于在家时的狂野，猛扑我的衣服或猛咬我的裤腿儿。而当我不得不又离它而去时，它狂野得更厉害了，非要跟我走不可。可它哪里知道，当时是北京养狗史上最严厉的时期，它是不能回到自己那无害于他人的狗窝窝的。它为之遭罪，我更为之悲伤，可又有什么办法呢？对不起了，非常抱歉，可爱的狗东西。

如今一切又恢复了原状。每日清晨，非常不可思议的是，只要我一睁眼，哪怕没有一点点声音，它一定会从客厅"嘚儿嘚儿"地来到我的床前，然后把它的下巴颏儿往我的床头一放，瞪着两只大狗眼看着我。这时候，我不仅能看清它的双眼皮儿，还能看到它的两只大狗眼一动也不动，而那其中，饱蕴着亲情与灵性。每当这时候，我便会用一只手自上而下地轻抚它的鼻梁，或用两个手指捋它一根又一根的狗胡子玩儿。而狗东西，总是很享受地——有时还紧闭双眼地任我如此这般。但很快地，大约是我的爱抚终于使它"放肆"起来，两只狗前爪一下子就扒上了我的床头——而那狗爪儿大约是妻已遛完它刚洗过的，还湿漉漉的呢——这怎么行？我急忙翻起，把它的两只大狗爪子硬推下去。因之，我也不得不起床了。